业财一体化应用

（用友新道U8+ V15.0）（微课版）

荣映菡　徐培江　董文婧　主　编

李　勉　戴雅楠　翟美佳　李守清　副主编

清华大学出版社
北　京

内 容 简 介

本书以用友新道 U8+ V15.0 为蓝本，以企业业财一体化典型业务为实训案例，以任务驱动的教学方式详细讲解了业财一体化相关模块的主要功能与业务处理方法。全书以简述原理、突出实训为主导思想，共分为 14 个项目，分别介绍了会计信息化应用基础、系统管理、基础设置、系统初始化、总账日常业务、采购与应付业务、销售与应收业务、库存管理、固定资产日常业务、薪资管理日常业务、出纳管理业务、期末结转业务、月末结账和报表编制及分析。本书还配备了丰富的教学资源，以满足广大师生多层次的学习需求。

本书可作为高等院校会计及经济管理等相关专业的教学用书，也可作为在职会计人员学习用友 U8+ 的自学读本。

图书在版编目（CIP）数据

业财一体化应用：用友新道 U8+ V15.0：微课版 /
荣映菌，徐培江，董文婧主编 . -- 北京：清华大学出版社，
2025. 4. -- ISBN 978-7-302-68224-0

Ⅰ . F232

中国国家版本馆 CIP 数据核字第 2025PJ4558 号

责任编辑：刘金喜
封面设计：何凤霞
版式设计：恒复文化
责任校对：马遥遥
责任印制：杨　艳

出版发行：清华大学出版社
　　　　　网　　　址：https://www.tup.com.cn，https://www.wqxuetang.com
　　　　　地　　　址：北京清华大学学研大厦 A 座　　　　　邮　　编：100084
　　　　　社　总　机：010-83470000　　　　　邮　　购：010-62786544
　　　　　投稿与读者服务：010-62776969，c-service@tup.tsinghua.edu.cn
　　　　　质　量　反　馈：010-62772015，zhiliang@tup.tsinghua.edu.cn
印　装　者：三河市龙大印装有限公司
经　　销：全国新华书店
开　　本：185mm×260mm　　　印　　张：18.25　　　字　　数：422 千字
版　　次：2025 年 4 月第 1 版　　　印　　次：2025 年 4 月第 1 次印刷
定　　价：59.00 元

产品编号：103914-01

财政部制定的《会计信息化发展规划(2021—2025年)》(财会〔2021〕36号)中提出，"十四五"时期，我国会计信息化工作的总体目标是：服务我国经济社会发展大局和财政管理工作全局，以信息化支撑会计职能拓展为主线，以标准化为基础，以数字化为突破口，引导和规范我国会计信息化数据标准、管理制度、信息系统、人才建设等持续健康发展，积极推动会计数字化转型，构建符合新时代要求的国家会计信息化发展体系。在主要任务中特别提出，各单位要加强复合型会计信息化人才培养，高等院校要适当增加会计信息化课程内容的比重，加大会计信息化人才培养力度。

党的二十大报告指出，教育是国之大计、党之大计。培养什么人、怎样培养人、为谁培养人是教育的根本问题。弘扬党的二十大精神，引导青年学子努力成为堪当民族复兴重任的强国先锋，是教育者的使命和责任。

"会计信息化"是会计专业的核心专业课程之一。为会计信息化培养合格的应用人才，使其理解会计信息化的基本原理，熟悉业财一体化管理核心子系统的业务操作，正是本书编写的初衷。

全书以实现企业业财一体化为目标，以用友新道U8+V15.0为蓝本，将企业业财一体化的典型业务作为贯穿全书的案例，对构成财务业务一体化的主要模块(如总账、应收款管理、应付款管理、固定资产、销售管理、采购管理、库存管理、存货核算、薪资管理和计件工资管理等)进行了全面的介绍。

本书特色表现在以下三个方面。

1. 理论简明、侧重实训

除了项目1，书中每个项目都分为理论认知和实务训练两部分。理论认知部分简要阐释了本项目业务处理所涉及的U8+子系统的主要功能；实务训练部分将企业典型业务设计为前后衔接、贯通的实训任务，通过详细的任务指引引导读者完成业务处理、掌握方法、理解原理。

2. 主辅共建、资源共享

教材是教学活动中非常重要的教学资源之一，除此以外，网络时代催生了新的教学手段。为满足广大师生多层面的学习需求，本书提供丰富的教学资源，主要包括实验账套、PPT教学课件、微课视频。

3. 以赛促教、以赛促学

全国高校会计信息化竞赛已连续举办了多年，成为院校间教学交流、互动提升的平台，促进了院校会计信息化教学水平的提升。本书在实务训练部分考虑了近年来会计信息化竞赛规程及知识点的覆盖。

本书由山东职业学院荣映菡、新疆农业职业技术学院徐培江、山东职业学院董文婧担任主编，由山东职业学院李勉、昌吉学院戴雅楠、山东职业学院翟美佳、山东胜利股份有限公司李守清担任副主编，新道科技股份有限公司张昭君、济南职业学院芦晓莉参与了编写。本书的具体编写分工如下：荣映菡、徐培江编写项目1、6、7、8，董文婧编写项目2和3，李勉编写项目4、9、10，戴雅楠编写项目12，李守清编写项目5，翟美佳编写项目11，张昭君编写项目14，芦晓莉编写项目13，周宏、王贺雯参与了教学资源制作。

本书PPT教学课件、教学大纲、授课教案与账套文件可通过扫描下方二维码下载。微课视频可通过扫描书中二维码观看。

教学资源

本书是相关高职院校与企业倾力合作和集体智慧的结晶。尽管在本书的特色建设方面我们付出了很多努力，但不足之处在所难免，恳请各相关院校和读者在使用本书的过程中予以关注，并将意见或建议及时反馈给我们，以便修订时完善。

服务邮箱：476371891@qq.com。

编　者

2024年6月

目 录

会计信息化应用基础

任务1.1 会计信息化基本认知

1.1.1 会计信息化相关概念

1. 会计电算化

我国最早将计算机用于会计工作的尝试是从1979年财政部给长春第一汽车制造厂拨款500万元试点开始的。1981年，在长春召开了"财务、会计、成本应用电子计算机专题研讨会"，会上正式把电子计算机在会计工作中的应用简称为"会计电算化"。

会计电算化是以电子计算机为主的当代电子技术和信息技术应用到会计工作中的简称。它主要是应用电子计算机代替人工记账、算账、报账，以及代替部分由大脑完成的对会计信息的处理、分析和判断的过程。

2. 会计信息化

1999年，在深圳召开了"会计信息化理论专家座谈会"，会上首次提出从会计电算化走向会计信息化的观点，之后逐渐形成会计信息化的概念。

2024年7月，财政部对《企业会计信息化工作规范》(财会〔2013〕20号)进行了修订，形成了《会计信息化工作规范》，该规范自2025年1月1日起施行。《会计信息化工作规范》中提出，会计信息化是指单位利用现代信息技术手段和数字基础设施开展会计核算，以及利用现代信息技术手段和数字基础设施将会计核算与其他经营管理活动有机结合的过程。会计信息化不仅包括与会计核算相关的信息化，同时，考虑到企业其他经营管理职能与会计职能可能存在交叉重叠，其他信息系统可能是会计信息系统重要数据来源的情况，也将会计核算与其他经营管理活动结合的情况纳入会计信息化范围。这样定义，既有利于企业正确认识会计信息化与其他领域信息化的密切关系，也有利于企业财务会计部门适当地参与企业全领域的信息化工作。

1.1.2 会计信息化发展规划

2021年，财政部印发的《会计信息化发展规划(2021—2025年)》(以下简称《规划》)中对我国会计信息化发展面临的形势与挑战、总体要求、主要任务和实施保障进行了全面的阐述。

1. 我国会计信息化工作的总体目标

《规划》指出，"十四五"时期，我国会计信息化工作的总体目标是：服务我国经济社会发展大局和财政管理工作全局，以信息化支撑会计职能拓展为主线，以标准化为基础，以数字化为突破口，引导和规范我国会计信息化数据标准、管理制度、信息系统、人才建设等持续健康发展，积极推动会计数字化转型，构建符合新时代要求的国家会计信息化发展体系。具体包括：会计数据标准体系基本建立、会计信息化制度规范持续完善、会计数字化转型升级加快推进、会计数据价值得到有效发挥、会计监管信息实现互通共享、会计信息化人才队伍不断壮大。

2. 我国会计信息化建设的主要任务

《规划》提出九项主要任务：一是加快建立会计数据标准体系，推动会计数据治理能力建设；二是制定会计信息化工作规范和软件功能规范，进一步完善配套制度机制；三是深入推动单位业财融合和会计职能拓展，加快推进单位会计工作数字化转型；四是加强函证数字化和注册会计师审计报告防伪等系统建设，积极推进审计工作数字化转型；五是优化整合各类会计管理服务平台，切实推动会计管理工作数字化转型；六是加速会计数据要素流通和利用，有效发挥会计信息在服务资源配置和宏观经济管理中的作用；七是探索建立共享平台和协同机制，推动会计监管信息的互通共享；八是健全安全管理制度和安全技术标准，加强会计信息安全和跨境会计信息监管；九是加强会计信息化人才培养，繁荣会计信息化理论研究。

1.1.3 会计软件及分类

1. 会计软件

《规范》中指出，会计软件是指企业使用的，专门用于会计核算、财务管理的计算机软件、软件系统或者其功能模块。会计软件具有以下功能：

(1) 为会计核算、财务管理直接采集数据；

(2) 生成会计凭证、账簿、报表等会计资料；

(3) 对会计资料进行转换、输出、分析、利用。

2. 会计软件分类

会计信息化需要借助会计信息化应用软件来实现。按照不同的分类方法，会计信息化软件可以分为不同的类型。

按软件适用范围可分为通用会计软件和定点开发会计软件。通用会计软件是指适用于大多数行业和不同规模企业的会计软件。定点开发会计软件是专门针对某个企业定制开发的会计软件。

按软件来源可分为国内软件和国外软件。目前，市场上应用较为广泛的国外软件有SAP、Oracle；国内软件有用友、金蝶、浪潮等。以上均为通用软件。每个公司均提供了面向不同企业规模和不同行业的产品及解决方案。

按软件技术架构分为基于C/S(client/server，即客户端/服务器)架构的软件和基于B/S(browser/server，即浏览器/服务器)架构的软件。

任务1.2 企业会计信息化实施与应用

1.2.1 企业会计信息化原型案例

1. 公司注册信息

公司名称：北京创智科技有限公司。

统一社会信用代码：110108552347832766。

地址：北京市海淀区中关村大街26号。

法定代表人：马强。

经营范围：从事计算机及相关产品的生产及销售。

2. 开户银行

基本存款账户：农业银行中关村支行。

人民币户：账号113457010479。

美元户：账号119884010422。

一般存款账户：光大银行中关村支行(账号01010108893298588)。

3. 会计核算制度

(1) 记账本位币。

以人民币作为记账本位币。

(2) 账务处理基本规定。

采用"收、付、转"三类凭证。

此外，涉及"库存现金"和"银行存款"的凭证需要出纳确认。

(3) 外币业务。

采用固定汇率方式处理外币业务。

(4) 往来结算业务。

往来结算业务常用的结算方式包括现金结算、支票结算、电汇、银行承兑汇票、商业承兑汇票、委托收款、网银等。

(5) 存货管理。

暂估入库业务采用单到回冲。

按实际成本核算。

原材料采用移动平均法计价。

发出存货采用全月平均法计价。

配套用品采用先进先出法计价。

(6) 固定资产核算。

固定资产核算采用平均年限法，按月计提折旧。

(7) 税费。

公司为增值税一般纳税人，增值税税率为13%。按当期应交增值税的7%计提城市维护建设税；按3%计提教育费附加；按2%计提地方教育附加。

公司所得税税率为25%，按年计征，按月预缴，年终汇算清缴。

(8) 利润分配。

公司税后利润10%提取法定盈余公积，按30%向投资者分配利润。

1.2.2 会计信息化应用方案

会计软件会计信息化应用方案是指企业同时启用哪些子系统进行业务管理。

创智科技信息化小组经过慎重选型，最终选择用友U8+V15.0(以下简称U8+)作为会计信息化应用平台。

用友U8+采用模块化设计，按照信息化业务领域划分为财务会计、供应链、人力资源等多个功能组，每个功能组又按照业务管理内容划分为不同的子系统(也称为模块)。每个模块完成特定的功能。

结合企业会计信息化目标——实现业财一体化管理，创智科技选购了U8+中以下11个子系统构成企业信息化应用方案(见表1-1)。

表1-1　创智科技会计信息化应用方案

功能组	子系统
财务会计	总账、UFO报表、应收款管理、应付款管理、固定资产
供应链	采购管理、销售管理、库存管理、存货核算
人力资源	薪资管理、计件工资

1.2.3 用友U8+安装及配置

1. 环境要求

用友U8+属于应用软件，需要一定的硬件环境和系统软件作为其运行基础。

操作系统：Windows 10专业版。

数据库管理系统：SQL Server 2008 R2及以上。

2. 安装注意事项

为确保安装成功，需注意以下事项。

(1) 以系统管理员或具有同等权限的人员身份(用户ID属于Administrator组)进行安装。

(2) 安装前要关闭杀毒软件、安全卫士软件等，否则有些信息无法写入。

(3) 计算机名称中最好不含"-"。

(4) 同一操作系统中只能安装一个U8+版本。

3. 系统安装

安装顺序如下。

(1) 安装IIS(Internet Information Services，互联网信息服务)。

(2) 安装数据库SQL Server 2008 R2(或以上版本)。

(3) 安装U8+。

4. 用友U8+演示版

用友U8+演示版也称为教学版，与企业安装的正版U8+在功能及用法上完全相同。只是在账套有效使用时间上做了限定，规定自建账之日起三个月的有效期限。一般来说，本教程实验作业的设计大多都在同一个月，因此可以在该平台上顺利完成。

1.2.4　用友U8+应用流程

基于U8+平台，企业需要按照以下应用流程进行业财一体化管理。表1-2中列示了应用流程的主要阶段划分及涉及的U8+子系统。

表1-2　用友U8+应用流程

应用阶段	主要工作内容	涉及的U8+子系统
企业建账	建立账套、设置用户及权限	系统管理
基础设置	基础档案设置、单据设置	企业应用平台
系统初始化	选项设置、初始设置相关科目设置、期初余额录入	除UFO报表外的全部子系统
日常业务处理	按照业务流程在各子系统中完成相应业务的处理	除UFO报表外的全部子系统
期末业务处理	银行对账、自动转账、对账及结账	除UFO报表外的全部子系统
报表编制	编制对外财务报表和对内管理报表	UFO报表

本教程后续项目将按以上应用流程展开。

项目 2

系统管理

任务2.1 系统管理认知

在U8+系统中建立企业的基本信息、核算方法、编码规则等，称为企业建账。企业建账是企业信息化的第一项工作。企业建账在系统管理模块中完成。

系统管理是对U8+系统的公共任务进行管理，包括账套管理、账套库管理、用户及权限管理、数据及系统安全管理。

任务2.2 系统管理实务

2.2.1 以系统管理员身份注册系统管理

【任务下达】

以系统管理员身份登录系统管理。

【任务指引】

① 执行"开始"｜"用友U8+"｜"系统管理"命令，进入"用友U8[系统管理]"窗口。

② 执行"系统"｜"注册"命令，打开"登录"对话框，如图2-1所示。第1项为服务器名称或地址，此处"127.0.0.1"为本机IP地址。

登录系统管理

③ 系统中预设了一个系统管理员"admin"，系统管理员初始密码为空，选择账套"(default)"。

④ 单击"登录"按钮，以系统管理员的身份进入系统管理。

系统管理界面最下面的状态栏中显示当前操作员[admin]。系统管理界面中显示为黑色的菜单项即为系统管理员在系统管理中可以执行的操作。

图2-1 以系统管理员身份登录系统管理

【任务解析】

系统管理是U8+中一个重要而特殊的模块,该模块允许4种特定用户进行登录操作。第一种是系统管理员admin,在企业中确保系统安全运行,在系统管理中的职责包括用户及权限管理、账套建立、备份\引入、系统运行安全管理等,工作性质偏技术。第二种是安全管理员sadmin,负责设置安全策略、执行数据清除和还原。第三种是账套主管,可以修改账套、为普通用户设置权限、进行账套库管理。第四种是管理员用户,主要协助系统管理员完成一些工作。

2.2.2 创建企业账套

【任务下达】

以系统管理员身份建立企业核算账套。

(1) 账套信息。

账套号:012;账套名称:创智科技;启用会计期:2024年1月。

(2) 单位信息。

单位名称:北京创智科技有限公司;单位简称:创智科技;税号:110108552347832766。

(3) 核算类型。

记账本位币:人民币;企业类型:工业;行业性质:2007年新会计准则科目(限于软件原因,实际应用时为2007年新会计制度科目);账套主管:[demo]demo(此为系统默认)。

(4) 基础信息。

对客户、供应商、存货进行分类,有外币核算。

(5) 编码方案。

会计科目编码级次:4-2-2-2;客户分类、供应商分类、存货分类、部门编码级次均为2-2;结算方式、收发类别编码级次为1-2。

(6) 数据精度。

数据精度均为两位。

(7) 系统启用。

不启用系统。

【任务指引】

(1) 新建空白账套。

以系统管理员身份在系统管理中执行"账套"｜"建立"命令，打开
"创建账套—建账方式"对话框。选择"新建空白账套"选项，单击"下一
步"按钮，打开"创建账套—账套信息"对话框。

创建账套

(2) 账套信息。

○ 已存账套：系统将已经存在的账套以下拉列表框的形式显示，用户只能查看，不
能输入或修改，目的是避免重复建账。

○ 账套号：账套号是该企业账套的唯一标识，必须输入，且不得与机内已经存在的
账套号重复。可以输入001～999中的3个字符。本例输入账套号"012"。

○ 账套名称：可以输入核算单位的简称，必须输入，进入系统后它将显示在正在运
行的软件界面上。本例输入"创智科技"。

○ 账套语言：系统默认选择"简体中文"选项。从系统提供的选项中可以看出，U8+
还支持"繁体中文"和"英文"。

○ 账套路径：用来确定新建账套将要被放置的位置，系统默认的路径为"(安装U8+
软件的系统盘符\U8SOFT\ Admin)"，如D:\U8SOFT\Admin，用户可以手动输入，
也可以单击⋯按钮进行参照选择输入。

○ 启用会计期：指开始使用U8+系统进行业务处理的初始日期，必须输入。系统默认
为计算机的系统日期，本例更改为"2024年1月"。系统自动将自然月份作为会计
核算期间。

其他项保持默认。

输入完成后，如图2-2所示。单击"下一步"按钮，打开"创建账套—单位信息"对
话框。

图2-2　创建账套—账套信息

(3) 单位信息。

○ 单位名称：必须输入企业的全称。企业全称在正式发票中使用，其余情况全部使用企业简称。本例输入"北京创智科技有限公司"。

○ 单位简称：用户单位的简称，最好输入。本例输入"创智科技"。

○ 税号：110108552347832766。

其他栏目都属于任选项，参照所给资料输入即可。

输入完成后，如图2-3所示。单击"下一步"按钮，打开"创建账套—核算类型"对话框。

图2-3 创建账套—单位信息

(4) 核算类型。

○ 本币代码：必须输入，本例采用系统默认值"RMB"。

○ 本币名称：必须输入，本例采用系统默认值"人民币"。

○ 企业类型：系统提供了工业、商业、医药流通3种类型。如果选择"工业"，则系统不能处理受托代销业务；如果选择"商业"，则系统不能处理产成品入库、材料领用出库业务。本例采用系统默认值"工业"。

○ 行业性质：用户必须从下拉列表框中选择输入，系统将按照所选择的行业性质预置科目。本例采用系统默认值"2007年新会计准则科目"。

○ 账套主管：系统默认。如果在创建账套前已经建立用户，则可从下拉列表框中选择。

○ 按行业性质预置科目：如果希望系统预置所属行业的标准一级科目，则勾选该复选框。本例勾选"按行业性质预置科目"复选框。

输入完成后，如图2-4所示。单击"下一步"按钮，打开"创建账套—基础信息"对话框。

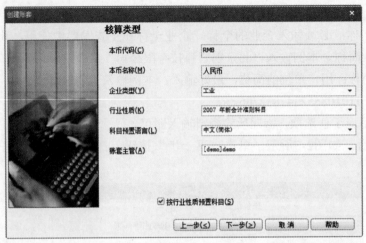

图2-4　创建账套—核算类型

(5) 基础信息。

如果单位的存货、客户、供应商相对较多，则可以对它们进行分类核算。如果此时不能确定是否进行分类核算，也可以建账完成后由账套主管在"修改账套"功能中重新设置。

按照本例要求，勾选"存货是否分类""客户是否分类""供应商是否分类"和"有无外币核算"4个复选框，如图2-5所示。单击"下一步"按钮，打开"创建账套—准备建账"对话框。

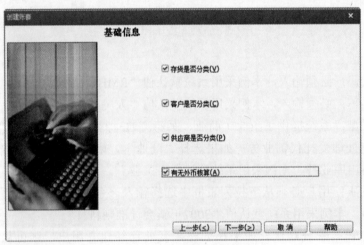

图2-5　创建账套—基础信息

(6) 准备建账。

单击"完成"按钮，系统弹出"可以创建账套了么？"信息提示，如图2-6所示。单击"是"按钮，系统依次进行初始化环境、创建新账套库、更新账套库、配置账套信息等工作，此过程需要一段时间才能完成，要耐心等待。完成以上工作后，打开"编码方案"对话框。

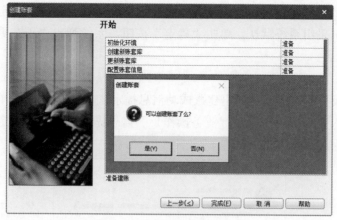

图2-6 创建账套—准备建账

(7) 分类编码方案。

为了便于对经济业务数据进行分级核算、统计和管理，系统要求预先设置某些基础档案的编码规则，即规定各种编码的级次及各级的长度。

按资料所给内容修改系统默认值，如图2-7所示。单击"确定"按钮，再单击"取消"按钮，打开"数据精度"对话框。

图2-7 "编码方案"对话框

❖ 提示：

◇ 编码方案的设置将会直接影响基础信息设置中相应内容的编码级次及每级编码的位长。

◇ 科目编码级次中第1级科目编码长度根据建账时所选行业性质自动确定，此处显示为灰色，不能修改，只能设定第1级之后的科目编码长度。

◇ 在删除编码级次时，必须从最后一级向前依次删除。

(8) 数据精度定义。

数据精度涉及核算精度问题。当涉及购销存业务环节时，会输入一些原始单据，如发票、出入库单等，并且需要填写数量及单价，数据精度定义主要用于确定有关数量及单价的小数位数。本例采用系统默认。单击"确定"按钮，系统弹出"正在更新单据模板，请稍等"信息提示。

(9) 完成建账。

完成单据模板更新后，系统弹出建账成功信息提示，如图2-8所示。单击"否"按钮，系统弹出"请进入企业应用平台进行业务操作！"信息提示，单击"确定"按钮，再单击"退出"按钮，返回系统管理。

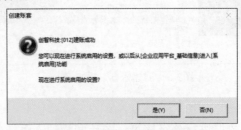

图2-8　建账成功信息提示

> **提示：**
> ◇ 如果单击"是"按钮，则可以直接进行"系统启用"的设置；也可以单击"否"按钮先结束建账过程，再在企业应用平台的"基本信息"中进行系统启用设置。
> ◇ 建账完成后，账套主管可以在"企业应用平台"｜"基础设置"｜"基本信息"选项中对编码方案、数据精度、系统启用项目进行修改。

【任务解析】

数据库管理系统是运行会计软件所必需的系统软件。U8+软件要求SQL Server数据库管理系统为其提供支持。

企业建账的本质是在数据库管理系统中为企业创建相应的数据库文件。012账套创建完成后形成UFDATA_012_2024、UFMeta_012、UFSystem和UTU四个数据库文件，如图2-9所示。

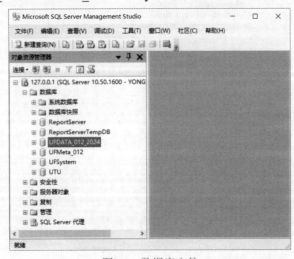

图2-9　数据库文件

2.2.3 进行财务分工

1. 增加用户

【任务下达】

创智科技根据工作需要，整理了能够使用U8+系统的用户，如表2-1所示。

表2-1 U8+系统用户

编号	姓名	用户类型	认证方式	所属部门	所属角色
101	马强	普通用户	用户+口令	企管部	账套主管
201	宋淼	普通用户	用户+口令	财务部	普通员工
202	郝爽	普通用户	用户+口令	财务部	普通员工
203	杜雪	普通用户	用户+口令	财务部	普通员工
301	高亚萍	普通用户	用户+口令	采购部	普通员工
401	古茂	普通用户	用户+口令	销售部	普通员工
501	陈媛	普通用户	用户+口令	仓储部	普通员工

【任务指引】

① 以系统管理员身份在系统管理中执行"权限"│"用户"命令，进入"用户管理"窗口。

② 单击"增加"按钮，打开"操作员详细情况"对话框，按表2-1的内容输入用户信息，如图2-10所示。

增加用户

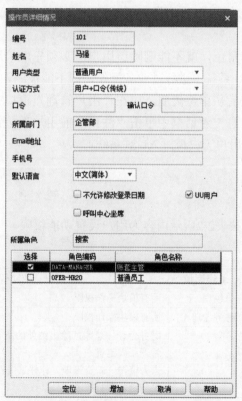

图2-10 "操作员详细情况"对话框

- 编号：用户编号在U8+系统中必须唯一，即使是不同的账套，用户编号也不能重复。本例输入"101"。
- 姓名：准确输入该用户的中文全称。用户登录U8+进行业务操作时，此处的姓名将会显示在业务单据上，以明确经济责任。
- 用户类型：有普通用户和管理员用户两种。普通用户指登录系统进行各种业务操作的人；管理员用户的性质与admin相同，他们只能登录系统管理进行操作，不能登录企业应用平台处理业务。本例选择"普通用户"。
- 认证方式：提供用户+口令(传统)、动态密码、CA认证、域身份验证4种认证方式。用户+口令(传统)是U8+默认的用户身份认证方式，即登录U8+系统时需要提供正确的用户名和密码，验证正确后方能登录。本例采取系统默认。
- 口令：在设置操作员口令时，为保密起见，输入的口令在屏幕上以"*"显示。本例设置口令为空。
- 所属角色：系统预置了账套主管和普通员工两种角色。可以执行"权限"｜"角色"命令增加新的角色。本例选择所属角色为"账套主管"。

③ 单击"增加"按钮，依次设置其他操作员的详细情况。设置完成后单击"取消"按钮退出。

【任务解析】

用户就是有权登录U8+系统并对系统进行操作的员工。在增加用户时可以直接指定用户所属角色，如马强的角色为"账套主管"。由于系统中已经为预设的角色赋予了相应的权限，因此，如果在增加用户时就指定了相应的角色，则其就自动拥有该角色的所有权限。

如果定义了用户所属角色，就不能删除该用户，必须先取消用户所属角色才能删除用户。若所设置的用户在U8+系统中进行过业务操作，则不能被删除。

如果用户使用过系统后从单位离职，应在"用户管理"窗口中单击"修改"按钮，再在打开的"操作员详细信息"对话框中单击"注销当前用户"按钮，最后单击"修改"按钮返回系统管理。此后该用户无权再进入U8+系统。

2. 设置用户权限

【任务下达】

根据实际岗位分工，按表2-2所示内容为用户设置功能权限。

表2-2 用户权限

编号	姓名	工作岗位	功能权限
101	马强	总经理	所有模块操作权限
201	宋淼	财务经理	所有模块操作权限
202	郝爽	会计	财务会计—总账：除出纳外的所有权限；应收款管理；应付款管理；固定资产 人力资源—薪资管理、计件工资管理 供应链—存货核算

(续表)

编号	姓名	工作岗位	功能权限
203	杜雪	出纳	财务会计—总账：凭证—出纳签字、查询凭证；出纳 财务会计—应收款管理—收款处理：选择收款、收款单录入 财务会计—应付款管理—付款处理：选择付款、付款单录入
301	高亚萍	采购员	基本信息—公共单据、公用目录 供应链—采购管理
401	古茂	销售员	基本信息—公共单据、公用目录 供应链—销售管理
501	陈媛	库管员	基本信息—公共单据、公用目录 供应链—库存管理

【任务指引】

(1) 为账套主管赋权。

① 以系统管理员身份在系统管理中执行"权限"|"权限"命令，进入"操作员权限"窗口。

② 在窗口左上方的下拉列表框中选中"[012]创智科技"账套。

③ 在左侧的操作员列表中选中"201宋淼"，勾选"账套主管"复选框，系统弹出"设置普通用户：[201]账套主管权限吗？"信息提示，单击"是"按钮，完成赋权操作，如图2-11所示。

为账套主管赋权

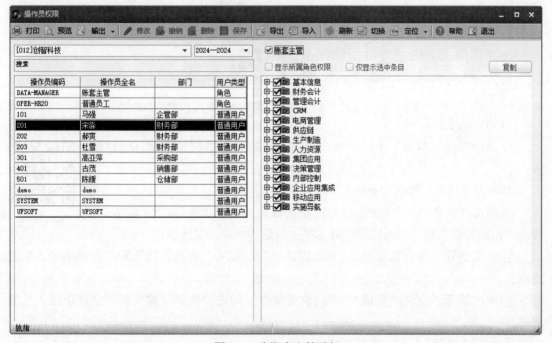

图2-11 为账套主管赋权

(2) 为会计赋权。

① 在"操作员权限"窗口中选中"202郝爽",此时郝爽没有任何权限。

② 单击"修改"按钮 。

③ 在右侧窗口中,选中"财务会计"的"总账"中除"出纳"外的所有权限,勾选"应收款管理""应付款管理"和"固定资产"复选框;选中"人力资源"中的"薪资管理"和"计件工资管理";选中"供应链"中的"存货核算"。

④ 单击"保存"按钮,如图2-12所示。

图2-12 为会计赋权

(3) 为出纳赋权。

① 在"操作员权限"窗口中选中"203杜雪",此时杜雪没有任何权限。

② 单击"修改"按钮 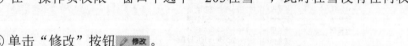 。

③ 单击"财务会计"前的"+"标记,依次展开"总账"|"凭证"。勾选"出纳签字"和"查询凭证"复选框;勾选"出纳"复选框。

④ 依次展开"应收款管理"|"收款处理"。勾选"选择收款"和"收款单录入"复选框。

⑤ 依次展开"应付款管理"|"付款处理"。勾选"选择付款"和"付款单录入"复选框。

⑥ 单击"保存"按钮,如图2-13所示。

图2-13 为出纳赋权

(4) 为其他用户赋权。

略。

【任务解析】

在系统管理中赋予用户的权限称为功能权限，即用户登录系统后能够操作哪些功能。

为其他用户
赋权

只有系统管理员(admin)才有权设置或取消账套主管。账套主管只有权对所管辖账套的操作员进行权限设置。

一个账套可以有多个账套主管。账套主管拥有该账套的所有权限，因此无须为账套主管另外赋权。

角色是在企业中拥有共同权限的一组人。在U8+中，也可以先建立角色并为角色分配权限，再建立用户并指定用户所属角色，新增用户便自动拥有了角色权限，方便进行授权工作。

2.2.4 输出/引入账套

1. 账套输出

【任务下达】

将012账套输出至"D:\012账套备份\企业建账"文件夹中。

【任务指引】

① 先在D盘中新建"012账套备份"文件夹，再在"012账套备份"文件夹中新建"企业建账"文件夹。

② 以系统管理员身份在系统管理中执行"账套"|"输出"命令，打开"账套输出"对话框。

③ 勾选"账套号：012"前的"选择"复选框，打开"请选择账套备份路径"对话框。在列表框中选择"D: \012账套备份\企业建账\"，如图2-14所示。单击"确定"按钮，返回"账套输出"对话框。

输出账套

④ 单击"确认"按钮，系统进行账套数据输出，完成后，弹出"输出成功"信息提示，单击"确定"按钮返回。

图2-14 选择账套备份路径

【任务解析】

只有系统管理员(admin)有权进行账套输出和引入。账套输出后在指定的文件夹内输出两个文件：一个是账套数据文件UFDATA.BAK；另一个是账套信息文件UfErpAct.Lst。

利用账套输出功能还可以进行"删除账套"的操作。方法是在"账套输出"对话框中勾选"删除当前输出账套"复选框，单击"确认"按钮，系统在删除账套前同样要进行账套输出，当输出完成后系统弹出"真要删除该账套吗？"信息提示，单击"是"按钮即可删除该账套。

除了人工输出账套，还可以由系统管理员执行"系统"|"设置备份计划"命令，实现系统自动备份。

2. 账套引入

【任务下达】

将"D:\012账套备份\企业建账"文件夹中的012账套引入U8+系统。

【任务指引】

① 由系统管理员在系统管理中执行"账套"|"引入"命令，打开"账套引入"对话框。

② 单击"选择备份文件"按钮，选择"D: \012账套备份\企业建账\ZT012\UfErpAct.Lst"文件。

引入账套

③ 单击"确定"按钮，系统弹出"请选择账套引入的目录……"信息提示。

④ 单击"确定"按钮，打开"请选择账套引入的目录"对话框，单击"确定"按钮，系统弹出"此操作将覆盖[012]账套当前的所有信息，继续吗？"信息提示。

⑤ 单击"是"按钮，再单击"确认"按钮，系统自动进行引入账套的工作。

⑥ 完成后，系统弹出"引入成功！"信息提示，单击"确定"按钮返回。

【任务解析】

只有系统管理员有权进行账套引入。

如果建账信息有误，则可以由账套主管登录系统管理进行部分账套信息的修改。

基 础 设 置

任务3.1 基础设置认知

企业业务处理涉及部门、客户、会计科目等基础信息，办理出入库业务会用到各类出入库单据，在开始日常业务处理之前，企业应根据自身需要进行基础设置。

基础设置工作在U8+企业应用平台中完成，企业应用平台是U8+的集成应用平台，是所有普通用户访问U8+的唯一入口。

企业应用平台左侧的导航栏中包括业务导航、常用功能、消息任务和报表中心等。

业务导航有4种展开方式，分别为经典树形、全景式菜单、企业流程图和业务场景。本教程选择经典树形并将其固定在桌面上，后续操作指引均基于这种模式。

业务导航中又划分为系统服务、基础设置和U8+中已经启用且当前用户有操作权限的业务工作功能组。

基础设置的主要内容包括基本信息设置、基础档案设置、单据设置和数据权限设置。

任务3.2 基础设置实务

3.2.1 系统启用

【任务下达】

以账套主管宋淼的身份启用U8+总账、应收款管理、应付款管理、固定资产、销售管理、采购管理、库存管理、存货核算、薪资管理和计件工资管理系统，启用日期为2024-01-01。

【任务指引】

① 执行"开始"│"用友U8"│"企业应用平台"命令，打开"登录"对话框。

系统启用

② 录入操作员"201"(或宋淼)，密码为空，单击"账套"栏的下三角按钮，选择"[012](default)创智科技"，登录日期为2024年1月1日，如图3-1所示。单击"登录"按钮，进入"企业应用平台"窗口。

图3-1 以账套主管身份登录企业应用平台

③ 单击"业务导航"下三角按钮，选择"经典树形"展开方式，单击经典树形右侧的 按钮将树形菜单固定在桌面上。在"基础设置"中，执行"基本信息"│"系统启用"命令，打开"系统启用"对话框。

④ 勾选"GL 总账"复选框，弹出"日历"对话框。设置"日历"对话框中的日期为"2024年1月1日"，如图3-2所示。

⑤ 单击"确定"按钮，系统弹出"确实要启用当前系统吗？"信息提示，单击"是"按钮，完成总账系统的启用。

⑥ 同理，启用应收款管理、应付款管理、固定资产、销售管理、采购管理、库存管理、存货核算、薪资管理和计件工资管理，启用日期为2024-01-01。

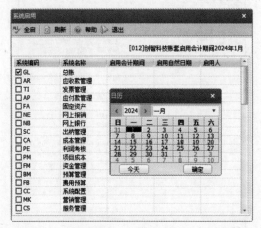

图3-2 启用总账

【任务解析】

系统启用方法有两种：一种是由系统管理员在系统管理中完成企业账套创建时进行系统启用设置；另一种是如果在建立账套时未设置系统启用，则由账套主管在企业应用平台的基本信息中进行系统启用的设置。只有账套主管才有权在企业应用平台中进行系统启用。

各系统的启用期间必须大于或等于企业账套的启用期间。

3.2.2 设置机构人员

1. 设置部门档案

【任务下达】

由账套主管设置部门档案。创智科技部门档案如表3-1所示。

表3-1 部门档案

部门编码	部门名称
01	企管部
02	财务部
03	采购部
04	销售部
05	仓储部
06	生产部

【任务指引】

① 在企业应用平台的基础设置中，执行"基础档案"｜"机构人员"｜"机构"｜"部门档案"命令，进入"部门档案"窗口。

② 单击"增加"按钮，录入部门编码"01"、部门名称"企管部"。

③ 单击"保存"按钮。以此方法依次录入其他部门档案，如图3-3所示。

设置部门档案

图3-3 录入部门档案

【任务解析】

部门档案窗口下方显示"** **"表示在编码方案中设定部门编码为2级，第1级2位，第2级2位。输入部门编码时需要遵守该规定。

2. 设置人员类别

【任务下达】

由账套主管设置人员类别。创智科技在职人员类别如表3-2所示。

表3-2 在职人员类别

人员类别编码	人员类别名称
1011	企业管理人员
1012	销售人员
1013	车间管理人员
1014	生产工人

【任务指引】

① 在企业应用平台的基础设置中，执行"基础档案"｜"机构人员"｜"人员"｜"人员类别"命令，进入"人员类别"窗口。

② 单击左侧列表中的"正式工"，再单击"增加"按钮，按实验资料在正式工下增加人员类别，如图3-4所示。

设置人员类别

图3-4 增加人员类别

【任务解析】

人员类别与工资费用的分配、分摊有关，工资费用的分配及分摊是薪资管理系统的一项重要功能。人员类别设置的目的是为工资分摊凭证设置相应的入账科目，可以按不同的入账科目需要设置不同的人员类别。

3. 设置人员档案

【任务下达】

由账套主管设置人员档案。创智科技人员档案如表3-3所示。

表3-3 人员档案

人员编号	人员姓名	性别	雇佣状态	人员类别	行政部门	是否业务员	是否操作员
101	马强	男	在职	企业管理人员	企管部	是	否
201	宋淼	男	在职	企业管理人员	财务部	是	否

(续表)

人员编号	人员姓名	性别	雇佣状态	人员类别	行政部门	是否业务员	是否操作员
202	郝爽	女	在职	企业管理人员	财务部	是	否
203	杜雪	女	在职	企业管理人员	财务部	是	否
301	高亚萍	女	在职	企业管理人员	采购部	是	否
401	古茂	男	在职	销售人员	销售部	是	否
501	陈媛	女	在职	企业管理人员	仓储部	是	否
601	池田	男	在职	车间管理人员	生产部	是	否
602	李文	女	在职	生产工人	生产部	是	否

【任务指引】

① 在企业应用平台的基础设置中，执行"基础档案"|"机构人员"|"人员"|"人员档案"命令，进入"人员列表"窗口。

② 单击左侧窗口中的"01 企管部"，单击"增加"按钮，按实验资料输入人员档案，如图3-5所示。单击"保存"按钮。

设置人员档案

图3-5　输入人员档案

③ 同理，依次输入其他人员档案。

❖ 提示:

◇ 人员编码必须唯一，行政部门只能是末级部门。

◇ 如果该员工需要在其他档案或单据的"业务员"项目中被参照，则需要勾选"业务员"复选框。

◇ "操作员"复选框用于设定该人员是否可操作U8+产品。有两种可能：一种是在系统管理中已经将该人员设置为用户，此处无须再勾选该复选框；另一种是在系统管理中没有将该人员设置为用户，那么此处可以勾选"操作员"复选框，系统会将该人员追加在用户列表中，人员编码自动作为用户编码和用户密码，所属角色为普通员工。

3.2.3 设置客商信息

1. 供应商分类

【任务下达】

由账套主管设置供应商分类。创智科技供应商分类如表3-4所示。

表3-4 供应商分类

供应商分类编码	供应商分类名称
01	主材供应商
02	辅材供应商
03	劳务供应商

【任务指引】

① 在企业应用平台的基础设置中，执行"基础档案"|"客商信息"|"供应商分类"命令，进入"供应商分类"窗口。

② 单击"增加"按钮，按实验资料输入供应商分类信息，单击"保存"按钮。

供应商分类

【任务解析】

分类是为了统一口径。供应商是否分类、客户是否分类在建立账套时确定。在建立供应商档案、客户档案之前可以由账套主管在系统管理中通过修改账套进行修改。

2. 客户分类

【任务下达】

由账套主管设置客户分类。创智科技客户分类如表3-5所示。

表3-5 客户分类

客户分类编码	客户分类名称
01	批发商
02	零售商

【任务指引】

① 在企业应用平台的基础设置中，执行"基础档案"|"客商信息"|"客户分类"命令，进入"客户分类"窗口。

② 单击"增加"按钮，按实验资料输入客户分类信息，单击"保存"按钮。

客户分类

3. 客户档案

【任务下达】

由账套主管设置客户档案。创智科技客户档案如表3-6所示。

表3-6　客户档案

客户编码	客户名称	客户简称	所属分类码	税号	开户银行	银行账号	默认值	分管部门	专管业务员
0101	天津中新商贸有限公司	中新	01	589438983808858453	工行天津分行	11015892349	是	销售部	古茂
0102	上海百脑汇商贸有限公司	百脑汇	01	953849378985848329	工行上海分行	85482883568	是	销售部	古茂
0201	青海麦加科技有限公司	麦加	02	120324324234211388	工行青海分行	11010499852	是	销售部	古茂
0202	山东蓝翔科技有限公司	蓝翔	02	598732010101141255	工行山东分行	22100032341	是	销售部	古茂

【任务指引】

① 在企业应用平台的基础设置中,执行"基础档案"|"客商信息"|"客户档案"命令,进入"客户档案"窗口。窗口分为左右两部分,左侧窗口显示已经设置的客户分类,单击可选中某一客户分类,右侧窗口中显示该分类下所有的客户列表。

客户档案

② 单击"增加"按钮,进入"增加客户档案"窗口。该窗口中共包括6个选项卡,即"基本""联系""信用""其他""附件"和"照片",用于对客户不同的属性分别归类记录。

③ 在"基本"选项卡中,按实验资料输入"客户编码""客户名称""客户简称""所属分类""税号"等信息,如图3-6所示。

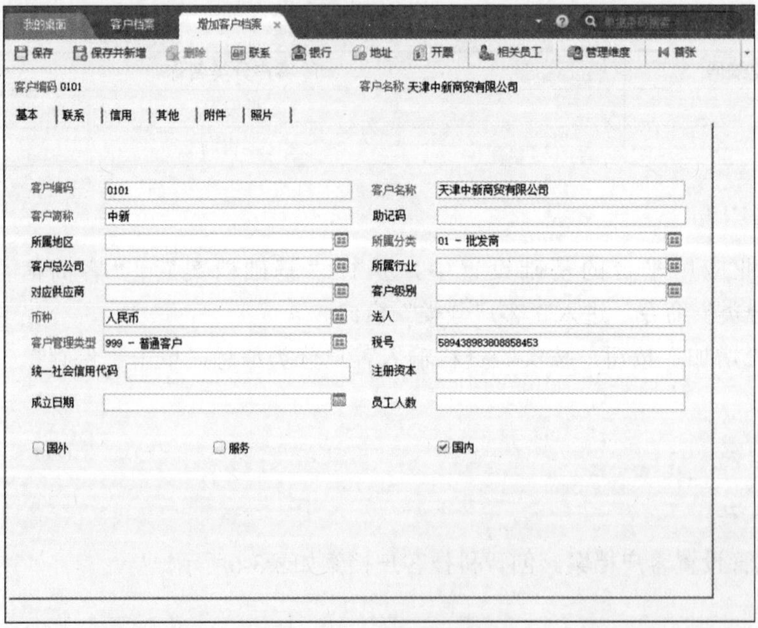

图3-6　"基本"选项卡

④ 在"联系"选项卡中，输入"分管部门"和"专管业务员"信息。

⑤ 单击"银行"按钮，打开"客户银行档案"窗口。单击"增加"按钮，录入客户开户银行信息，单击"保存"按钮，如图3-7所示。单击"退出"按钮。

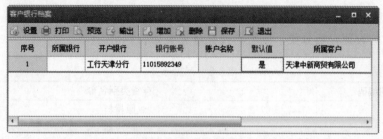

图3-7　客户银行档案

⑥ 在"增加客户档案"窗口中，单击"保存"按钮。以此方法依次录入其他客户档案。

> ❖ **提示：**
> ◇ 如果此处不输入税号，之后无法向该客户开具增值税专用发票。
> ◇ 设置"分管部门"和"专管业务员"是为了在应收应付款管理系统中填制发票等原始单据时能自动根据客户显示部门及业务员信息。

4. 供应商档案

【任务下达】

由账套主管设置供应商档案。创智科技供应商档案如表3-7所示。

表3-7　供应商档案

供应商编号	供应商名称	供应商简称	所属分类码	税号	开户银行	银行账号	默认值	分管部门	分管业务员
0101	河北天和电子科技有限公司	天和	01	110108534875344111	工行河北分行	10543982199	是	采购部	高亚萍
0102	天津安捷科技有限公司	安捷	01	120843543722553222	工行天津分行	43828943234	是	采购部	高亚萍
0201	山西万通商贸有限公司	万通	02	91153498359584385A	工行山西分行	57392897985	是	采购部	高亚萍
0301	北京四达物流有限公司	四达	03	90312730223540757X	工行北京分行	98439829511	是	采购部	高亚萍

【任务指引】

设置方法同客户档案。

供应商档案

3.2.4 设置存货信息

1. 存货分类

【任务下达】

由账套主管设置存货分类。创智科技存货分类如表3-8所示。

表3-8 存货分类

存货类别编码	存货类别名称
01	原材料
02	产成品
03	配套用品
04	固定资产
09	应税劳务

【任务指引】

在企业应用平台的基础设置中，执行"基础档案"｜"存货"｜"存货分类"命令，设置存货分类。

【任务解析】

设置存货分类

在企业日常购销业务中，经常会发生一些劳务费用，如运输费、装卸费等，这些费用也是企业存货成本的组成部分，并且它们可以拥有不同于一般存货的税率。为了正确反映和核算这些劳务费用，一般在存货分类中单独设置一类，如"应税劳务"或"劳务费用"。

2. 计量单位

【任务下达】

由账套主管设置计量单位组和计量单位。创智科技计量单位组和计量单位如表3-9所示。

表3-9 计量单位组和计量单位

计量单位组编号	计量单位组名称	计量单位组类别	计量单位编号	计量单位名称
01	基本计量单位	无换算率	01	个
			02	台
			03	千米

【任务指引】

① 在企业应用平台的基础设置中，执行"基础档案"｜"存货"｜"计量单位"命令，进入"计量单位"窗口。

② 单击"分组"按钮，打开"计量单位组"对话框。

设置计量单位

③ 单击"增加"按钮，录入计量单位组编号"01"，录入计量单位组名称"基本计量单位"，单击"计量单位组类别"栏的下三角按钮，选择"无换算率"，如图3-8所示。

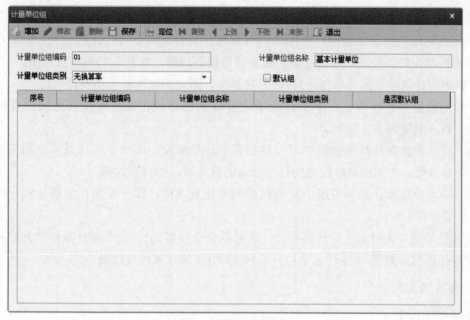

图3-8　增加计量单位组

④ 单击"保存"按钮，再单击"退出"按钮退出。

⑤ 单击窗口左侧的"基本计量单位"，再单击"单位"按钮，打开"计量单位"对话框。

⑥ 单击"增加"按钮，录入计量单位相关信息，如图3-9所示。

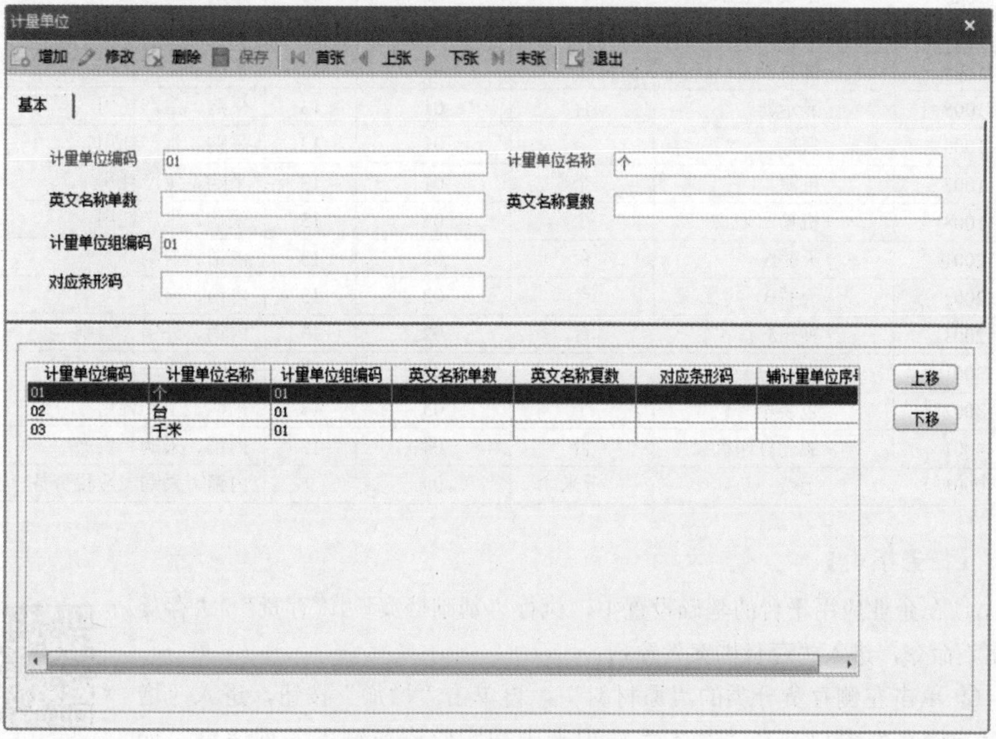

图3-9　增加计量单位

【任务解析】

在企业实际的经营活动中，不同部门对某种存货会采用不同的计量方式。例如，可口可乐的销售部在对外发货时用箱计量，罐装的每箱有24罐，2L瓶装的每箱有12瓶。

U8+中的计量单位组类别包括3种：无换算率、固定换算率和浮动换算率。

○ 无换算率计量单位组中的计量单位都以单独形式存在，即相互之间没有换算关系，全部为主计量单位。

○ 固定换算率计量单位组中可以包括多个计量单位，即一个主计量单位和多个辅计量单位。主辅计量单位之间存在固定的换算率，如1箱=24罐。

○ 浮动换算率计量单位组中只能包括两个计量单位，即一个主计量单位和一个辅计量单位。

主计量单位作为财务上的计量单位，换算率自动设置为1。每个辅计量单位都能和主计量单位进行换算：数量(按主计量单位计量)＝件数(按辅计量单位计量)×换算率。

3. 存货档案

【任务下达】

由账套主管设置存货档案。创智科技存货档案如表3-10所示。

表3-10 存货档案

存货编码	存货名称	计量单位	所属分类	税率/%	存货属性
1001	主板套装A	个	01	13	采购、生产耗用
1002	主板套装B	个	01	13	采购、生产耗用
1003	硬盘	个	01	13	采购、生产耗用
1004	键盘	个	01	13	采购、生产耗用
1005	显示器	台	01	13	采购、生产耗用
1006	鼠标	个	01	13	采购、生产耗用
1007	电源	个	01	13	采购、生产耗用
1008	机箱	个	01	13	采购、生产耗用
2001	天骄A	台	02	13	内销、自制
2002	天骄B	台	02	13	内销、自制
2003	神州5	台	02	13	内销、外销、自制
3001	电脑包	个	03	13	采购、生产耗用
3002	包装箱	个	03	13	采购、生产耗用
4001	激光打印机	台	04	13	内销、采购、资产
9001	运费	千米	09	9	内销、采购、应税劳务

【任务指引】

① 在企业应用平台的基础设置中，执行"基础档案"|"存货"|"存货档案"命令，进入"存货档案"窗口。

② 单击左侧存货分类的"原材料"，再单击"增加"按钮，进入"增加存货档案"窗口。在"基本"选项卡中按实验资料输入各项信息，如图3-10所示。

设置存货档案

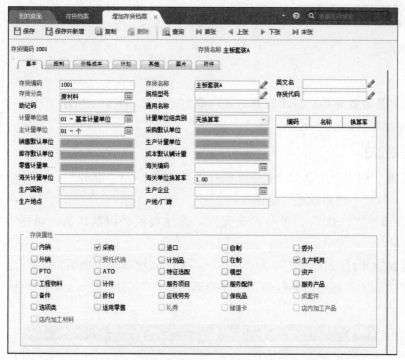

图3-10 增加存货档案

③ 在"价格成本"选项卡中输入进项及销项税率，如图3-11所示。单击"保存"按钮。

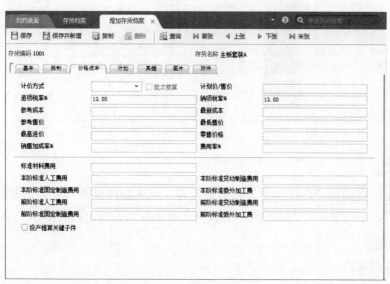

图3-11 设置存货税率

【任务解析】

U8+中存货属性是对存货的一种分类。标记了"采购"属性的存货将在入库、采购发票等单据中被参照，标记了"销售"属性的存货将在发货、出库、销售发票等单据中被参照，这样可大大缩小查找范围。

3.2.5 设置财务信息

1. 设置外币

【任务下达】

由账套主管设置外币。外币核算方式：固定汇率；币符：USD；币名：美元；汇率小数位：5；2024年1月汇率：6.23。

【任务指引】

设置外币

① 在企业应用平台的基础设置中，执行"基础档案"|"财务"|"外币设置"命令，打开"外币设置"对话框。

② 输入币符"USD"、币名"美元"，其他项目采用默认值，单击"确认"按钮。

③ 设置2024年1月的记账汇率为"6.23"，按Enter键确认，如图3-12所示。

④ 单击"退出"按钮，系统弹出"是否退出吗？"信息提示，单击"是"按钮，完成外币设置。

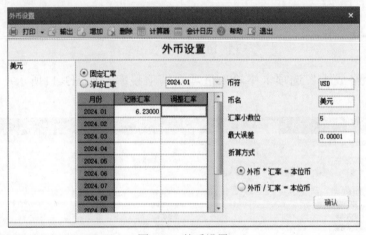

图3-12　外币设置

【任务解析】

使用固定汇率的用户，在填制每月的凭证前应预先在此录入本月的记账汇率；使用浮动汇率的用户，在填制该天的凭证前，应预先在此录入当天的记账汇率。

2. 凭证类别

【任务下达】

由账套主管设置凭证类别。凭证类别如表3-11所示。

表3-11　凭证类别

类别名称	限制类型	限制科目
收款凭证	借方必有	1001,1002
付款凭证	贷方必有	1001,1002
转账凭证	凭证必无	1001,1002

【任务指引】

① 在企业应用平台的基础设置中，执行"基础档案"|"财务"|"凭证类别"命令，打开"凭证类别预置"对话框。

② 选中"收款凭证 付款凭证 转账凭证"单选按钮，如图3-13所示。

图3-13 凭证类别预置

③ 单击"确定"按钮，打开"凭证类别"对话框。

④ 单击"修改"按钮，双击限制类型，出现下拉箭头，选择"借方必有"，选择或输入限制科目"1001,1002"，如图3-14所示。

⑤ 同理，设置其他限制类型和限制科目。

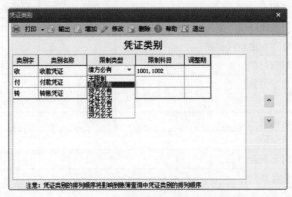

图3-14 凭证类别限制条件设置

【任务解析】

已使用的凭证类别不能删除，也不能修改类别字。

如果收款凭证的限制类型为借方必有"1001,1002"，则在填制凭证时系统要求收款凭证的借方一级科目至少有一个是"1001"或"1002"，否则，系统会判断该张凭证不属于收款凭证类别，不允许保存。付款凭证及转账凭证也应满足相应的要求。

如果直接录入科目编码，则编码间的标点符号应为英文状态下的标点符号，否则系统会提示科目编码有误。

3. 会计科目

(1) 增加会计科目。

【任务下达】

由账套主管增加会计科目。需要新增的会计科目如表3-12所示。

表3-12　新增会计科目

科目编码	科目名称	币种	辅助核算
100201	农业银行		日记账、银行账
10020101	人民币户		日记账、银行账
10020102	美元户	美元	日记账、银行账
100202	光大银行		日记账、银行账
122101	职工往来		个人往来
140301	主板套装A		数量核算(个)
140302	主板套装B		数量核算(个)
140303	硬盘		数量核算(个)
140304	键盘		数量核算(个)
140305	显示器		数量核算(台)
140306	鼠标		数量核算(个)
140307	电源		数量核算(个)
140308	机箱		数量核算(个)
140501	天骄A		数量核算(台)
140502	天骄B		数量核算(台)
140503	神州5		数量核算(台)
141101	电脑包		数量核算(个)
141102	包装箱		数量核算(个)
190101	待处理流动资产损溢		
190102	待处理固定资产损溢		
220201	一般应付款		供应商往来
220202	暂估应付款		
221101	薪资		
221102	职工福利		
221103	社会保险		
221104	住房公积金		
221105	工会经费		
221106	职工教育经费		
222101	应交增值税		
22210101	进项税额		
22210105	销项税额		
222102	未交增值税		
410101	法定盈余公积		
410401	提取法定盈余公积		
410415	未分配利润		
500101	直接材料		
500102	直接人工		
500103	制造费用		
510101	薪资		
510102	折旧费		
510103	水电费		
510104	差旅费		

(续表)

科目编码	科目名称	币种	辅助核算
510105	办公费		
660101	薪资		
660102	折旧费		
660103	水电费		
660104	差旅费		
660105	办公费		
660106	招待费		
660107	其他		
660201	薪资		部门核算
660202	折旧费		部门核算
660203	水电费		部门核算
660204	差旅费		部门核算
660205	办公费		部门核算
660206	招待费		部门核算
660207	其他		部门核算
660301	利息		
660302	手续费		
660303	现金折扣		
660304	汇兑损益		
6702	信用减值损失		

【任务指引】

① 在企业应用平台的基础设置中，执行"基础档案"|"财务"|"会计科目"命令，进入"会计科目"窗口。

新增会计科目

② 单击"增加"按钮，打开"新增会计科目"对话框。

③ 输入新增会计科目的各项信息，如图3-15所示。单击"确定"按钮保存。

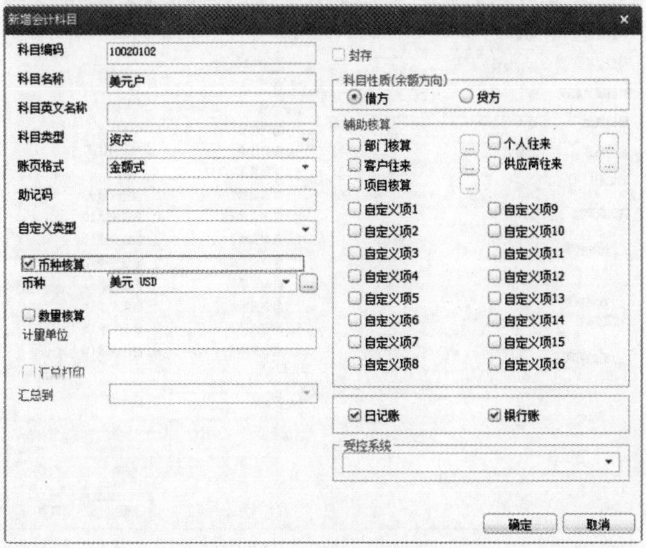

图3-15 增加会计科目

【任务解析】

U8+已经预置一级会计科目，并且可以根据需要增加明细科目。

设置科目辅助核算可以减少科目层级、增加核算的维度和深度。例如，为"管理费用/招待费"设置部门核算，在招待费业务发生时，就需要记录是哪个部门发生的招待费，后期就可以统计部门的费用开支情况。

(2) 修改会计科目。

【任务下达】

由账套主管修改会计科目。需要修改的会计科目如表3-13所示。

表3-13　修改会计科目

科目编码	科目名称	辅助核算
1001	库存现金	日记账
1002	银行存款	日记账、银行账
1121	应收票据	客户往来
1122	应收账款	客户往来
1123	预付账款	供应商往来
1605	工程物资	项目核算
2201	应付票据	供应商往来
2203	预收账款	客户往来

【任务指引】

① 在"会计科目"窗口中，将光标定位在"库存现金"科目，单击"修改"按钮，打开"会计科目_修改"对话框。

② 单击"修改"按钮，勾选"日记账"复选框，如图3-16所示。单击"确定"按钮。

修改会计科目

③ 同理，修改其他会计科目。

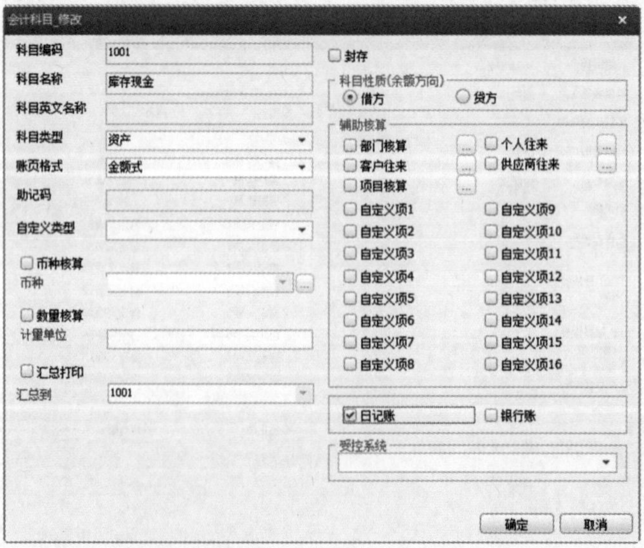

图3-16　修改会计科目

(3) 指定会计科目。

【任务下达】

由账套主管指定会计科目。将"1001库存现金"指定为"现金科目"；将"1002银行存款"指定为"银行科目"。

【任务指引】

① 在"会计科目"窗口中，单击"指定科目"按钮，打开"指定科目"对话框。

② 选中"现金科目"单选按钮，从"待选科目"列表框中选择"1001库存现金"科目，单击 > 按钮，将"库存现金"科目添加到"已选科目"列表中。

指定会计科目

③ 同理，将"银行存款"科目设置为银行科目，如图3-17所示。

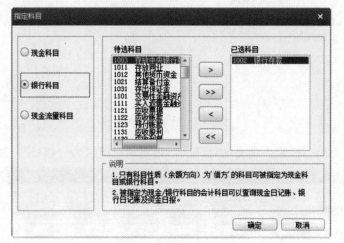

图3-17 指定会计科目

④ 单击"确定"按钮，保存。

【任务解析】

指定会计科目是指定出纳的专管科目，一般指现金科目和银行存款科目。指定科目后，才能执行出纳签字。

4. 项目

【任务下达】

由账套主管建立项目大类、核算科目、项目分类和项目目录。项目相关资料如表3-14所示。

表3-14 项目相关资料

项目大类	核算科目	项目分类	项目目录
工程(普通项目)	1605工程物资	1—自建 2—外包	101—园区绿化 201—职工活动中心

【任务指引】

(1) 新增项目大类。

① 在企业应用平台的基础设置中，执行"基础档案"｜"财务"｜"项目大类"命令，进入"项目大类"窗口。

② 单击"增加"按钮，打开"项目大类定义_增加"对话框。

③ 输入新项目大类名称为"工程"，设置新项目大类的属性为"普通项目"，如图3-18所示。

新增项目大类

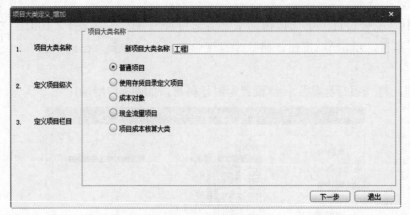

图3-18　新增项目大类

④ 单击"下一步"按钮，定义项目级次，设定项目级次为一级1位，如图3-19所示。

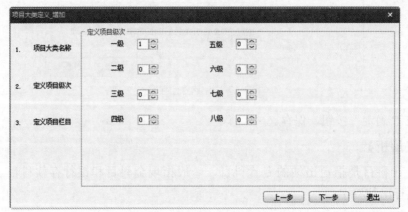

图3-19　定义项目级次

⑤ 单击"下一步"按钮，定义项目栏目，采用系统默认值，不做修改。

⑥ 单击"完成"按钮，返回"项目档案"窗口。

(2) 指定核算科目。

① 单击窗口右侧"项目大类"栏的下三角按钮，选择"工程"项目大类。

② 在"核算科目"选项卡中，单击 > 按钮，将"1605工程物资"科目从待选科目列表选入已选科目列表，如图3-20所示。

③ 单击"保存"按钮，保存。

指定核算科目

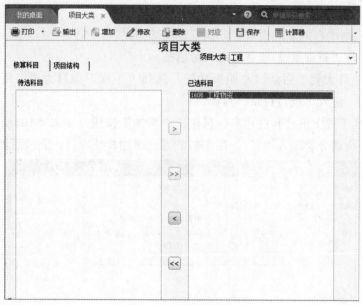

图3-20 指定核算科目

(3) 定义项目分类。

① 在企业应用平台的基础设置中，执行"基础档案"|"财务"|"项目分类"命令，进入"项目分类"窗口。

② 单击窗口右侧"项目大类"栏的下三角按钮，选择"工程"项目大类。

定义项目分类

③ 单击"增加"按钮，输入分类编码为"1"，分类名称为"自建"，单击"保存"按钮。

④ 继续输入其他分类，如图3-21所示。

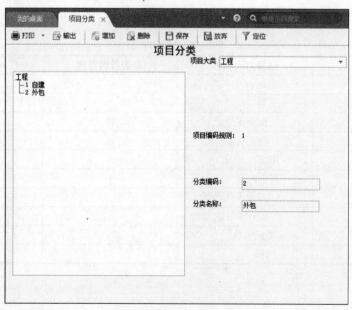

图3-21 定义项目分类

(4) 设置项目目录。

① 在企业应用平台的基础设置中,执行"基础档案"|"财务"|"项目目录"命令,打开"查询条件-项目目录"对话框。

② 单击"项目大类"后的"参照"按钮,选择"工程"项目大类,单击"确定"按钮,进入"项目目录"窗口。

设置项目目录

③ 单击左侧工程下的"1-自建",再单击"增加"按钮,输入"101园区绿化"项目,所属分类码为"1",用类似的方法增加其他项目,完成后如图3-22所示。

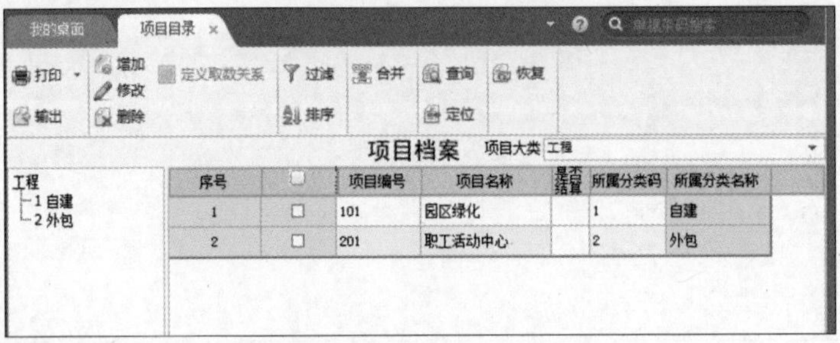

图3-22　设置项目目录

【任务解析】

一个项目大类可以指定多个科目,一个科目只能属于一个项目大类。

在每年年初应将已结算或不用的项目删除。结算后的项目将不能再使用。

3.2.6　设置收付结算

1. 结算方式

【任务下达】

由账套主管设置结算方式。创智科技结算方式如表3-15所示。

表3-15　结算方式

结算方式编码	结算方式名称	是否票据管理	对应票据类型
1	现金		
2	支票		
201	现金支票	是	现金支票
202	转账支票	是	转账支票
3	电汇		
4	商业汇票		
401	商业承兑汇票		
402	银行承兑汇票		
5	委托收款		
6	网银		

【任务指引】

① 在企业应用平台的基础设置中，执行"基础档案"│"收付结算"│"结算方式"命令，进入"结算方式"窗口。

② 单击"增加"按钮，按要求输入企业常用的结算方式，如图3-23所示。

设置结算方式

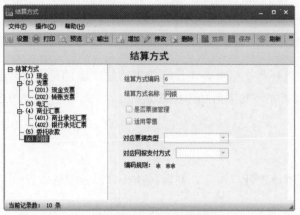

图3-23　设置结算方式

❖ 提示：

◇ 勾选了"是否票据管理"复选框的结算方式在填制凭证环节中出现时，系统会对未进行支票登记的票据提示进行登记。

2. 付款条件

【任务下达】

由账套主管设置付款条件。创智科技付款条件如表3-16所示。

表3-16　付款条件

付款条件编码	付款条件名称	信用天数	优惠天数1	优惠率1	优惠天数2	优惠率2	优惠天数3	优惠率3
01	2/10,1/20,n/30	30	10	2	20	1		
02	5/10,2/30,1/45.n/60	60	10	5	30	2	45	1

【任务指引】

① 在企业应用平台的基础设置中，执行"基础档案"│"收付结算"│"付款条件"命令，进入"付款条件"窗口。

② 单击"增加"按钮，按要求输入企业常用的付款条件，保存后，如图3-24所示。

设置付款条件

序号	付款条件编码	付款条件名称	信用天数	优惠天数1	优惠率1	优惠天数2	优惠率2	优惠天数3	优惠率3	优惠天数4	优惠率4
1	01	2/10,1/20,n/30	30	10	2.0000	20	1.0000	0	0.0000	0	0.0000
2	02	5/10,2/30,1/45,n/60	60	10	5.0000	30	2.0000	45	1.0000	0	0.0000

图3-24　设置付款条件

【任务解析】

为了鼓励客户提前还款，企业通常推行优惠措施，如10天内付款给予2%的折扣，10天后20天内付款给予1%折扣，20天后30内付款无折扣，表示为2/10,1/20,n/30。

3. 开户银行

【任务下达】

由账套主管设置本单位开户银行。创智科技开户银行信息如表3-17所示。

表3-17　开户银行信息

编码	银行账号	开户银行	币种	所属银行编码
01	113457010479	农业银行中关村分理处	人民币	04
02	119884010422	农业银行中关村分理处	美元	04
03	01010108893298588	光大银行中关村分理处	人民币	00001

【任务指引】

① 在企业应用平台的基础设置中，执行"基础档案"|"收付结算"|"本单位开户银行"命令，进入"本单位开户银行"窗口。

② 单击"增加"按钮，打开"增加本单位开户银行"对话框，输入本单位开户银行信息，单击"保存"按钮。

设置开户银行

3.2.7　业务档案设置

1. 仓库档案

【任务下达】

由账套主管设置仓库档案。创智科技仓库档案如表3-18所示。

表3-18　仓库档案

仓库编码	仓库名称	计价方式
1	原料库	移动平均法
2	成品库	全月平均法
3	配套用品库	先进先出法

【任务指引】

在企业应用平台的基础设置中，执行"基础档案"｜"业务"｜"仓库档案"命令，进入"仓库档案"窗口，单击"增加"按钮，输入仓库档案信息，如图3-25所示。

仓库档案

图3-25 仓库档案

【任务解析】

选择全月平均法，期末时在存货核算系统通过期末处理计算全月平均单价，并回写到已记账单据中。

2. 收发类别

【任务下达】

由账套主管设置收发类别。创智科技收发类别如表3-19所示。

表3-19 收发类别

收发类别编码	收发类别名称	收发标志	收发类别编码	收发类别名称	收发标志
1	入库	收	2	出库	发
101	采购入库	收	201	销售出库	发
102	产成品入库	收	202	领料出库	发
103	调拨入库	收	203	调拨出库	发
104	盘盈入库	收	204	盘亏出库	发
105	其他入库	收	205	其他出库	发

【任务指引】

在企业应用平台的基础设置中，执行"基础档案"｜"业务"｜"收发类别"命令，进入"收发类别"窗口，单击"增加"按钮，按实验资料输入收发类别，如图3-26所示。

收发类别

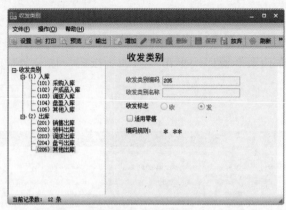

图3-26　收发类别

【任务解析】

设置收发类别的作用：一是可以按收发类别对存货的出入库情况进行统计；二是不同的出入库方式代表了不同的业务类型，生成的财务核算凭证也不同，因此可以根据收发类别设置生成凭证时使用的存货对方科目。

3. 采购类型

【任务下达】

由账套主管设置采购类型。创智科技采购类型如表3-20所示。

表3-20　采购类型

采购类型编码	采购类型名称	入库类别	是否默认值
1	普通采购	采购入库	是
2	其他采购	采购入库	否

【任务指引】

在企业应用平台的基础设置中，执行"基础档案"|"业务"|"采购类型"命令，进入"采购类型"窗口，单击"增加"按钮，按实验资料输入采购类型。

采购类型

【任务解析】

设置采购类型的作用：一是可以按采购类型对采购业务进行分类统计；二是可以在应付款管理系统中按照采购类型设置控制科目或对方科目。

4. 销售类型

【任务下达】

由账套主管设置销售类型。创智科技销售类型如表3-21所示。

表3-21　销售类型

销售类型编码	销售类型名称	出库类别	是否默认值
1	普通销售	销售出库	是
2	其他销售	销售出库	否

【任务指引】

在企业应用平台的基础设置中，执行"基础档案"|"业务"|"销售类型"命令，进入"销售类型"窗口，单击"增加"按钮，按实验资料输入销售类型。

销售类型

5. 产品结构

【任务下达】

由账套主管定义天骄A的产品结构。

母件：2001 天骄A。

版本：1.0。

子件：1001主板套装A、1003硬盘、1004键盘、1005显示器、1006 鼠标、1007电源、1008机箱，基本用量和基础数量为1。

【任务指引】

① 在企业应用平台的基础设置中，执行"基础档案"|"业务"|"产品结构"命令，进入"产品结构"窗口。

② 单击"增加"按钮，选择母件编码为"2001 天骄A"、版本说明为"1.0"；子件分别为原料库的"1001主板套装A""1003硬盘""1004键盘""1005显示器""1006 鼠标""1007电源"和"1008 机箱"，基本用量和基础数量均为1；单击"保存"按钮。

③ 单击"审核"按钮，如图3-27所示。

产品结构

图3-27　定义产品结构

6. 费用项目分类及费用项目

【任务下达】

由账套主管设置费用项目分类及费用项目。创智科技费用项目分类及费用项目如表3-22所示。

表3-22　费用项目分类及费用项目

费用项目分类编码	费用项目分类名称	费用项目编码	费用项目名称
1	日常费用	01	运输费
		02	代销手续费
2	代垫费用	03	代垫运费
		04	代垫邮寄费

【任务指引】

在企业应用平台的基础设置中，执行"基础档案"｜"业务"｜"费用项目分类"命令，进入"费用项目分类"窗口，输入费用项目分类。

在企业应用平台的基础设置中，执行"基础档案"｜"业务"｜"费用项目"命令，进入"费用项目"窗口，输入费用项目。

费用项目分类及
费用项目

7. 非合理损耗类型

【任务下达】

由账套主管设置非合理损耗类型。创智科技非合理损耗类型如表3-23所示。

表3-23　非合理损耗类型

非合理损耗类型编码	非合理损耗类型名称
01	运输责任
02	个人责任

【任务指引】

在企业应用平台的基础设置中，执行"基础档案"｜"业务"｜"非合理损耗类型"命令，进入"非合理损耗类型"窗口，输入非合理损耗类型。

【任务解析】

企业在采购过程中如果发生非合理损耗，则需要根据发生原因进行不同的处理。

非合理
损耗类型

3.2.8　单据设置

1. 单据格式设置

【任务下达】

由账套主管进行单据格式设置：为收款单增加"预收款余额"表头项目。

【任务指引】

① 在企业应用平台的基础设置中，执行"单据设置"|"单据格式设置"命令，进入"单据格式设置"窗口。

单据格式设置

② 在左侧列表中，执行"财务会计"|"应收款管理"|"应收收款单"|"显示"|"应收收款单显示模板"命令，打开"收款单"。

③ 单击上方"表头栏目"按钮，打开"表头"对话框。勾选"12预收款余额"复选框，如图3-28所示。

④ 单击"确定"按钮返回。将"预收款余额"项目放置在合适的位置后，单击"保存"按钮。

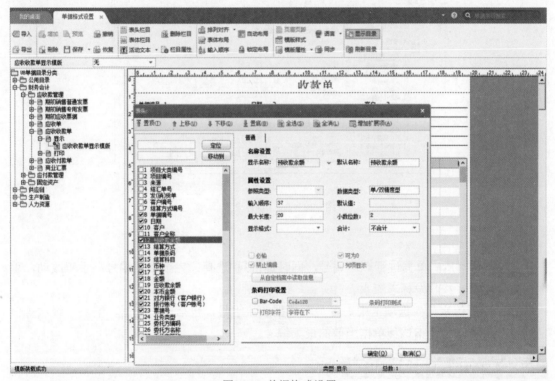

图3-28　单据格式设置

【任务解析】

U8+系统提供了默认的单据格式，企业可以根据自身需要增加或减少单据的表头项目或表体项目。

2. 单据编号设置

【任务下达】

由账套主管进行单据编号设置：将"采购普通发票""采购专用发票""采购运费发票""销售普通发票"和"销售专用发票"的编号方式设置为"手工改动，重号时自动重取"。

【任务指引】

① 在企业应用平台的基础设置中，执行"单据设置"|"单据编号设置"命令，打开"单据编号设置"对话框。

② 在"编号设置"选项卡中，选择"采购管理"|"采购专用发票"，单击上方的修改按钮 。勾选"手工改动，重号时自动重取"复选框，如图3-29所示。

单据编号设置

③ 单击保存按钮 。同理，修改其他发票的编号方式，完成后退出。

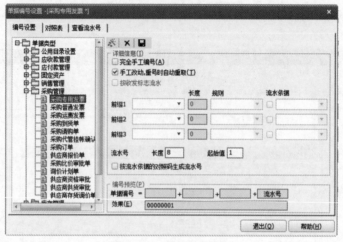

图3-29 单据编号设置

【任务解析】

U8+默认对所有单据进行顺序编号，同时提供3种选择：完全手工编号；手工改动，重号时自动重取；按收发标志流水。

在"查看流水号"选项卡中，可查看单据的流水号，包括流水依据、编码、级次等信息。这里的流水号是指该种单据当前的最大编号。

3.2.9 数据权限控制设置

【任务下达】

由账套主管取消对"工资权限"的记录级数据控制。

【任务指引】

① 在企业应用平台的系统服务中，执行"权限"|"数据权限控制设置"命令，进入"数据权限控制设置"窗口。

② 在"记录级"选项卡中，取消勾选"工资权限"复选框。

③ 单击"确定"按钮。

数据权限控制
设置

【任务解析】

U8+中有3种不同的权限：功能权限、数据权限和金额权限。在系统管理中为用户设置的权限称为功能权限，它规定了用户可以操作U8+系统中的哪些功能。数据权限是对用户要访问的数据的进一步控制，分为"记录级"和"字段级"。顾名思义，记录级规定用户可以访问数据表中的哪些记录，字段级规定用户可以访问数据表中的哪些字段。

3.2.10 备份账套

【任务下达】

将012账套输出至"D:\012账套备份\基础设置"文件夹中。

【任务指引】

略。

系统初始化

任务4.1　系统初始化认知

系统初始化是为系统正常运行做好前期准备工作，主要包括3项内容：各模块选项设置、初始设置和期初数据录入。

1. 选项设置

U8+是通用管理软件，为了满足不同行业的应用，通用软件中会预置大量选项供企业自行选择。企业应根据业务范围、应用流程及业务控制方式，选择对应的选项。

2. 初始设置

初始设置包括选择会计核算方法、确定业务管理精度、设置与业务对应的会计核算科目等工作。例如，在固定资产系统中选择折旧方法、在应收款管理系统中设置报警级别和账龄区间、在存货核算系统中设置存货科目和对方科目。

3. 期初数据录入

为了保证业务的连续性，以账套启用日期为界，截至该日期企业尚未处理完的业务，如已经向客户发货但尚未收款、原料已经办理入库但尚未收到发票，均需要作为期初数据录入U8+系统，以便进行后续处理。

企业业务数据与财务数据存在平衡关系，整理并录入期初数据时需要注意以下3个方面：①进行期初数据的审核记账，即在采购管理系统中进行期初记账、在销售管理系统和库存管理系统中进行期初数据审核、在存货核算系统中进行记账、在总账系统中进行试算平衡；②注意各个模块之间的数据关联；③注意期初数据录入的先后顺序。

任务4.2　系统初始化实务

4.2.1　采购管理系统初始化

【任务下达】

由账套主管进行采购管理系统初始化。

1. 选项设置

设置单据默认增值税税率为13%。

2. 期初数据

2023年12月24日，采购部收到天和公司提供的键盘130个，暂估价为32元，商品已验收入材料库，至今尚未收到发票。

【任务指引】

1. 选项设置

① 2024年1月1日，以"宋淼"的身份进入企业应用平台，在业务工作中执行"供应链"｜"采购管理"｜"设置"｜"选项"命令，打开"采购系统选项"对话框。

采购选项设置

② 在"公共及参照控制"选项卡中，设置单据默认税率为13%，单击"确定"按钮。

2. 期初数据录入

在企业应用平台的业务工作中，执行"供应链"｜"采购管理"｜"采购入库"｜"采购入库单"命令，进入"期初采购入库单"窗口。

① 单击"增加"按钮，输入入库日期为"2023-12-24"，选择仓库为"原料库"、供货单位为"河北天和电子科技有限公司"、入库类别为"采购入库"。

采购期初数据录入

② 选择"存货编码"为1004，输入"数量"为130、"本币单价"为32，单击"保存"按钮。最终结果如图4-1所示。

③ 录入完成后，关闭当前窗口返回。

④ 执行"供应链"｜"采购管理"｜"设置"｜"采购期初记账"命令，打开"期初记账"对话框。单击"记账"按钮，系统弹出"期初记账完毕！"信息提示。单击"确定"按钮返回。

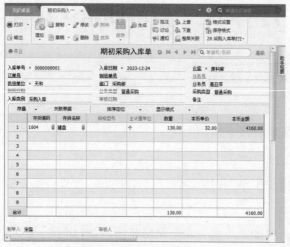

图4-1 期初采购入库单

【任务解析】

采购管理系统的期初数据涉及已订货未到货、已到货未入库、已入库未收到发票、已收到票未收到货的情况，分别用期初采购订单、期初到货单、期初采购入库单、期初采购发票来录入。

采购管理系统如果不执行期初记账，将无法开始日常业务处理，因此，即使没有期初数据，也要执行期初记账。采购管理系统如果不执行期初记账，库存管理系统和存货核算系统就不能记账。

4.2.2 销售管理系统初始化

【任务下达】

由账套主管进行销售管理系统初始化。

1. 选项设置

(1) 创智科技销售业务类型包括零售日报、委托代销、分期收款和直运销售。

(2) 销售报价不含税。

(3) 销售生成出库单。

2. 期初数据

2023年12月28日，销售部向山东蓝翔出售天骄A型计算机10台，报价为6 000元，由成品库发货。该发货单尚未开票。

【任务指引】

1. 选项设置

① 在企业应用平台的业务工作中，执行"供应链"|"销售管理"|"设置"|"选项"命令，打开"销售选项"对话框。

② 在"业务控制"选项卡中，勾选"有零售日报业务""有委托代销业务""有分期收款业务""有直运销售业务"复选框，勾选"销售生成出

销售选项设置

库单"复选框,取消勾选"报价含税"复选框,如图4-2所示。

③ 单击"确定"按钮。

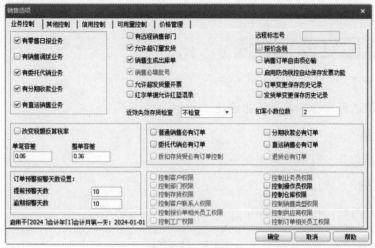

图4-2 销售选项

2. 期初数据录入

① 在企业应用平台的业务工作中,执行"供应链"|"销售管理"|"设置"|"期初发货单"命令,进入"期初发货单"窗口。

② 单击"增加"按钮,输入"发货日期"为"2023-12-28",选择"销售类型"为"普通销售",选择"客户简称"为"蓝翔"。

③ 选择"仓库"为"成品库",选择"存货"为"2001 天骄A",输入"数量"为10、"无税单价"为6 000,单击"保存"按钮。

④ 单击"审核"按钮,审核该发货单,如图4-3所示。

销售期初数据
录入

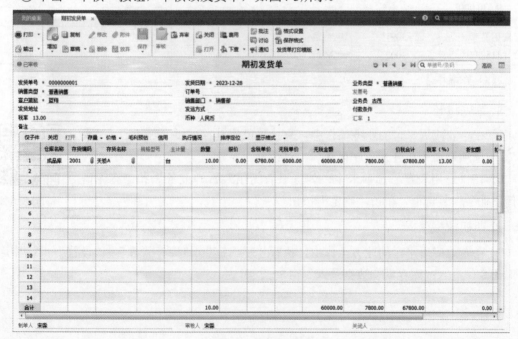

图4-3 期初发货单

【任务解析】

销售管理系统的期初数据涉及已订货未发货、已发货未开票的情况，分别用期初销售订单、期初发货单来录入。

4.2.3 库存管理系统初始化

【任务下达】

由账套主管进行库存管理系统初始化。

1. 选项设置

有组装拆卸业务；有借入借出业务。

2. 期初数据

2023年12月31日，对各个仓库进行了盘点，如表4-1所示。

表4-1 仓库盘点

仓库名称	存货编码	存货名称	数量	结存单价	结存金额
原料库 合计3 926 000	1001	主板套装A	500	1 600	800 000
	1002	主板套装B	720	2 000	1 440 000
	1003	硬盘	660	400	264 000
	1004	键盘	800	32	25 600
	1005	显示器	1 000	850	850 000
	1006	鼠标	2 000	20	40 000
	1007	电源	1 200	230	276 000
	1008	机箱	2 304	100	230 400
成品库 合计9 630 000	2001	天骄A	1 500	3 800	5 700 000
	2002	天骄B	540	4 500	2 430 000
	2003	神州5	300	5 000	1 500 000
配套用品库 合计115 000	3001	电脑包	3 000	30	90 000
	3002	包装箱	5 000	5	25 000

【任务指引】

1. 选项设置

① 在企业应用平台的业务工作中，执行"供应链"｜"库存管理"｜"设置"｜"选项"命令，打开"库存选项"对话框。

② 在"通用设置"选项卡中，勾选"有无组装拆卸业务"和"有无借入借出业务"复选框，单击"确定"按钮。

库存选项设置

2. 期初数据录入

① 在企业应用平台的业务工作中，执行"供应链"｜"库存管理"｜"设置"｜"期初结存"命令，进入"库存期初数据录入"窗口。

② 选择"原料库",单击"修改"按钮,按"任务下达"中给定的期初数据资料录入原料库的存货期初结存,单击"保存"按钮,单击"批审"按钮,批量审核完成,如图4-4所示。

③ 同理,输入其他仓库存货期初数据并批审。

库存期初数据录入

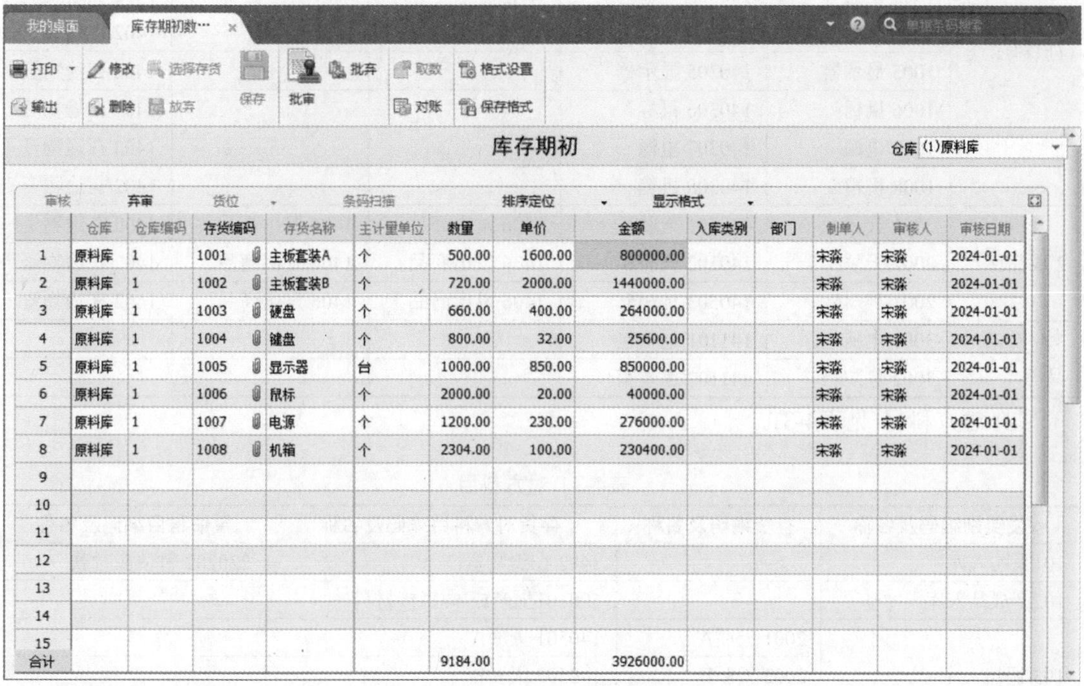

图4-4 库存期初

	审核	弃审	货位	条码扫描		排序定位	显示格式					
	仓库	仓库编码	存货编码	存货名称	主计量单位	数量	单价	金额	入库类别	部门	制单人	审核人	审核日期
1	原料库	1	1001	主板套装A	个	500.00	1600.00	800000.00			宋淼	宋淼	2024-01-01
2	原料库	1	1002	主板套装B	个	720.00	2000.00	1440000.00			宋淼	宋淼	2024-01-01
3	原料库	1	1003	硬盘	个	660.00	400.00	264000.00			宋淼	宋淼	2024-01-01
4	原料库	1	1004	键盘	个	800.00	32.00	25600.00			宋淼	宋淼	2024-01-01
5	原料库	1	1005	显示器	台	1000.00	850.00	850000.00			宋淼	宋淼	2024-01-01
6	原料库	1	1006	鼠标	个	2000.00	20.00	40000.00			宋淼	宋淼	2024-01-01
7	原料库	1	1007	电源	个	1200.00	230.00	276000.00			宋淼	宋淼	2024-01-01
8	原料库	1	1008	机箱	个	2304.00	100.00	230400.00			宋淼	宋淼	2024-01-01
9													
10													
11													
12													
13													
14													
15 合计						9184.00		3926000.00					

【任务解析】

库存管理和存货核算共享期初数据,可以从其中任何一个系统录入,再从另一个系统取数获得。

4.2.4 存货核算系统初始化

【任务下达】

由账套主管进行存货核算系统初始化。

1. 选项设置

存货暂估核算方式:单到回冲。

销售成本核算方式:按销售发票核算。

委托代销成本核算方式:按发出商品核算。

2. 科目设置

(1) 存货科目(见表4-2)。

表4-2　存货科目

仓库编码及名称	存货编码及名称	存货科目编码及名称	分期收款发出商品科目编辑及名称	委托代销发出商品科目编码及名称	直运科目编码及名称
1原料库	1001 主板套装A	140301 主板套装A			1402 在途物资
	1002 主板套装B	140302 主板套装B			1402 在途物资
	1003 硬盘	140303 硬盘			1402 在途物资
	1004 键盘	140304 键盘			1402 在途物资
	1005 显示器	140305 显示器			1402 在途物资
	1006 鼠标	140306 鼠标			1402 在途物资
	1007 电源	140307 电源			1402 在途物资
	1008 机箱	140308 机箱			1402 在途物资
2 成品库	2001 天骄A	140501 天骄A	1406 发出商品	1406 发出商品	1402 在途物资
	2002 天骄B	140502 天骄B	1406 发出商品	1406 发出商品	1402 在途物资
	2003 神州5	140503 神州5	1406 发出商品	1406 发出商品	1402 在途物资
3 配套用品库	3001 电脑包	141101 电脑包			
	3002 包装箱	141102 包装箱			

(2) 对方科目(见表4-3)。

表4-3　对方科目

收发类别编码及名称	存货编码及名称	存货对方科目编码及名称	暂估科目编码及名称
101采购入库		1402 在途物资	220202 暂估应付款
102产成品入库		500101生产成本/直接材料	
103 调拨入库	2001 天骄A	140501 天骄A	
	2002 天骄B	140502 天骄B	
	2003 神州5	140503 神州5	
104盘盈入库		190101待处理流动资产损溢	
201销售出库		6401主营业务成本	
202材料领用出库		500101生产成本/直接材料	
203 调拨出库	2001 天骄A	140501 天骄A	
	2002 天骄B	140502 天骄B	
	2003 神州5	140503 神州5	
204 盘亏出库		190101待处理流动资产损溢	

3. 期初数据

存货期初数据与库存期初数据一致。

4. 期初暂估科目

期初暂估入库的暂估科目：220202。

【任务指引】

1. 选项设置

① 在企业应用平台的业务工作中，执行"供应链"|"存货核算"|"设置"|"选项"命令，打开"选项查询"对话框。

存货核算选项设置

② 单击"编辑"按钮，按"任务下达"中给定的资料设置相关选项，完成后单击"确定"按钮。

2. 科目设置

(1) 设置存货科目。

① 在企业应用平台的业务工作中，执行"供应链"｜"存货核算"｜"设置"｜"存货科目"命令，进入"存货科目"窗口。

② 单击"增行"按钮，根据"任务下达"中给定的资料设置存货科目，完成后单击"保存"按钮，如图4-5所示。

存货科目设置

仓库编码	仓库名称	存货编码	存货名称	存货科目编码	存货科目名称	分期收款发出商品科目编码	委托代销发出商品科目编码	直运科目编码	直运科目名称
1	原料库	1001	主板套装A	140301	主板套装A			1402	在途物资
1	原料库	1002	主板套装B	140302	主板套装B			1402	在途物资
1	原料库	1003	硬盘	140303	硬盘			1402	在途物资
1	原料库	1004	键盘	140304	键盘			1402	在途物资
1	原料库	1005	显示器	140305	显示器			1402	在途物资
1	原料库	1006	鼠标	140306	鼠标			1402	在途物资
1	原料库	1007	电源	140307	电源			1402	在途物资
1	原料库	1008	机箱	140308	机箱			1402	在途物资
2	成品库	2001	天骄A	140501	天骄A	1406	1406	1402	在途物资
2	成品库	2002	天骄B	140502	天骄B	1406	1406	1402	在途物资
2	成品库	2003	神州书	140503	神州书	1406	1406	1402	在途物资
3	配套用品库	3001	电脑包	141101	电脑包				
3	配套用品库	3002	包装箱	141102	包装箱				

共13条记录

图4-5　设置存货科目

(2) 设置对方科目。

① 在企业应用平台的业务工作中，执行"供应链"｜"存货核算"｜"设置"｜"对方科目"命令，进入"对方科目"窗口。

② 单击"增行"按钮，根据"任务下达"中给定的资料设置对方科目，完成后单击"保存"按钮，如图4-6所示。

对方科目设置

收发类别编码	收发类别名称	存货编码	存货名称	对方科目编码	对方科目名称	暂估科目编码	暂估科目名称
101	采购入库			1402	在途物资	220202	暂估应付款
102	产成品入库			500101	直接材料		
103	调拨入库	2001	天骄A	140501	天骄A		
103	调拨入库	2002	天骄B	140502	天骄B		
103	调拨入库	2003	神州书	140503	神州书		
104	盘盈入库			190101	待处理流动资产损益		
201	销售出库			6401	主营业务成本		
202	领料出库			500101	直接材料		
203	调拨出库	2001	天骄A	140501	天骄A		
203	调拨出库	2002	天骄B	140502	天骄B		
203	调拨出库	2003	神州书	140503	神州书		
204	盘亏出库			190101	待处理流动资产损益		

共12条记录

图4-6　设置对方科目

3. 期初数据录入

① 在存货核算系统中，执行"设置"|"期初余额"命令，进入"期初余额"窗口。

存货核算期初
数据录入

② 选择仓库"原料库"，单击"取数"按钮，获取库存管理系统中录入的存货期初数据。

③ 同理，获取成品库和配套用品库的期初数据。

④ 执行"设置"|"期初分期收款发出商品"命令，进行取数。

⑤ 执行"设置"|"期初委托代销发出商品"命令，进行取数。

⑥ 在"期初余额"窗口中，单击"记账"按钮，系统弹出"期初记账成功！"信息提示，单击"确定"按钮返回。

4. 期初暂估科目录入

① 在企业应用平台的业务工作中，执行"供应链"|"存货核算"|"设置"|"期初暂估科目录入"命令，进入"期初暂估科目录入"窗口。

期初暂估科目
录入

② 单击窗口左下方的"查询"按钮，系统自动带入期初采购入库单记录，补充输入暂估科目"220202"，单击"保存"按钮。

【任务解析】

1. 理解存货科目和对方科目的作用

设置存货科目和对方科目的目的在于当业务发生时，能根据存货关联的仓库和收发类别自动生成财务核算凭证。常见业务生成会计核算凭证时取用的存货科目和对方科目如表4-4所示。

表4-4　常见业务取用的存货科目和对方科目

分类	业务类型	凭证借方取自	凭证贷方取自
采购业务	货到票到的普通采购业务	存货科目表—存货科目	对方科目表—对方科目
	货到票未到的暂估入库业务	存货科目表—存货科目	对方科目表—暂估科目
销售业务	普通销售出库	对方科目表—对方科目	存货科目表—存货科目
	分期收款业务	对方科目表—分期收款发出商品科目	存货科目表—存货科目
	委托代销业务	对方科目表—委托代销发出商品科目	存货科目表—存货科目
	直运业务	对方科目表—直运科目	存货科目表—存货科目
库存业务	产成品入库	存货科目表—存货科目	对方科目表—对方科目
	材料领用出库	对方科目表—对方科目	存货科目表—存货科目
	盘盈业务	存货科目表—存货科目	对方科目表—对方科目
	盘亏业务	对方科目表—对方科目	存货科目表—存货科目
	调拨业务	不引起价值变动，无须生成凭证	

2. 理解库存管理系统和存货核算系统的关系

库存管理和存货核算管理的对象都是存货。库存管理系统部署在仓储部，侧重对存货收发存数量的管理；存货核算系统部署在财务部，侧重对存货出入库成本进行核算。两个子系统的期初数据完全一致，可以从任何一个系统录入，再从另外一个系统取数获得。存货核算系统"期初余额"窗口中设有"对账"按钮，用于核对库存管理系统期初结存与存货核算系统期初余额是否一致。

4.2.5 应付款管理系统初始化

【任务下达】

由账套主管进行应付款管理系统初始化。

1. 选项设置

(1) 应付单据审核日期：单据日期。

(2) 自动计算现金折扣。

(3) 取消"核销生成凭证"。

2. 科目设置

(1) 基本科目设置。

创智科技应付基本科目如表4-5所示。

表4-5 应付基本科目

基本科目种类	科目选择	币种
应付科目	220201	人民币
预付科目	1123	人民币
采购科目	1402	人民币
税金科目	22210101	人民币
汇兑损益科目	660304	人民币
商业承兑科目	2201	人民币
银行承兑科目	2201	人民币
票据利息科目	660301	人民币
现金折扣科目	660303	人民币

(2) 结算科目设置。

创智科技应付结算科目如表4-6所示。

表4-6 应付结算科目

结算方式	币种	本单位账号	科目
1 现金	人民币	113457010479	1001
201 现金支票	人民币	113457010479	10020101
202 转账支票	人民币	113457010479	10020101
3 电汇	人民币	113457010479	10020101

3. 应付期初数据

(1) 应付票据。

2023年10月10日，创智科技向供应商安捷开具了三个月的银行承兑汇票一张(票号YHHP20231001)，承兑银行为中国农业银行，科目为2201，到期日为2024-01-10，票据面值为60 000。

(2) 应付账款。

应付账款科目的期初余额为361 600元，以采购专用发票输入。期初采购专用发票的信息如表4-7所示。

表4-7　期初采购专用发票信息

开票日期	供应商	业务员	科目	存货编码	数量	原币单价	发票号
2023-10-20	天和	高亚萍	220201	1001	200	1600	20231001

【任务指引】

1. 选项设置

① 在企业应用平台的业务工作中，执行"财务会计"|"应付款管理"|"设置"|"选项"命令，打开"账套参数设置"对话框。

② 单击"编辑"按钮，系统弹出"选项修改需要重新登录才能生效"信息提示，单击"确定"按钮。

③ 在"常规"选项卡中，设置应付单据审核日期为"单据日期"，勾选"自动计算现金折扣"复选框，如图4-7所示。

应付选项设置

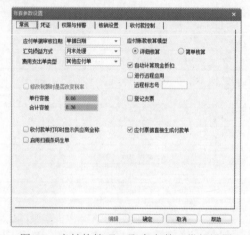

图4-7　应付款管理—账套参数—常规设置

④ 在"凭证"选项卡中，取消勾选"核销生成凭证"复选框，如图4-8所示。单击"确定"按钮。

图4-8　应付款管理—账套参数—凭证设置

2. 科目设置

(1) 基本科目设置。

在应付款管理系统中，执行"设置"|"科目设置"|"基本科目"命令，进入"应付基本科目"窗口，单击"增行"按钮，按"任务下达"中给定的资料设置应付基本科目，如图4-9所示。

应付基本科目
设置

图4-9 应付基本科目

(2) 结算科目设置。

在应付款管理系统中，执行"设置"|"科目设置"|"结算科目"命令，进入"应付结算科目"窗口，单击"增行"按钮，按"任务下达"中给定的资料设置应付结算科目。

应付结算科目
设置

3. 期初数据录入

(1) 应付票据。

① 在应付款管理系统中，执行"期初余额"|"期初余额"命令，打开"期初余额—查询"对话框。单击"确定"按钮，进入"期初余额"窗口。

② 单击"增加"按钮，打开"单据类别"对话框。设置单据名称为"应付票据"、单据类型为"银行承兑汇票"、方向为"正向"，如图4-10所示。单击"确定"按钮，进入"期初单据录入"窗口。

期初应付票据
录入

图4-10 单据类别

③ 单击"增加"按钮，按"任务下达"中给定的资料录入期初银行承兑汇票的各项信息并保存，如图4-11所示。关闭当前窗口。

图4-11　期初银行承兑汇票

(2) 应付账款。

① 在"期初余额"窗口中,单击"增加"按钮,打开"单据类别"对话框。设置单据名称为"采购发票"、单据类型为"采购专用发票",单击"确定"按钮,进入"采购发票"窗口。

② 单击"增加"按钮,按"任务下达"中给定的资料录入期初采购专用发票的各项信息并保存,如图4-12所示。关闭当前窗口。

期初应付账款
录入

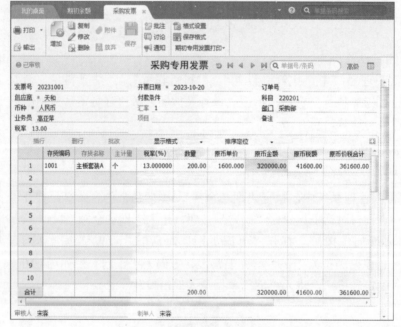

图4-12　期初采购专用发票

③ 在"期初余额"窗口中,单击"刷新"按钮,可以看到所有录入的期初数据记录。

【任务解析】

期初单据有4种类型:采购发票、预付款、应付票据和应付单。因购货收到的未付款的发票通过采购发票录入；预付供应商的货款通过预付款录入；已出具未结算的票据通过应付票据录入；其他类型的欠款通过应付单录入。

4.2.6 应收款管理系统初始化

【任务下达】

由账套主管进行应收款管理系统初始化。

1. 选项设置

(1) 应收单据审核日期：单据日期。

(2) 坏账处理方式：应收余额百分比法。

(3) 自动计算现金折扣。

(4) 取消"核销生成凭证"。

2. 科目设置

(1) 基本科目设置。

创智科技应收基本科目如表4-8所示。

表4-8 应收基本科目

基本科目种类	科目选择	币种
应收科目	1122	人民币
预收科目	2203	人民币
汇兑损益科目	660304	人民币
商业承兑汇票	1121	人民币
银行承兑汇票	1121	人民币
票据利息科目	660301	人民币
票据费用科目	660301	人民币
现金折扣科目	660303	人民币
税金科目	22210105	人民币
销售收入科目	6001	人民币
销售退回科目	6001	人民币

(2) 结算科目设置。

创智科技应收结算科目如表4-9所示。

表4-9 应收结算科目

结算方式	币种	本单位账号	科目
1 现金	人民币	113457010479	1001
201 现金支票	人民币	113457010479	10020101
202 转账支票	人民币	113457010479	10020101
3 电汇	人民币	113457010479	10020101

3. 坏账准备设置

坏账准备相关设置如表4-10所示。

表4-10　坏账准备设置

控制参数	参数设置
提取比率	0.5%
坏账准备期初余额	8 800
坏账准备科目	1231
对方科目	6702

4. 应收期初数据

(1) 销售专用发票(见表4-11)。

表4-11　销售专用发票信息

开票日期	客户名称	销售部门	货物名称	数量	无税单价	价税合计	发票号
2023-11-10	麦加	销售部	天骄B	50	7 000	395 500	20231101

(2) 期初应收单(见表4-12)

表4-12　期初应收单信息

单据日期	客户	部门	本币金额	摘要
2023-11-10	麦加	销售部	300	代垫运费

【任务指引】

1. 选项设置

① 在企业应用平台的业务工作中，执行"财务会计"|"应收款管理"|"设置"|"选项"命令，打开"账套参数设置"对话框。

② 单击"编辑"按钮，系统弹出"选项修改需要重新登录才能生效"信息提示，单击"确定"按钮。

应收选项设置

③ 在"常规"选项卡中，设置应收单据审核日期为"单据日期"、坏账处理方式为"应收余额百分比法"，勾选"自动计算现金折扣"复选框，如图4-13所示。

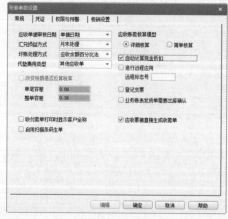

图4-13　应收款管理—账套参数—常规设置

④ 在"凭证"选项卡中，取消勾选"核销生成凭证"复选框，如图4-14所示。单击"确定"按钮。

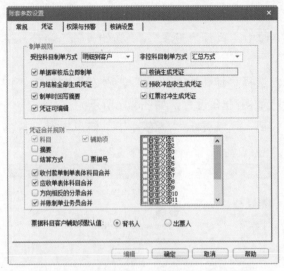

图4-14 应收款管理—账套参数—凭证设置

2. 科目设置

(1) 基本科目设置。

在应收款管理系统中，执行"设置"|"科目设置"|"基本科目"命令，进入"应收基本科目"窗口，单击"增行"按钮，按"任务下达"中给定的资料设置应收基本科目，如图4-15所示。

应收基本科目设置

基本科目

基本科目种类	科目	币种
应收科目	1122	人民币
预收科目	2203	人民币
汇兑损益科目	660304	人民币
商业承兑科目	1121	人民币
银行承兑科目	1121	人民币
票据利息科目	660301	人民币
票据费用科目	660301	人民币
现金折扣科目	660303	人民币
税金科目	22210105	人民币
销售收入科目	6001	人民币
销售退回科目	6001	人民币

图4-15 应收基本科目

(2) 结算科目设置。

在应收款管理系统中，执行"设置"|"科目设置"|"结算科目"命令，进入"应收结算科目"窗口，单击"增行"按钮，按"任务下达"中给定的资料设置应付结算科目。

应收结算科目设置

3. 坏账准备设置

① 在应收款管理系统中，执行"设置"|"初始设置"命令，进入"初始设置"窗口。

② 在左侧列表中，选择"坏账准备设置"，在右侧窗口中，按"任务下达"中给定的资料进行坏账准备设置，如图4-16所示。

坏账准备设置

③ 单击"确定"按钮，系统弹出"储存完毕"信息提示，再单击"确定"按钮。

图4-16　坏账准备设置

4. 期初数据录入

(1) 期初销售专用发票。

① 在应收款管理系统中，执行"期初余额"|"期初余额"命令，打开"期初余额—查询"对话框。单击"确定"按钮，进入"期初余额"窗口。

期初销售发票录入

② 单击"增加"按钮，打开"单据类别"对话框。设置单据名称为"销售发票"、单据类型为"销售专用发票"、方向为"正向"，单击"确定"按钮，进入"期初销售发票"窗口。

③ 单击"增加"按钮，按"任务下达"中给定的资料录入期初销售专用发票的各项信息，单击"保存"按钮，如图4-17所示。

④ 关闭当前窗口，返回"期初余额"窗口。

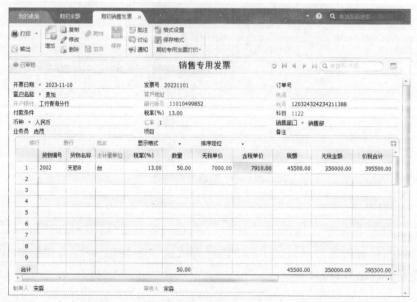

图4-17　期初销售专用发票

(2) 期初应收单。

① 在"期初余额"窗口中，单击"增加"按钮，打开"单据类别"对话框。设置单据名称为"应收单"、单据类型为"其他应收单"、方向为"正向"，单击"确定"按钮，进入"期初单据录入"窗口。

期初应收单
录入

② 单击"增加"按钮，按"任务下达"中给定的资料录入期初应收单的各项信息，单击"保存"按钮，如图4-18所示。

③ 关闭当前窗口，返回"期初余额"窗口。单击"刷新"按钮，可以看到所有期初数据记录。

图4-18 期初应收单

【任务解析】

期初单据有4种类型：销售发票、预收款、应收票据和应收单。因销售商品开出发票通过销售发票录入；预收客户的货款通过预收款录入；持有的未到期或尚兑现的商业汇票通过应收票据录入；其他类型的收款通过应收单录入。

4.2.7 薪资管理系统初始化

【任务下达】

由账套主管进行薪资管理系统初始化。

1. 建立工资账套

工资类别个数：多个；核算计件工资；核算币种：人民币RMB；要求代扣个人所得税；不进行扣零处理；启用日期：2024年1月。

2. 基础信息设置

(1) 工资项目设置(见表4-13)。

表4-13　工资项目设置

项目名称	类型	长度	小数位数	增减项
基本工资	数字	8	2	增项
奖金	数字	8	2	增项
交补	数字	8	2	增项
应发合计	数字	10	2	增项
请假扣款	数字	8	2	减项
养老保险	数字	8	2	减项
子女教育	数字	8	2	其他
赡养老人	数字	8	2	其他
本期专项附加扣除额	数字	8	2	其他
本期应税所得额	数字	8	2	其他
前期应税所得额	数字	8	2	其他
累计应税所得额	数字	8	2	其他
代扣税	数字	10	2	减项
前期已预扣预缴个税	数字	8	2	其他
本期代扣税	数字	8	2	其他
实发工资	数字	10	2	其他
请假天数	数字	8	2	其他

基本工资、奖金、交补、应发合计、请假扣款、养老保险、子女教育、赡养老人、本期专项附加扣除额、本期应税所得额、前期应税所得额、累计应税所得额、代扣税、前期已预扣预缴个税、本期代扣税、实发工资、请假天数。排列顺序同上。

(2) 增加银行档案。

银行编码：04001；银行名称：农业银行中关村分理处；定长；账号长度为11位；自动带出账号长度为7位。

(3) 建立工资类别。

建立“正式职工”工资类别，正式职工分布于企业所有部门。

建立“临时人员”工资类别，临时人员只存在于生产部。

3. 正式职工相关资料

(1) 人员档案(见表4-14)。

表4-14　人员档案

人员编号	人员姓名	部门名称	人员类别	银行账号	中方人员	是否计税	核算计件工资
101	马强	企管部	企业管理人员	20240010001	是	是	否
201	宋淼	财务部	企业管理人员	20240010002	是	是	否
202	郝爽	财务部	企业管理人员	20240010003	是	是	否
203	杜雪	财务部	企业管理人员	20240010004	是	是	否
301	高亚萍	采购部	企业管理人员	20240010005	是	是	否
401	古茂	销售部	销售人员	20240010006	是	是	否

人员编号	人员姓名	部门名称	人员类别	银行账号	中方人员	是否计税	核算计件工资
501	陈媛	仓储部	企业管理人员	20240010007	是	是	否
601	池田	生产部	车间管理人员	20240010008	是	是	否
602	李文	生产部	生产工人	20240010009	是	是	否

注: 以上所有人员的工资代发银行均为中国农业银行中关村分理处。

(2) 工资项目。

基本工资、奖金、交补、应发合计、请假扣款、养老保险、子女教育、赡养老人、本期专项附加扣除额、本期应税所得额、前期应税所得额、累计应税所得额、代扣税、前期已预扣预缴个税、本期代扣税、实发工资、请假天数。排列顺序同上。

(3) 工资计算公式(见表4-15)。

表4-15　工资计算公式

工资项目	定义公式
请假扣款	请假天数×50
养老保险	(基本工资+奖金)×0.08
交补	iff(人员类别="企业管理人员"OR 人员类别="车间管理人员", 400, 200)
应发合计	基本工资+奖金+交补+计件工资
本期专项附加扣除额	子女教育+赡养老人
本期应税所得额	应发合计-养老保险-请假扣款-本期专项附加扣除额
累计应税所得额	本期应税所得额+前期应税所得额
本期代扣税	iff((代扣税-前期已预扣预缴个税)>=0, 代扣税-前期已预扣预缴个税,0)
实发工资	应发合计-请假扣款-养老保险-本期代扣税

排列顺序同上。

(4) 个人所得税设置。

个人所得税申报表中"收入额合计"项所对应的工资项目为"累计应税所得额"。计税基数为5 000元,附加费用为0。

2019年1月开始实行的7级超额累进个人所得税税率表如表4-16所示。

表4-16　7级超额累进个人所得税税率表

级数	累计预扣预缴应纳税所得额	税率/%	速算扣除数/元
1	不超过36 000元	3	0.00
2	超过36 000元至144 000元的部分	10	2 520.00
3	超过144 000元至300 000元的部分	20	16 920.00
4	超过300 000元至420 000元的部分	25	31 920.00
5	超过420 000元至660 000元的部分	30	52 920.00
6	超过660 000元至960 000元的部分	35	85 920.00
7	超过960 000元的部分	45	181 920.00

个税专项附加扣除表(均为最高扣除金额)如表4-17所示。

表4-17　个税专项附加扣除表(此为参考数据，依国家政策出具)

序号	项目	扣除金额 (最高扣除金额)	满足条件	备注
1	子女教育	2 000元/月	每个子女年满3岁起	父母(法定监护人)各扣除50%或父母(法定监护人)选择一方完全扣除
2	继续教育	400元/月	学历教育期间	同一学历(学位)扣除期限最长不超过48个月
		取得年度定额扣除3 600元/年	非学历教育取得证书年度	同一年度取得多个符合条件证书的，只能扣除3 600元
3	住房贷款利息	1 000元/月	必须是首套房，实际发生贷款利息的年度	经夫妻双方约定，可以选择由其中一方扣除，最长不超过240个月
4	住房租金	1 500元/月	直辖市、省会城市、计划单列市及国务院确定的其他城市	夫妻双方主要工作城市相同：只能由一方(即承租人)扣除。 夫妻双方主要工作城市不同，且各自在其主要工作城市都没有住房：分别扣除
		1 100元/月	除上之外，市辖区户籍人口超过100万的城市	
		800元/月	除上之外，市辖区户籍人口不超过100万的城市	
5	赡养老人	3 000元/月	赡养60周岁(含)以上的父母，或者子女均已去世的祖父母、外祖父母	符合独生子女，每月定额扣除3 000元
		1 500元/月		不属于独生子女的，与其兄弟姐妹分摊每月3 000元的扣除标准，且每人每月最多扣除1 500元
6	大病医疗	55 000元/年，限额内据实扣除	自付部分本年度累计超过15 000元，且不超过80 000元的部分，准予在计算个人所得税应纳税所得额时扣除	
7	婴幼儿照护	2 000元/月	从婴幼儿出生的当月至年满3周岁的前一个月	父母(法定监护人)各扣除50%或父母(法定监护人)选择一方完全扣除
8	个人养老金	12 000元/年，限额内据实扣除	以个人养老金信息管理服务平台出具的扣除凭证为扣税凭据	

4. 临时人员相关资料

部门选择：生产部。

(1) 人员档案(见表4-18)。

表4-18　人员档案

人员编号	人员姓名	部门名称	性别	人员类别	银行账号	中方人员	是否计税	核算计件工资
611	冯卫东	生产部	男	生产工人	20240010011	是	是	是
612	刘刚	生产部	男	生产工人	20240010012	是	是	是

(2) 工资项目设置(见表4-19)。

表4-19　工资项目设置

项目名称	类型	长度	小数位数	增减项
计件工资	数字	8	2	增项

(续表)

项目名称	类型	长度	小数位数	增减项
应发合计	数字	10	2	增项
养老保险	数字	8	2	减项
子女教育	数字	8	2	其他
赡养老人	数字	8	2	其他
本期专项附加扣除额	数字	8	2	其他
本期应税所得额	数字	8	2	其他
前期应税所得额	数字	8	2	其他
累计应税所得额	数字	8	2	其他
代扣税	数字	10	2	减项
前期已预扣预缴个税	数字	8	2	其他
本期代扣税	数字	8	2	其他
实发工资	数字	10	2	其他

工资项目排列顺序同上。

(3) 工资计算公式(见表4-20)。

表4-20　工资计算公式

工资项目	定义公式
养老保险	计件工资×0.08
应发合计	计件工资
本期专项附加扣除额	子女教育+赡养老人
本期应税所得额	应发合计−养老保险−本期专项附加扣除额
累计应税所得额	本期应税所得额+前期应税所得额
本期代扣税	iff((代扣税−前期已预扣预缴个税)>=0, 代扣税−前期已预扣预缴个税,0)
实发工资	应发合计−养老保险−本期代扣税

排列顺序同上。

(4) 个人所得税设置同正式职工工资类别的个人所得税设置。

(5) 计件要素。

工序。工序档案包括两项：01 组装；02 检验。

(6) 计件工价。

组装：30；检验：18。

【任务指引】

1. 建立工资账套

① 在企业应用平台的业务工作中，执行"人力资源"｜"薪资管理"命令，打开"建立工资套"对话框。在建账第一步"参数设置"中，选择本账套所需处理的工资类别个数为"多个"，选择默认币别名称为"人民币RMB"，勾选"是否核算计件工资"复选框，如图4-19所示。单击"下一步"按钮。

建立工资账套

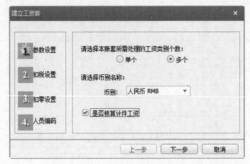

图4-19　建立工资套—参数设置

② 在建账第二步"扣税设置"中，勾选"是否从工资中代扣个人所得税"复选框，单击"下一步"按钮。

③ 在建账第三步"扣零设置"中，不做选择，直接单击"下一步"按钮。

④ 在建账第四步"人员编码"中，系统要求人员编码同公共平台中的人员编码保持一致。

⑤ 单击"完成"按钮。

2. 基础信息设置

(1) 工资项目设置。

① 在企业应用平台的业务工作中，执行"人力资源"｜"薪资管理"｜"设置"｜"工资项目设置"命令，打开"工资项目设置"对话框。

工资项目设置

② 单击"增加"按钮，工资项目列表中增加一空行。

③ 在"名称参照"下拉列表中选择"基本工资"选项。

④ 单击"增加"按钮，按"任务下达"中给定的资料增加其他工资项目。

⑤ 利用"上移""下移"和"置顶""置底"按钮调整工资项目顺序，完成后如图4-20所示。

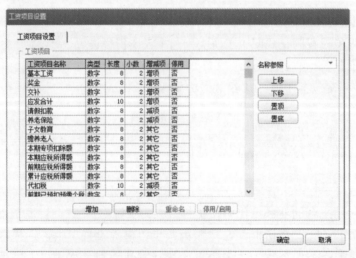

图4-20　工资项目设置

⑥ 单击"确定"按钮，系统弹出"工资项目已经改变，请确认各工资类别的公式是否正确。"信息提示，单击"确定"按钮。

(2) 增加银行档案。

① 在企业应用平台的基础设置中，执行"基础档案"|"收付结算"|"银行档案"命令，进入"银行档案"窗口。

增加银行档案

② 单击"增加"按钮，增加"中国农业银行中关村分理处(04001)"。设置个人账户规则：个人账号为"定长"，账号长度为"11"，自动带出账号长度为"7"。

③ 单击"保存"按钮。

(3) 建立工资类别。

① 在企业应用平台的业务工作中，执行"人力资源"|"薪资管理"|"工资类别"|"新建工资类别"命令，打开"新建工资类别"对话框。

建立工资类别

② 在文本框中输入第一个工资类别名称"正式职工"，单击"下一步"按钮。

③ 单击"选定全部部门"按钮，选中所有部门。

④ 单击"完成"按钮，系统弹出"是否以2024-01-01为当前工资类别的启用日期？"信息提示，单击"是"按钮，返回。

⑤ 执行"人力资源"|"薪资管理"|"工资类别"|"关闭工资类别"命令，关闭"正式职工"工资类别。

⑥ 执行"人力资源"|"薪资管理"|"工资类别"|"新建工资类别"命令，打开"新建工资类别"对话框。

⑦ 在文本框中输入第二个工资类别"临时人员"，单击"下一步"按钮。

⑧ 在部门列表中选择"生产部"，如图4-21所示。

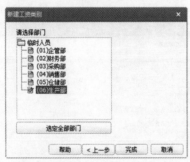

图4-21 选择临时人员所属部门

⑨ 单击"完成"按钮，系统弹出"是否以2024-01-01为当前工资类别的启用日期？"信息提示，单击"是"按钮，返回。

⑩ 执行"人力资源"|"薪资管理"|"工资类别"|"关闭工资类别"命令，关闭"临时人员"工资类别。

3. 正式职工相关资料设置

(1) 人员档案设置。

① 在企业应用平台的业务工作中，执行"人力资源"|"薪资管理"|"工资类别"|"打开工资类别"命令，打开"打开工资类别"对话框。

正式职工人员
档案设置

②选择"001 正式职工"工资类别,单击"确定"按钮。

③执行"人力资源"|"薪资管理"|"设置"|"人员档案"命令,进入"人员档案"窗口。

④单击"批增"按钮,打开"人员批量增加"对话框。

⑤单击"查询"按钮,系统显示已经存在的人员档案,且默认是选中状态,如图4-22所示。单击"确定"按钮,返回"人员档案"窗口。

⑥选择"马强"所在的记录行,单击"修改"按钮,打开"人员档案明细"对话框,确定是否需要对该人员核算计件工资、补充输入银行账号信息,如图4-23所示。

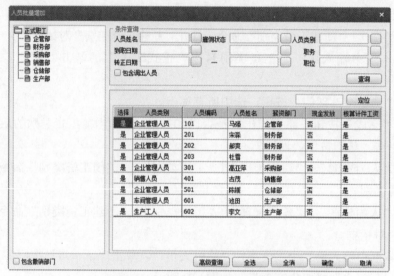

图4-22 "人员批量增加"对话框

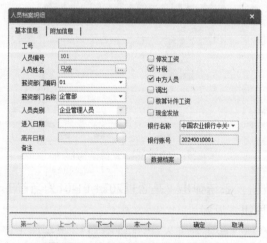

图4-23 "人员档案明细"对话框

⑦单击"确定"按钮,系统弹出"写入该人员档案信息吗?"信息提示,单击"确定"按钮。

⑧继续修改其他人员信息。完成后单击"取消"按钮,返回"人员档案"窗口。最后关闭当前窗口退出。

(2) 工资项目设置。

① 在企业应用平台的业务工作中，执行"人力资源"｜"薪资管理"｜"设置"｜"工资项目设置"命令，打开"工资项目设置"对话框。

正式职工工资
项目设置

② 在"工资项目设置"选项卡中，单击"增加"按钮，"工资项目"列表中增加一空行。

③ 在"名称参照"下拉列表中选择"基本工资"选项，工资项目名称、类型、长度、小数、增减项都自动带出，不能修改。

④ 单击"增加"按钮，增加其他工资项目。

⑤ 所有项目增加完成后，单击"工资项目设置"对话框中的"上移"和"下移"按钮，按"任务下达"中给定资料的顺序调整工资项目的排列位置。

(3) 工资计算公式设置。

〇 设置公式：请假扣款=请假天数×50

① 在企业应用平台的业务工作中，执行"人力资源"｜"薪资管理"｜"设置"｜"工资项目设置"命令，打开"工资项目设置"对话框。

请假扣款
公式设置

② 打开"公式设置"选项卡。

③ 单击"增加"按钮，在"工资项目"列表中增加一空行，在该行的下拉列表中选择"请假扣款"选项。

④ 单击"请假扣款公式定义"文本框，单击"工资项目"列表框中的"请假天数"。

⑤ 单击运算符"＊"，在文本框中的"＊"后输入数字"50"，单击"公式确认"按钮，如图4-24所示。

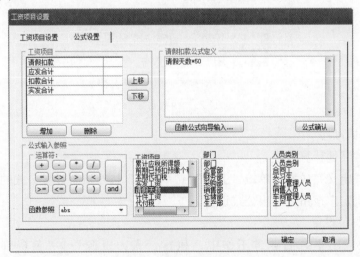

图4-24 请假扣款公式设置

〇 设置公式：交补= iff(人员类别="企业管理人员"OR 人员类别="车间管理人员", 400,200)

① 在"公式设置"选项卡的"工资项目"列表中，单击"增加"按钮，在"工资项目"列表中增加一空行，在该行的下拉列表框中选择"交补"选项。

交补公式
设置

② 单击"交补公式定义"文本框，再单击"函数公式向导输入"按钮，打开"函数向导——步骤之1"对话框。

③ 从"函数名"列表中选择iff，单击"下一步"按钮，打开"函数向导——步骤之2"对话框。

④ 单击"逻辑表达式"后的参照按钮，打开"参照"对话框，从"参照列表"下拉列表中选择"人员类别"选项，从下面的列表中选择"企业管理人员"，单击"确定"按钮。

⑤ 在"逻辑表达式"文本框中的公式后输入or，再次单击"逻辑表达式"后的参照按钮，出现"参照"对话框；从"参照列表"下拉列表中选择"人员类别"选项，从下面的列表中选择"车间管理人员"，单击"确定"按钮，返回"函数向导——步骤之2"对话框。

❖ **注意：**

◇ or前后应有空格(半角)。

⑥ 在"算术表达式1"文本框中输入400，在"算术表达式2"文本框中输入200，如图4-25所示。单击"完成"按钮，返回"公式设置"选项卡，单击"公式确认"按钮。

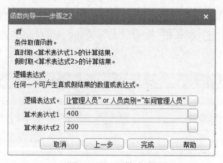

图4-25 函数向导

○ 调整公式顺序

① 自行设置其他计算公式。

② 所有公式定义完成后，单击"上移"或"下移"按钮调整计算公式的先后顺序。

③ 单击"确定"按钮，退出公式设置。

(4) 个人所得税设置。

① 在企业应用平台的业务工作中，执行"人力资源"|"薪资管理"|"设置"|"选项"命令，打开"选项"对话框，单击"编辑"按钮。

② 打开"扣税设置"选项卡，设置个人所得税申报表中"收入额合计"项所对应的工资项目为"累计应税所得额"，如图4-26所示。

正式职工个人所
得税设置

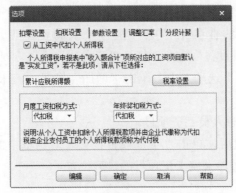

图4-26 "扣税设置"选项卡

③ 单击"税率设置"按钮,打开"个人所得税申报表——税率表"对话框。修改个人所得税计税基数为5 000元,附加费用为0。修改各级次应纳税所得额上限、税率和速算扣除数,如图4-27所示。

图4-27 个人所得税税率表

④ 单击"确定"按钮,返回"选项"对话框,单击"确定"按钮,完成设置。

⑤ 执行"工资类别"|"关闭工资类别"命令,关闭"正式职工"工资类别。

4.临时人员相关资料设置

(1) 人员档案设置。

① 在企业应用平台的基础设置中,执行"基础档案"|"机构人员"|"人员"|"人员档案"命令,进入"人员列表"窗口,按"任务下达"中给定的资料录入人员档案。

② 在企业应用平台的业务工作中,执行"人力资源"|"薪资管理"|"工资类别"|"打开工资类别"命令,打开"打开工资类别"对话框。

临时人员人员
档案设置

③ 选择"002 临时人员"工资类别,单击"确定"按钮。

④ 执行"人力资源"|"薪资管理"|"设置"|"人员档案"命令,进入"人员档案"窗口。

⑤ 单击"批增"按钮,打开"人员批量增加"对话框。

⑥ 按"任务下达"中给定的资料增加人员档案,补充信息,完成后单击"取消"按钮,返回"人员档案"窗口。最后关闭当前窗口退出。

(2) 工资项目设置。

① 在企业应用平台的业务工作中,执行"人力资源"|"薪资管理"|"设置"|"工资项目设置"命令,打开"工资项目设置"对话框。

临时人员工资
项目设置

② 在"工资项目设置"选项卡中,单击"增加"按钮,"工资项目"列表中增加一空行。

③ 按实验资料增加临时人员工资项目。

④ 所有项目增加完成后,单击"工资项目设置"对话框中的"上移"或"下移"按钮,按照实验资料给定的顺序调整工资项目的排列位置。

(3) 工资计算公式设置。

① 在"工资项目设置"对话框中,打开"公式设置"选项卡。

② 单击"增加"按钮,在"工资项目"列表中增加一空行,在该行的下拉列表中选择"养老保险"选项。

临时人员工资计
算公式设置

③ 单击"养老保险公式定义"文本框,单击"工资项目"列表框中的"计件工资"。

④ 单击运算符"*",在文本框中的"*"后输入数字"0.08",单击"公式确认"按钮,如图4-28所示。

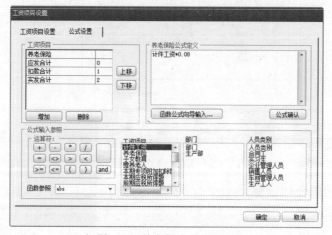

图4-28 养老保险公式设置

⑤ 自行设置其他计算公式,所有公式定义完成后,单击"上移"或"下移"按钮调整计算公式的先后顺序。

⑥ 单击"确定"按钮,退出公式设置。

(4) 个人所得税设置。

同正式职工工资类别的个人所得税设置,操作步骤略。

(5) 计件要素设置。

① 在企业应用平台的业务工作中,执行"人力资源"|"计件工资"|"设置"|"计件要素设置"命令,打开"计件要素设置"对话框。

计件要素设置

② 查看是否包括"工序"计件要素并确保其为启用状态。

③ 在企业应用平台的基础设置中,执行"基础档案"|"生产制

造"|"标准工序资料维护"命令，进入"标准工序资料维护"窗口。

④ 单击"增加"按钮，增加"01组装"和"02检验"两种工序，如图4-29所示。

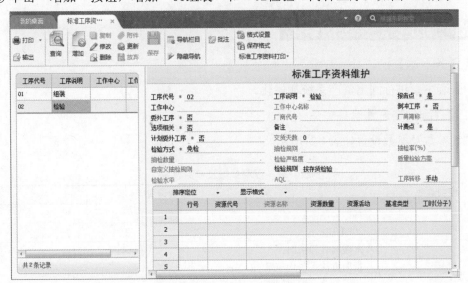

图4-29　"标准工序资料维护"窗口

(6) 计件工价设置。

① 在企业应用平台的业务工作中，执行"人力资源"|"计件工资"|"设置"|"计件工价设置"命令，进入"计件工价设置"窗口。

② 单击"增加"按钮，按"任务下达"中给定的资料输入计件工价，单击"保存"按钮。

计件工价设置

③ 选择所有记录行，单击"审核"按钮，系统弹出"确定审核选择的记录？"信息提示，单击"是"按钮，完成计件工价的审核，如图4-30所示。

图4-30　计件工价设置

④ 执行"工资类别"|"关闭工资类别"命令，关闭"临时人员"工资类别。

【任务解析】

工资账套与系统管理中的账套不同，系统管理中的账套是针对整个管理系统的，而工资账套只针对薪资管理系统。工资系统与系统管理共享基础数据。

薪资管理系统提供处理多个工资类别的功能。如果单位按周发放工资或一个月内多次发放工资，或者单位中有多种不同类别(部门)的人员，则工资发放项目不同，计算公式也不同，此时需要进行统一的工资核算管理，建立多个工资类别。

如果单位中所有人员的工资统一管理，而人员的工资项目、工资计算公式全部相同，则只需要建立单个工资类别，以提高系统的运行效率。

4.2.8　固定资产系统初始化

【任务下达】

由账套主管进行固定资产系统初始化。

1. 建立固定资产账套

控制参数及参数设置如表4-21所示。

表4-21　控制参数及参数设置

控制参数	参数设置
约定及说明	我同意
启用月份	2024.01
折旧信息	本账套计提折旧； 折旧方法：平均年限法(二)； 折旧汇总分配周期：1个月； 当(月初已计提月份=可使用月份-1)时将剩余折旧全部提足
编码方式	资产类别编码方式：2 1 1 2； 固定资产编码方式：按"类别编号+部门编号+序号"自动编码； 序号长度为3
账务接口	与账务系统进行对账； 固定资产对账科目：1601固定资产； 累计折旧对账科目：1602累计折旧； 在对账不平情况下允许固定资产月末结账

2. 初始设置

(1) 选项设置。

业务发生后立即制单。

月末结账前一定要完成制单登账业务。

固定资产缺省入账科目：1601；累计折旧缺省入账科目：1602；减值准备缺省入账科目：1603；增值税进项税额缺省入账科目：22210101；固定资产清理缺省入账科目：1606。

(2) 资产类别(见表4-22)。

表4-22　资产类别

类别编码	类别名称	净残值率	单位	计提属性	卡片样式
01	交通运输设备	4%		正常计提	通用样式
011	经营用设备	4%		正常计提	通用样式
012	非经营用设备	4%		正常计提	通用样式
02	电子设备及其他通信设备	4%		正常计提	通用样式
021	经营用设备	4%	台	正常计提	通用样式
022	非经营用设备	4%	台	正常计提	通用样式

折旧方法均采用平均年限法(二)。

(3) 部门及对应折旧科目(见表4-23)。

表4-23 部门及对应折旧科目

部门	对应折旧科目
企管部、财务部、采购部、仓储部	660202 管理费用/折旧费
销售部	660102 销售费用/折旧费
生产部	510102 制造费用/折旧费

(4) 增减方式的对应入账科目(见表4-24)。

表4-24 增减方式的对应入账科目

增减方式目录	对应入账科目
增加方式	
直接购入	10020101农业银行/人民币户
投资者投入	4001实收资本
减少方式	
毁损	1606固定资产清理

(5) 原始卡片(见表4-25)。

表4-25 原始卡片

固定资产名称	类别编号	使用部门	增加方式	使用年限(月)	开始使用日期	原值	累计折旧	对应折旧科目
轿车	012	企管部	直接购入	72	2019-10-1	315 000	210 000	管理费用/折旧费
多功能复印机	012	企管部	直接购入	72	2021-3-1	2 1000	9 240	管理费用/折旧费
笔记本电脑	022	企管部	直接购入	60	2020-12-1	15 000	8 640	管理费用/折旧费
笔记本电脑	021	销售部	直接购入	60	2020-12-1	15 000	8 640	销售费用/折旧费
台式机	021	生产部	直接购入	60	2021-12-1	4 800	1 843.2	制造费用/折旧费
台式机	021	生产部	直接购入	60	2021-12-1	4 800	1 843.2	制造费用/折旧费
合计						375 600	240 206.4	

注：净残值率均为4%，使用状况均为"在用"，折旧方法均采用"平均年限法(二)"。

【任务指引】

1. 建立固定资产账套

① 在企业应用平台的业务工作中，执行"财务会计"|"固定资产"命令，系统弹出"这是第一次打开此账套，还未进行过初始化，是否进行初始化？"信息揭示，单击"是"按钮。打开"初始化账套向导"对话框。

② 在第一步"约定及说明"中，选中"我同意"单选按钮，单击"下一步"按钮。

③ 第二步"启用月份"中显示启用月份为"2024.01"。

④ 单击"下一步"按钮，进入第三步"折旧信息"。

建立固定资产账套

⑤ 勾选"本账套计提折旧"复选框；设置折旧方法为"平均年限法(二)"、折旧汇总分配周期为"1个月"；勾选"当(月初已计提月份=可使用月份-1)时将剩余折旧全部提足(工作量法除外)"复选框。

⑥ 单击"下一步"按钮，进入第四步"编码方式"。

⑦ 确定资产类别编码方式为2112，选中"自动编号"单选按钮，设置固定资产编码方式为"类别编号+部门编号+序号"、序号长度为3。

⑧ 单击"下一步"按钮，进入第五步"账务接口"。

⑨ 勾选"与账务系统进行对账"复选框；设置固定资产的对账科目为"固定资产(1601)"，累计折旧对账科目为"累计折旧(1602)"，勾选"在对账不平情况下允许固定资产月末结账"复选框。

⑩ 单击"下一步"按钮，进入第六步"完成"。

⑪ 单击"完成"按钮，完成本账套的初始化，系统弹出"已经完成了新账套的所有设置工作，是否确定所设置的信息完全正确并保存对新账套的所有设置"信息提示。

⑫ 单击"是"按钮，系统弹出"已成功初始化本固定资产账套！"信息提示，单击"确定"按钮。

2. 初始设置

(1) 选项设置。

① 在企业应用平台的业务工作中，执行"财务会计"|"固定资产"|"设置"|"选项"命令，打开"选项"对话框。

② 单击"编辑"按钮，打开"与账务系统接口"选项卡。

③ 勾选"业务发生后立即制单"和"月末结账前一定要完成制单登账业务"复选框，选择缺省入账科目"固定资产(1601)""累计折旧(1602)""固定资产减值准备(1603)""增值税进项税额(22210101)"和"固定资产清理(1606)"，如图4-31所示。单击"确定"按钮。

固定资产
选项设置

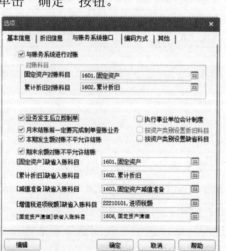

图4-31 固定资产选项设置

(2) 资产类别设置。

① 在企业应用平台的业务工作中，执行"财务会计"|"固定资产"|"设置"|"资产类别"命令，进入"资产类别"窗口。

固定资产资产类别设置

② 单击"增加"按钮，确定类别编码为"01"，输入类别名称"交通运输设备"，设置净残值率为4%，选择计提属性为"正常计提"、折旧方法为"平均年限法(二)"、卡片样式为"通用样式"，单击"保存"按钮。

③ 同理，完成其他资产类别的设置。

(3) 部门对应折旧科目设置。

① 在企业应用平台的业务工作中，执行"财务会计"|"固定资产"|"设置"|"部门对应折旧科目"命令，进入"部门对应折旧科目"窗口。

部门对应折旧科目设置

② 在窗口左侧的"固定资产部门编码目录"中选择"企管部"，单击"修改"按钮。

③ 选择"折旧科目"为"管理费用/折旧费(660202)"，单击"保存"按钮。

④ 同理，完成其他部门折旧科目的设置。

(4) 增减方式对应入账科目设置。

① 在企业应用平台的业务工作中，执行"财务会计"|"固定资产"|"设置"|"增减方式"命令，进入"增减方式"窗口。

增减方式对应入账科目设置

② 单击"增加方式"中的"直接购入"，单击"修改"按钮。

③ 输入对应入账科目"农业银行/人民币户(10020101)"，单击"保存"按钮。

④ 同理，设置增加方式"投资者投入"的对应入账科目为"实收资本(4001)"，设置减少方式"毁损"的对应入账科目为"固定资产清理(1606)"。

(5) 原始卡片录入。

① 在企业应用平台的业务工作中，执行"财务会计"|"固定资产"|"卡片"|"录入原始卡片"命令，打开"固定资产类别档案"对话框。

原始卡片录入

② 选择固定资产类别为"非经营用设备(012)"，单击"确定"按钮，进入"固定资产卡片"窗口。

③ 输入固定资产名称"轿车"；双击"使用部门"，系统弹出"固定资产"对话框，选中"单部门使用"单选按钮，单击"确定"按钮，打开"部门基本参照"对话框，选择"企管部"，单击"确定"按钮；双击"增加方式"，系统弹出"固定资产增加方式"对话框，选择"直接购入"；双击"使用状况"，系统弹出"使用状况参照"对话框，选择"在用"；设置开始使用日期为"2019 10 01"、原值为315 000、累计折旧为210 000、使用年限(月)为72，其他信息自动算出，如图4-32所示。

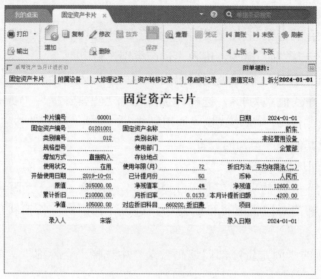

图4-32　原始卡片录入

④ 单击"保存"按钮，系统弹出"数据成功保存！"信息提示，单击"确定"按钮。

⑤ 同理，完成其他原始卡片的录入。

【任务解析】

在固定资产系统的初始化过程中需要完成对固定资产日常核算和管理所必需的各种系统参数和基本信息的设置，并输入固定资产系统的原始业务数据。初始设置主要包括核算单位的建立，固定资产卡片项目、卡片样式、折旧方法、使用部门、使用状况、增减方式、资产类别等信息的设置，以及固定资产原始卡片的录入。

全部期初数据录入完成后，要将固定资产系统明细与总账系统进行对账，以确保固定资产明细账与总账相符。

4.2.9　总账系统初始化

【任务下达】

由账套主管进行总账系统初始化。

1. 总账选项(见表4-26)

表4-26　总账选项

选项卡	选项设置
凭证	制单序时控制； 支票控制； 赤字控制：资金及往来科目； 赤字控制方式：提示； 可以使用应收、应付、存货受控科目； 取消勾选"现金流量科目必录现金流量项目"复选框； 凭证编号方式：系统编号

(续表)

选项卡	选项设置
账簿	账簿打印位数按软件的标准设定； 明细账打印按年排页
权限	出纳凭证必须经由出纳签字； 允许修改、作废他人填制的凭证； 可查询他人凭证
其他	外币核算：固定汇率； 部门、个人、项目按编码方式排序； 数量小数位和单价小数位设置为2

2. 期初余额

(1) 总账期初明细(见表4-27)。

表4-27　总账期初明细

科目编码及名称	辅助核算	方向	币别/计量	期初余额
库存现金(1001)	日记账	借		11 507.32
银行存款(1002)	日记账、银行账	借		3 420 900.86
农业银行(100201)	日记账、银行账	借		3 420 900.86
人民币户(10020101)	日记账、银行账	借		3 420 900.86
美元户(10020102)	日记账、银行账	借	美元	0.00
应收账款(1122)	客户往来	借		395 800.00
其他应收款(1221)	个人往来	借		6 800.00
坏账准备(1231)		贷		8 800.00
原材料(1403)	数量	借	9 184	3 926 000.00
库存商品(1405)	数量	借	2 340	9 630 000.00
周转材料(1411)	数量	借	8 000	115 000.00
固定资产(1601)		借		375 600.00
累计折旧(1602)		贷		240 206.40
短期借款(2001)		贷		6 000 000.00
应付票据(2201)		贷		60 000.00
应付账款(2202)	供应商往来	贷		361 600.00
一般应付款(220201)	供应商往来	贷		361 600.00
暂估应付款(220202)		贷		4 160.00
应付职工薪酬(2211)		贷		28 200.00
薪资(221101)		贷		28 200.00
应交税费(2221)		贷		−29 415.62
应交增值税(222101)		贷		−29 415.62
进项税额(22210101)		借		−394 000.00
销项税额(22210105)		贷		364 584.38
实收资本(4001)		贷		8 980 980.00
本年利润(4103)		贷		1 468 000.00
利润分配(4104)		贷		776 078.00

(续表)

科目编码及名称	辅助核算	方向	币别/计量	期初余额
未分配利润(410405)		贷		776 078.00
生产成本(5001)		借		17 000.60
直接材料(500101)		借		10 000.00
直接人工(500102)		借		5 000.60
制造费用(500103)		借		2 000.00

(2) 辅助账期初明细(见表4-28)。

表4-28 辅助账期初明细

原材料: 1403 　　　　　　　　　　　　　　　　　　　　　期初余额: 借3 926 000元

仓库名称	科目编码	存货名称	数量	结存单价	结存金额
	140301	主板套装A	500	1 600	800 000
	140302	主板套装B	720	2 000	1 440 000
	140303	硬盘	660	400	264 000
原料库	140304	键盘	800	32	25 600
合计3 926 000	140305	显示器	1 000	850	850 000
	140306	鼠标	2 000	20	40 000
	140307	电源	1 200	230	276 000
	140308	机箱	2 304	100	230 400

库存商品: 1405 　　　　　　　　　　　　　　　　　　　　　期初余额: 借963 000元

仓库名称	科目编码	存货名称	数量	结存单价	结存金额
成品库	140501	天骄A	1 500	3 800	5 700 000
合计9 630 000	140502	天骄B	540	4 500	2 430 000
	140503	神州5	300	5 000	1 500 000

周转材料: 1411 　　　　　　　　　　　　　　　　　　　　　期初余额: 借115 000元

仓库名称	存货编码	存货名称	数量	结存单价	结存金额
配套用品库	141101	电脑包	3000	30	90 000
合计115 000	141102	包装箱	5000	5	25 000

应收账款往来明细: 1122 应收账款 　　　　　　　　　　　　期初余额: 借3 958 000元

日期	客户	摘要	科目	方向	本币金额
2023-11-10	麦加	期初	1122	借	395 500
2023-11-10	麦加	期初代垫运费	1122	借	300

其他应收款—职工往来明细: 122101 　　　　　　　　　　　期初余额: 借6 800元

日期	凭证号	部门	个人	摘要	科目	方向	金额
2023-12-26	付-118	企管部	马强	出差借款	122101	借	4 000
2023-12-27	付-123	销售部	古茂	出差借款	122101	借	2 800

应付票据往来明细: 2201 　　　　　　　　　　　　　　　　　期初余额: 贷 60 000元

日期	供应商	摘要	科目	方向	本币金额
2023-10-10	安捷	期初	2201	贷	60 000

应付账款(一般应付款)往来明细: 220201 　　　　　　　　　期初余额: 贷361 600元

日期	供应商	摘要	科目	方向	本币金额
2023-10-20	天和	期初	220201	贷	361 600

3. 总账与其他子系统期初对账

总账与应付款管理系统、应收款管理系统、固定资产系统、存货核算系统进行期初数据对账。

【任务指引】

1. 总账选项设置

① 在企业应用平台的业务工作中，执行"财务会计"|"总账"|"设置"|"选项"命令，打开"选项"对话框。

② 单击"编辑"按钮，进入编辑状态。

总账选项设置

③ 分别打开"凭证""账簿""权限"和"其他"选项卡，按照"任务下达"中给定的资料进行相应的设置，如图4-33所示。

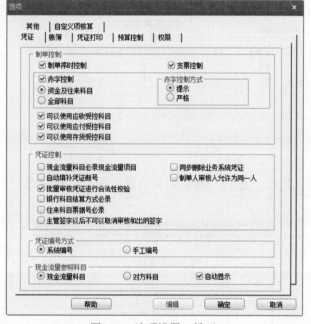

图4-33 选项设置—凭证

④ 设置完成后，单击"确定"按钮。

2. 期初余额设置

在企业应用平台的业务工作中，执行"财务会计"|"总账"|"期初"|"期初余额"命令，进入"期初余额"窗口。

(1) 录入末级科目的累计发生额和期初余额。

直接录入末级科目(除了底色为灰色和黄色的单元格，其他颜色的单元格均为末级科目)的累计发生额和期初余额。上级科目的累计发生额和期初余额自动填列。例如，输入农业银行的人民币户科目和美元户科目的累计发生额和期初余额后，农业银行科目和银行存款科目的累计发生额和期初余额自动生成。

末级科目录入

(2) 录入辅助核算科目的累计发生额和期初余额。

设置了辅助核算的科目底色显示为浅黄色，其期初余额和累计发生额要到相应的辅助账中录入。例如，应收账款科目设置了客户往来辅助核算，其期初余额录入方法如下。

辅助核算科目
录入

① 双击应收账款科目的"期初余额"栏，进入"辅助期初余额"窗口。

② 单击"往来明细"按钮，进入"期初往来明细"窗口。

③ 单击"增行"按钮，按辅助账期初明细输入每笔业务的金额，如图4-34所示。单击"汇总到辅助明细"按钮，系统自动汇总并弹出"完成了往来明细到辅助期初表的汇总！"信息提示，单击"确定"按钮。

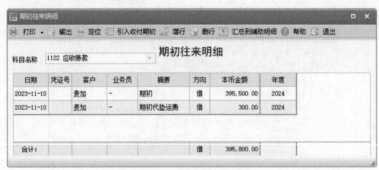

图4-34　录入期初往来明细

④ 单击"退出"按钮，返回"辅助期初余额"窗口，核对客户期初累计借贷方发生额，如图4-35所示。

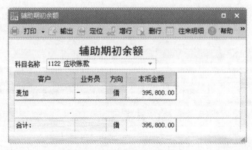

图4-35　核对发生额

⑤ 完成后，单击"退出"按钮，返回"期初余额"窗口。应收账款科目期初余额及累计发生额录入完成。

(3) 数量辅助核算科目期初余额录入。

① 设置了数量辅助核算的科目，期初余额处显示两行，在第1行输入本币余额，在第2行输入数量余额。

② 必须先输入本币余额，再输入数量余额，输入完成后，如图4-36所示。

科目余额录入及
试算平衡

图4-36 数量辅助核算科目期初余额录入

③ 录入完所有科目余额后，单击"试算"按钮，打开"期初试算平衡表"对话框，如图4-37所示。若期初余额试算不平衡，则修改期初余额；若期初余额试算平衡，单击"确定"按钮。单击"退出"按钮退出。

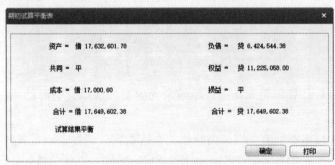

图4-37 期初试算平衡表

3. 总账与其他子系统期初对账

① 在企业应用平台的业务工作中，执行"财务会计"｜"应付款管理"｜"期初余额"｜"期初余额"命令，打开"期初余额—查询"对话框。单击"确定"按钮，进入"期初余额"窗口。

② 单击"对账"按钮，将应付款管理系统期初数据与总账对账，如图4-38所示。查看应付管理系统期初数据是否与总账期初数据平衡。

总账与其他子系统期初对账

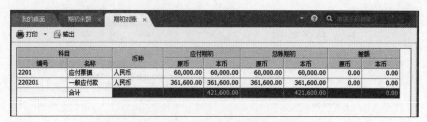

图4-38　应付管理系统与总账期初对账

③ 在企业应用平台的业务工作中，执行"财务会计"|"应收款管理"|"期初余额"|"期初余额"命令，打开"期初余额—查询"对话框。单击"确定"按钮，进入"期初余额"窗口。

④ 单击"对账"按钮，将应收款管理系统期初数据与总账对账，查看应收管理系统期初数据是否与总账期初数据平衡。

⑤ 在企业应用平台的业务工作中，执行"财务会计"|"固定资产"|"资产对账"|"对账"命令，打开"对账条件"对话框。

⑥ 选择期间为"2024.01"，选择需要对账的科目，如图4-39所示。

图4-39　"对账条件"对话框

⑦ 单击"确定"按钮。将固定资产系统录入的明细资料数据汇总并与账务核对，显示与账务对账的结果。

⑧ 对账时，若数据不平衡，则需调整相关系统数据；若平衡，可关闭相关页面。

⑨ 在企业应用平台的业务工作中，执行"财务会计"|"供应链"|"存货核算"|"对账"|"存货与总账对账"命令，打开"查询条件"对话框。

⑩ 单击"确定"按钮，显示与账务对账的结果。

4.2.10　备份账套

【任务下达】

将012账套输出至"D:\012账套备份\系统初始化"文件夹中。

【任务指引】

略。

项目 5

总账日常业务

任务5.1　总账日常业务认知

用友U8+中，总账是一个核心的子系统，业务数据在生成凭证以后，全部归集到总账系统进行处理。接下来对总账系统的初始化设置、日常业务处理、期末业务处理的相关内容进行介绍。

总账日常业务主要内容包括凭证管理、出纳管理、账簿管理及辅助核算管理。

凭证管理包括填制凭证、审核凭证、出纳签字、记账等主要功能。系统提供修改凭证、冲销凭证、作废整理凭证等辅助功能。

出纳管理包括查询现金日记账、银行日记账、管理支票簿、银行对账等功能。

账簿管理包括基本账簿及辅助账簿查询。基本账簿包括总账、明细账、日记账等；辅助核算账簿包括部门辅助账、客户辅助账、供应商辅助账、个人辅助账和项目辅助账。

任务5.2　账务处理实务

5.2.1　填制凭证

【任务下达】

2024年1月31日，以"202郝爽"的身份填制凭证。

创智科技2024年1月发生了以下经济业务。

(1) 2日，销售部古茂报销业务招待费1 200元，以现金支付。(附单据一张)

借：销售费用——招待费(660106)　　　　　　　　　　　　　　　1 200

　　贷：库存现金(1001)　　　　　　　　　　　　　　　　　　　　　　1 200

(2) 3日，财务部杜雪从农业银行人民币户提取现金10 000元，作为备用金。(现金支票号20240501)

借：库存现金(1001)　　　　　　　　　　　　　　　　　　　10 000

　　贷：银行存款——农业银行——人民币户(10020101)　　　　10 000

(3) 5日，收到久联集团投资资金100 000美元，汇率为1∶6.23。(转账支票号20240502)

借：银行存款——中行存款——美元户(10020102)　　　　623 000

　　贷：实收资本(4001)　　　　　　　　　　　　　　　　623 000

(4) 6日，企管部购买办公用品花费452元，付现金。

借：管理费用——办公费(660205)　　　　　　　　　　　　400

　　应交税费——应交增值税——进项税额(22210101)　　　52

　　贷：库存现金(1001)　　　　　　　　　　　　　　　　　　452

(5) 8日，企管部马强出差归来，报销差旅费4 000元，交回现金440元。

借：管理费用——差旅费(660204)　　　　　　　　　　　3 560

　　库存现金(1001)　　　　　　　　　　　　　　　　　440

　　贷：其他应收款(122101)　　　　　　　　　　　　　　　4 000

【任务指引】

业务1：无辅助核算的一般业务

① 2024年1月31日，以"郝爽"的身份进入企业应用平台，单击"业务导航"旁的下三角按钮，选择"经典树形"展开方式，单击经典树形右侧的 ✈ 按钮将树形菜单固定在桌面上。

业务1

② 在"业务工作"中，执行"财务会计"|"总账"|"凭证"|"填制凭证"命令，进入"填制凭证"窗口。

③ 单击"增加"按钮或按F5键，系统自动增加一张空白收款凭证。

④ 在凭证左上角单击参照按钮 ▣，选择凭证类别"付款凭证"；输入制单日期"2024.01.02"；输入附单据数"1"。

⑤ 输入摘要"报销招待费"；选择借方科目"660106"、借方金额"1 200"，按Enter键；摘要自动带到下一行，选择贷方科目"1001"，当光标位于贷方时，按"="键将借贷方差额"1 200"录入当前位置，如图5-1所示。

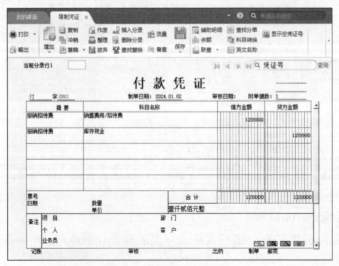

图5-1　填制凭证—业务1

⑥ 单击"保存"按钮，系统弹出"凭证已成功保存！"信息提示，单击"确定"按钮。

业务2：辅助核算—银行科目

① 在"填制凭证"窗口中，增加一张付款凭证，输入摘要"提现金"。

② 选择银行科目"10020101"后，打开"辅助项"对话框。

③ 输入结算方式"201"、票号"20240501"、发生日期"2024-01-03"，如图5-2所示。单击"确定"按钮。

业务2

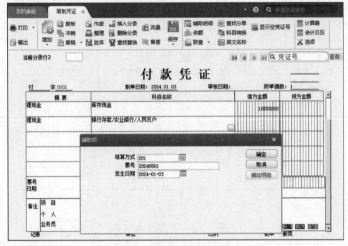

图5-2 填制凭证—业务2

④ 继续录入凭证，保存时，若此张支票未登记，系统会弹出"此支票尚未登记，是否登记？"信息提示。

⑤ 单击"是"按钮，打开"票号登记"对话框，输入领用日期"2024-01-03"、领用部门"财务部"、姓名"杜雪"、限额"10 000"、用途"备用金"，如图5-3所示。

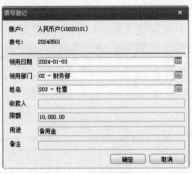

图5-3 票号登记

⑥ 单击"确定"按钮，系统弹出"凭证已成功保存！"信息提示，单击"确定"按钮。

业务3：辅助核算—外币业务

① 在"填制凭证"窗口中，单击"增加"按钮，在凭证左上角单击参照按钮，选择凭证类别"收款凭证"；输入制单日期"2024.01.05"；输入附单据数"1"。

② 输入摘要"收到投资款"；选择银行外币科目"10020102"，打开"辅助项"对话框。

业务3

③ 输入结算方式"202"、票号"20240502"、发生日期"2024-01-05",单击"确定"按钮。

④ 系统会自动显示外币汇率"6.23",输入外币金额"100 000",系统自动算出并显示本币金额"623 000",如图5-4所示。

⑤ 输入完毕,单击"保存"按钮,保存凭证。

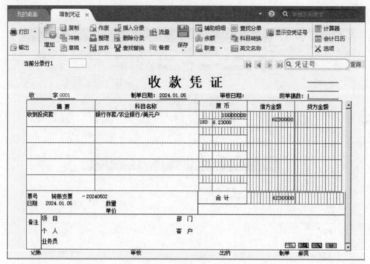

图5-4 填制凭证—业务3

业务4:辅助核算—部门核算

① 在"填制凭证"窗口中,增加一张付款凭证,输入摘要"购买办公用品"。

② 在填制凭证过程中,选择部门核算科目"660205",打开"辅助项"对话框。

业务4

③ 设置部门为"企管部",如图5-5所示。单击"确定"按钮。

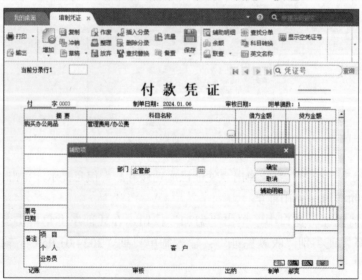

图5-5 填制凭证—业务4

④ 输入完毕，单击"保存"按钮，保存凭证。

业务5：辅助核算—个人往来

① 在"填制凭证"窗口中，增加一张收款凭证，输入摘要"报销差旅费"。

② 在填制凭证过程中，选择个人往来科目"122101"，打开"辅助项"对话框。

业务5

③ 设置部门为"企管部"、个人为"马强"、发生日期为"2024-01-08"，单击"确定"按钮，如图5-6所示。单击"确定"按钮。

④ 输入完毕，单击"保存"按钮，保存凭证。

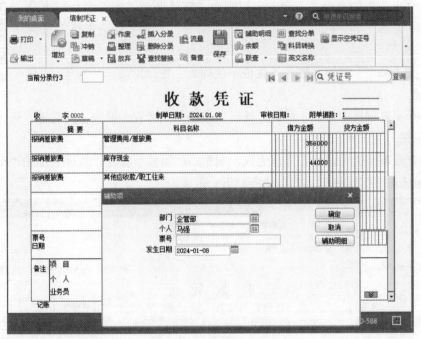

图5-6　填制凭证—业务5

❖ **提示：**

 ◇ 当采用序时控制时，凭证日期应大于或等于总账启用日期，且不能超过业务日期。
 ◇ 凭证一旦保存，其凭证类别、凭证编号不能修改。
 ◇ 正文中不同行的摘要可以相同也可以不同，但不能为空。每行摘要将随相应的会计科目在明细账、日记账中显示。
 ◇ 科目编码必须是末级的科目编码。
 ◇ 金额不能为0；红字以负号表示。
 ◇ 可按"="键取当前凭证借贷方金额的差额到当前光标位置。

5.2.2　复核凭证

【任务下达】

(1) 2024年1月31日由账套主管"宋淼"进行凭证审核标错，经查发现以下问题。

① 6日，企管部购买办公用品的花费应为4 520元，误录为452元。

② 2日，古茂报销的业务招待费属个人消费行为，不允许报销，现金已追缴，业务上不再反映。

(2) 由"郝爽"对有错凭证进行修改。

(3) 由"杜雪"进行出纳签字。

(4) 由账套主管"宋淼"再次进行凭证审核。

【任务指引】

1. 凭证审核标错

① 以"宋淼"的身份进入企业应用平台，在"业务工作"中执行"财务会计"|"总账"|"凭证"|"审核凭证"命令，打开"凭证审核"对话框。

凭证审核标错

② 单击"确定"按钮，进入"凭证审核列表"窗口，显示2024年1月已填制的凭证。

③ 选择需要审核的凭证，单击"确定"按钮，或者双击要审核的凭证，进入"审核凭证"窗口，进行凭证审核。

④ 检查要审核的凭证，若凭证无误，则单击"审核"按钮，凭证底部的"审核"处自动签上审核人姓名(见图5-7)，并自动翻到下一张凭证。

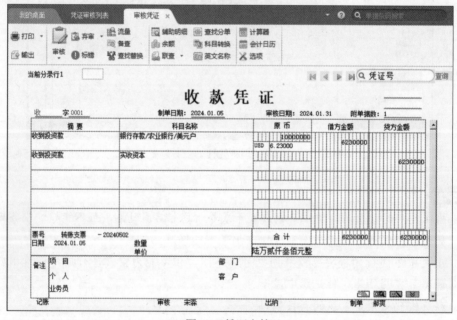

图5-7 凭证审核

⑤ 若凭证有误，则单击"标错"按钮，打开"填写凭证错误原因"对话框。填写原因后，单击"确定"按钮。凭证左上角出现红色"有错"字样，如图5-8所示。

⑥ 关闭"审核凭证"窗口，返回"凭证审核列表"窗口，凭证审核结果如图5-9所示。

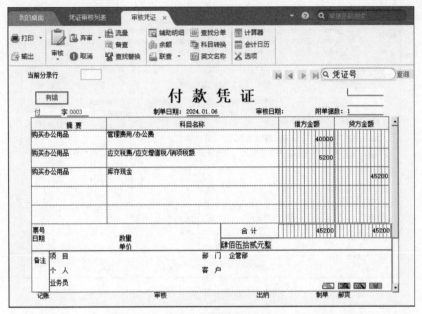

图5-8 凭证标错

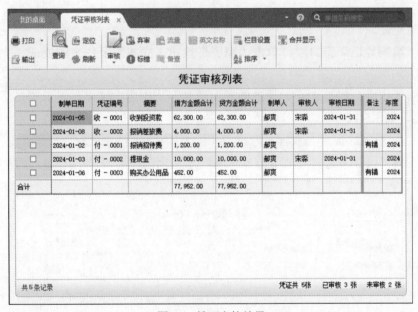

图5-9 凭证审核结果

2. 凭证修改及删除

(1) 修改凭证。

① 在企业应用平台界面中,执行"注销"命令,打开"登录"对话框。

② 以"郝爽"的身份进入企业应用平台,在"业务工作"中执行"财务会计"|"总账"|"凭证"|"填制凭证"命令,进入"填制凭证"窗口。

③ 使用凭证右上角的"翻页"按钮 ◄ ◄ ► ►,找到标错的"付款0003号"凭证,将鼠标指针悬停在红色"有错"字样上,显示审核凭证时发现的错误原因,如图5-10所示。

修改凭证

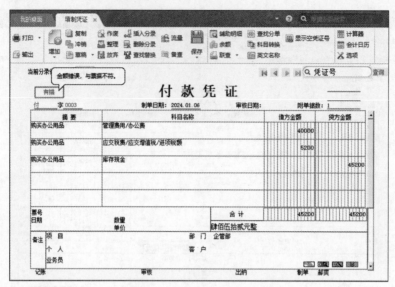

图5-10　显示凭证错误原因

④ 修改凭证错误信息，完成后单击"保存"按钮，保存凭证。保存凭证后，"有错"字样消失。

(2) 删除凭证。

① 在"填制凭证"窗口中，单击"翻页"按钮，先找到要作废的凭证"付-0001"。

② 单击"作废"按钮 ，凭证的左上角显示"作废"字样，表示该凭证已作废，如图5-11所示。

删除凭证

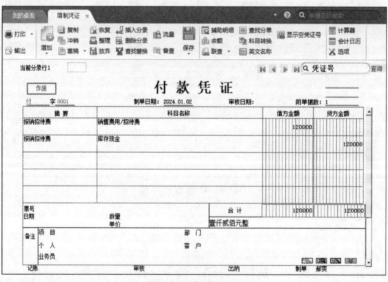

图5-11　作废凭证

③ 单击"整理"按钮 ，打开"凭证期间选择"对话框。

④ 选择要整理的凭证期间"2024.01"，单击"确定"按钮，打开"作废凭证表"对话框。

⑤ 单击"全选"按钮或双击要删除的凭证记录行，选中要删除的作废凭证，如图5-12所示。

图5-12 "作废凭证表"对话框

⑥ 单击"确定"按钮，系统弹出"是否还需整理凭证断号"信息提示，默认选择"按凭证号重排"，如图5-13所示。

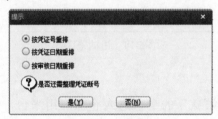

图5-13 信息提示

⑦ 单击"是"按钮，系统再次弹出"是否还需整理凭证断号"信息提示，单击"是"按钮，系统将选择的作废凭证从数据库中删除并对剩下的凭证重新排号。

3. 出纳签字

① 更换操作员，以"杜雪"的身份进入企业应用平台，单击"业务导航"旁的下三角按钮，选择"经典树形"展开方式，单击经典树形右侧的 按钮将树形菜单固定在桌面上。

出纳签字

② 在"业务工作"中执行"财务会计"|"总账"|"凭证"|"出纳签字"命令，打开"出纳签字"对话框。

③ 单击"确定"按钮，进入"出纳签字列表"窗口，显示需要签字的凭证列表。

④ 双击某一要签字的凭证，进入"出纳签字"窗口。

⑤ 审核后，单击"签字"按钮，凭证底部的"出纳"处自动签上出纳姓名，如图5-14所示。

⑥ 单击"下张"按钮 ，对其他凭证签字，完成后关闭"出纳签字"窗口。

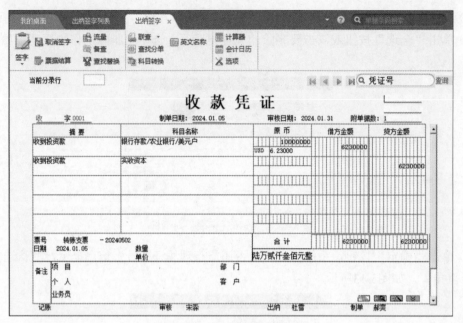

图5-14　出纳签字

4.再次进行凭证审核

① 更换操作员，以"宋淼"的身份进入企业应用平台，在"业务工作"中执行"财务会计"|"总账"|"凭证"|"审核凭证"命令，打开"凭证审核"对话框。

② 单击"确定"按钮，进入"凭证审核列表"窗口，对需要审核的凭证进行审核。

再次审核凭证

【任务解析】

1.修改凭证

在信息化方式下，凭证的修改分为无痕迹修改和有痕迹修改。

(1) 无痕迹修改。无痕迹修改是指系统内不保存任何修改线索和痕迹。对于尚未审核和签字的凭证可以直接进行修改；对于已经审核或签字的凭证应该先取消审核或签字，然后才能修改。显然，这两种情况下都没有保留任何审计线索。

(2) 有痕迹修改。有痕迹修改是指系统通过保存错误凭证和更正凭证的方式而保留修改痕迹，因而可以留下审计线索。对于已经记账的错误凭证，一般应采用有痕迹修改。具体方法是采用红字更正法或补充更正法，前者适用于更正记账金额大于应记金额的错误或会计科目的错误，后者适用于更正记账金额小于应记金额的错误。

能否修改他人填制的凭证，将取决于系统参数的设置，在账务系统中只能对其他子系统生成的凭证进行查询、审核、记账，不能进行修改和作废。只能在生成该凭证的原子系统中进行修改和删除，以保证记账凭证和原子系统中的原始单据相一致。

在修改凭证时，一般而言凭证类别及编号是不能修改的。在修改凭证日期时，为了保持序时性，日期应介于前后两张凭证日期之间，日期中的年月不能修改。

2. 删除凭证

在 U8+ 系统中，没有直接删除凭证的功能。删除凭证要分为以下两步。

(1) 作废凭证。对于尚未审核和签字的凭证，如果不需要，则可以直接将其作废，作废凭证仍保留凭证内容及编号，仅显示"作废"字样。作废凭证不能修改，不能审核，但应参与记账，否则月末无法结账。记账时不对作废凭证进行数据处理，它相当于一张空凭证。在进行账簿查询时，查不到作废凭证的数据。

(2) 整理凭证。如果作废凭证没有保留的必要时，则可以通过"整理凭证"彻底将其删除。系统也提供对作废凭证的恢复，可将已标识为作废的凭证恢复为正常凭证。

3. 复核凭证

为了保证会计事项处理正确和记账凭证填制正确，需要对记账凭证进行复核。凭证复核包括出纳签字、主管签字和审核凭证。

(1) 出纳签字。

出纳凭证涉及企业资金的收支，因此应加强对出纳凭证的管理。出纳签字功能使得出纳可以对涉及现金、银行存款的凭证进行核对，以判定凭证是否有误。如果凭证正确无误，出纳便可签字，否则必须交由制单人进行修改后再重新核对。

出纳凭证是否必须由出纳签字取决于系统参数的设置，如果选择了"出纳凭证必须由出纳签字"选项，那么出纳凭证必经过出纳签字才能记账。

(2) 主管签字。

为了加强对会计人员制单的管理，有的企业所有的凭证都需要由主管签字，为了满足这一应用需求，总账系统提供了主管签字功能。凭证是否需要主管签字才能记账取决于系统参数的设置。

(3) 审核凭证。

审核凭证是指审核人员按照相关规定对制单人填制的记账凭证进行检查核对，如是否与原始凭证相符、会计分录是否正确等。凭证审核无误后，审核人便可签字，否则必须交由制单人进行修改后再重新审核。

所有凭证必须审核后才能记账。注意，审核人与制单人不能是同一人。

如果设置了凭证审核明细权限，审核凭证就会受到明细权限的制约。

5.2.3　记账

【任务下达】

以账套主管"宋淼"的身份记账。

【任务指引】

① 以"宋淼"的身份进入企业应用平台，在"业务工作"中执行"财务会计"|"总账"|"凭证"|"记账"命令，打开"记账"对话框。

② 单击"全选"按钮，选择对所有已审核凭证进行记账。

③ 单击"记账"按钮，打开"期初试算平衡表"对话框。单击"确定"按钮，系统自动进行记账。

记账

④ 记账完成后，系统弹出"记账完毕！"信息提示(见图5-15)，单击"确定"按钮。再单击"退出"按钮退出。

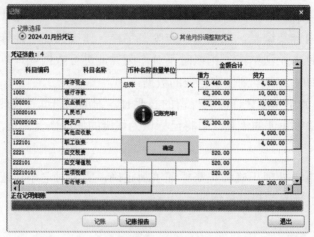

图5-15　记账完毕

【任务解析】

记账凭证经过审核签字后，便可以记账了。在记账时可以选择要记账的凭证范围。

计算机系统中，记账是由计算机自动进行的。如果记账后发现输入的记账凭证有错误要进行修改，需要人工调用"恢复记账前状态"功能。系统提供了两种恢复记账前状态的方式：将系统恢复到最后一次记账前状态和将系统恢复到月初状态。只有主管才能选择将数据恢复到月初状态。

如果期初余额试算不平衡，则不能记账。如果上月未结账，则本月不能记账。

5.2.4　冲销凭证

【任务下达】

"郝爽"误冲销了1月6日购置办公用品的凭证，需要对红字冲销凭证进行删除并整理凭证号。

(1) 冲销1月6日购置办公用品的凭证(付-0002)。

(2) 删除红字冲销凭证。

【任务指引】

1. 冲销凭证

① 以"郝爽"的身份进入企业应用平台，在"业务工作"中执行"财务会计"|"总账"|"凭证"|"填制凭证"命令，进入"填制凭证"窗口。

② 在"填制凭证"窗口中，单击 冲销 按钮，打开"冲销凭证"对话框。

③ 在"月份""凭证类别"和"凭证号"处输入信息，如图5-16所示。

冲销凭证

图5-16 冲销凭证

④ 单击"确定"按钮，系统自动生成一张红字冲销凭证，如图5-17所示。单击"保存"按钮，保存凭证。

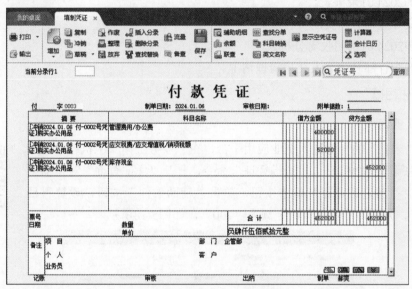

图5-17 生成红字冲销凭证

2. 删除红字冲销凭证

① 在"填制凭证"窗口中，找到需要删除的凭证，单击 作废 按钮，凭证的左上角显示"作废"字样，表示该凭证已作废。

② 单击 整理 按钮，打开"凭证期间选择"对话框。

③ 选择要整理的凭证期间"2024.01"，单击"确定"按钮，打开"作废凭证表"对话框。

删除红字冲销
凭证

④ 单击"全选"按钮或双击要删除的凭证记录行，选中要删除的作废凭证，

⑤ 单击"确定"按钮，系统弹出"是否还需整理凭证断号"信息提示，默认选择"按凭证号重排"。

⑥ 单击"是"按钮，系统再次弹出"是否还需整理凭证断号"信息提示，单击"是"按钮，系统将选择的作废凭证从数据库中删除并对剩下的凭证重新排号。

【任务解析】

冲销凭证是针对已记账凭证而言的。红字冲销可以采用手工方式也可以由系统自动进行。如果采用自动冲销，只要"告知"系统要被冲销的凭证类型及凭证号，系统便会自动生成一张与该凭证相同只是金额为红字(负数)的凭证。

5.2.5 账证查询

【任务下达】

以账套主管"宋淼"的身份进行账证查询。

1. 凭证查询

查询现金支出在100元以上的凭证。

2. 账簿查询

(1) 查询2024.01余额表。

(2) 定义并查询管理费用多栏账。

(3) 查询2024.01部门收支分析表。

(4) 查询企管部马强个人往来清理情况。

【任务指引】

1. 凭证查询

① 以"宋淼"的身份进入企业应用平台,在"业务工作"中执行"财务会计"|"总账"|"凭证"|"查询凭证"命令,打开"凭证查询"对话框。

② 选中"已记账凭证"单选按钮,单击"辅助条件"按钮,设置科目为"1001"、方向为"贷方"、金额为"100",如图5-18所示。

凭证查询

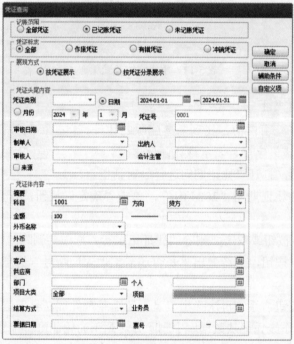

图5-18　凭证查询

③ 单击"确定"按钮，进入"查询凭证列表"窗口。

④ 双击打开凭证进行查看。

2. 账簿查询

(1) 查询2024.01余额表。

① 在企业应用平台的业务工作中，执行"财务会计"|"总账"|"账表"|"科目账"|"余额表"命令，打开"发生额及余额表"对话框。

② 选择查询条件，单击"确定"按钮，进入"发生额及余额表"窗口，如图5-19所示。

查询余额表

③ 勾选或取消勾选"累计"复选框，系统自动增减借贷方累计发生额两个栏目。

<table>
<tr><td colspan="2">科目</td><td colspan="2">期初余额</td><td colspan="2">本期发生</td><td colspan="2">累计发生</td><td colspan="2">期末余额</td></tr>
<tr><td>编码</td><td>名称</td><td>借方</td><td>贷方</td><td>借方</td><td>贷方</td><td>借方</td><td>贷方</td><td>借方</td><td>贷方</td></tr>
<tr><td>1001</td><td>库存现金</td><td>11,507.32</td><td></td><td>10,440.00</td><td>4,520.00</td><td>10,440.00</td><td>4,520.00</td><td>17,427.32</td><td></td></tr>
<tr><td>1002</td><td>银行存款</td><td>3,420,900.86</td><td></td><td>62,300.00</td><td>10,000.00</td><td>62,300.00</td><td>10,000.00</td><td>3,473,200.86</td><td></td></tr>
<tr><td>1122</td><td>应收账款</td><td>395,800.00</td><td></td><td></td><td></td><td></td><td></td><td>395,800.00</td><td></td></tr>
<tr><td>1221</td><td>其他应收款</td><td>6,800.00</td><td></td><td></td><td>4,000.00</td><td></td><td>4,000.00</td><td>2,800.00</td><td></td></tr>
<tr><td>1231</td><td>坏账准备</td><td></td><td>8,800.00</td><td></td><td></td><td></td><td></td><td></td><td>8,800.00</td></tr>
<tr><td>1403</td><td>原材料</td><td>3,926,000.00</td><td></td><td></td><td></td><td></td><td></td><td>3,926,000.00</td><td></td></tr>
<tr><td>1405</td><td>库存商品</td><td>9,630,000.00</td><td></td><td></td><td></td><td></td><td></td><td>9,630,000.00</td><td></td></tr>
<tr><td>1411</td><td>周转材料</td><td>115,000.00</td><td></td><td></td><td></td><td></td><td></td><td>115,000.00</td><td></td></tr>
<tr><td>1601</td><td>固定资产</td><td>375,600.00</td><td></td><td></td><td></td><td></td><td></td><td>375,600.00</td><td></td></tr>
<tr><td>1602</td><td>累计折旧</td><td></td><td>240,206.40</td><td></td><td></td><td></td><td></td><td></td><td>240,206.40</td></tr>
<tr><td></td><td>资产小计</td><td>17,881,608.18</td><td>249,006.40</td><td>72,740.00</td><td>18,520.00</td><td>72,740.00</td><td>18,520.00</td><td>17,935,828.18</td><td>249,006.40</td></tr>
<tr><td>2001</td><td>短期借款</td><td></td><td>6,000,000.00</td><td></td><td></td><td></td><td></td><td></td><td>6,000,000.00</td></tr>
<tr><td>2201</td><td>应付票据</td><td></td><td>60,000.00</td><td></td><td></td><td></td><td></td><td></td><td>60,000.00</td></tr>
<tr><td>2202</td><td>应付账款</td><td></td><td>365,760.00</td><td></td><td></td><td></td><td></td><td></td><td>365,760.00</td></tr>
<tr><td>2211</td><td>应付职工…</td><td></td><td>28,200.00</td><td></td><td></td><td></td><td></td><td></td><td>28,200.00</td></tr>
<tr><td>2221</td><td>应交税费</td><td>29,415.62</td><td></td><td>520.00</td><td></td><td>520.00</td><td></td><td>29,935.62</td><td></td></tr>
<tr><td></td><td>负债小计</td><td>29,415.62</td><td>6,453,960.00</td><td>520.00</td><td></td><td>520.00</td><td></td><td>29,935.62</td><td>6,453,960.00</td></tr>
<tr><td>4001</td><td>实收资本</td><td></td><td>8,980,980.00</td><td></td><td>62,300.00</td><td></td><td>62,300.00</td><td></td><td>9,043,280.00</td></tr>
<tr><td>4103</td><td>本年利润</td><td></td><td>1,468,000.00</td><td></td><td></td><td></td><td></td><td></td><td>1,468,000.00</td></tr>
<tr><td>4104</td><td>利润分配</td><td></td><td>776,078.00</td><td></td><td></td><td></td><td></td><td></td><td>776,078.00</td></tr>
<tr><td></td><td>权益小计</td><td></td><td>11,225,058.00</td><td></td><td>62,300.00</td><td></td><td>62,300.00</td><td></td><td>11,287,358.00</td></tr>
<tr><td>5001</td><td>生产成本</td><td>17,000.60</td><td></td><td></td><td></td><td></td><td></td><td>17,000.60</td><td></td></tr>
<tr><td></td><td>成本小计</td><td>17,000.60</td><td></td><td></td><td></td><td></td><td></td><td>17,000.60</td><td></td></tr>
<tr><td>6602</td><td>管理费用</td><td></td><td></td><td>7,560.00</td><td></td><td>7,560.00</td><td></td><td>7,560.00</td><td></td></tr>
<tr><td></td><td>损益小计</td><td></td><td></td><td>7,560.00</td><td></td><td>7,560.00</td><td></td><td>7,560.00</td><td></td></tr>
<tr><td></td><td>合计</td><td>17,928,024.40</td><td>17,928,024.40</td><td>80,820.00</td><td>80,820.00</td><td>80,820.00</td><td>80,820.00</td><td>17,990,324.40</td><td>17,990,324.40</td></tr>
</table>

图5-19 余额表

(2) 定义并查询管理费用多栏账。

① 在企业应用平台的业务工作中，执行"财务会计"|"总账"|"账表"|"科目账"|"多栏账"命令，打开"多栏账"对话框。

② 单击"增加"按钮，打开"多栏账定义"对话框。选择核算科目"6602管理费用"，单击"自动编制"按钮，系统自动将管理费用下的明细科目作为多栏账的栏目，如图5-20所示。

定义并查询多栏账

图5-20 多栏账定义

③ 单击"确定"按钮，完成管理费用多栏账的定义。

④ 单击"查询"按钮，打开"多栏账查询"对话框，单击"确定"按钮，显示管理费用多栏账，如图5-21所示。

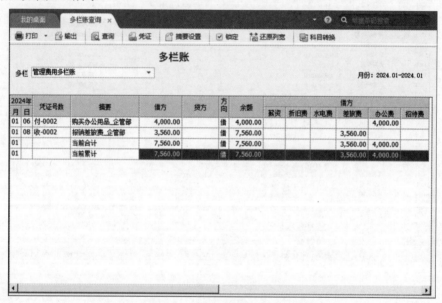

图5-21 管理费用多栏账

(3) 查询2024.01部门收支分析表。

① 在企业应用平台的业务工作中，执行"财务会计"|"总账"|"账表"|"部门辅助账"|"部门收支分析"命令，打开"部门收支分析条件"对话框。

② 选择管理费用下的所有明细科目作为分析科目，单击"下一步"按钮。

③ 选择所有部门作为分析部门，单击"下一步"按钮。

④ 设置起始月份为"2024.01"、终止月份为"2024.01"，单击"完成"按钮，系统显示部门收支分析表。

查询部门收支
分析表

⑤ 单击"过滤"按钮，打开"过滤条件"对话框，选择"借方"。单击"确定"按钮，显示部门的本期收支情况，如图5-22所示。

科目编码	科目名称	统计方式	方向	合计 金额	01 企管部 金额	02 财务部 金额	03 采购部 金额	04 销售部 金额	05 仓储部 金额	06 生产部 金额
660201	薪资	借方								
660202	折旧费	借方								
660203	水电费	借方								
660204	差旅费	借方		3,560.00	3,560.00					
660205	办公费	借方		4,000.00	4,000.00					
660206	招待费	借方								
费用科目	合计	借方		7,560.00	7,560.00					

图5-22 部门收支分析表

(4) 查询企管部马强个人往来清理情况。

① 在企业应用平台的业务工作中，执行"财务会计"|"总账"|"账表"|"个人往来辅助账"|"个人往来两清"命令，打开"个人往来两清条件"对话框。

② 选择个人"马强"，勾选"显示已全部两清"复选框，如图5-23所示。

查询个人往来
清理情况

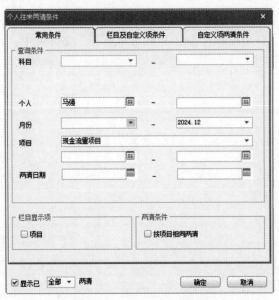

图5-23 个人往来两清条件

③ 单击"确定"按钮，进入"个人往来两清"窗口。

④ 单击"自动两清"按钮，系统弹出"是否对查询条件范围内的数据进行两清？如选择"否"，则只对当前界面的数据进行两清。"信息提示。

⑤ 单击"是"按钮，打开"自动勾对结果"对话框。

⑥ 单击"确定"按钮，系统自动在已达账项添加已结清的标志，如图5-24所示。

图5-24　个人往来两清

【任务解析】

在查询方面，计算机系统比手工方式更具优势。在进行凭证查询时，既可以查询已记账凭证，也可以查询未记账凭证；既可以查询作废凭证，也可以查询标错凭证；既可以按凭证号范围查询，也可以按日期查询；既可以按制单人查询，也可以按审核人或出纳员查询；通过设置查询条件，可以按科目、摘要、金额、外币、数量、结算方式或各种辅助项进行查询，快捷方便。

凭证记账后，所有的账簿资料自动生成。系统不仅提供基本的会计账簿，还提供辅助账查询。

5.2.6　备份账套

【任务下达】

将012账套输出至"D:\012账套备份\总账日常业务"文件夹中。

【任务指引】

略。

采购与应付业务

任务6.1　采购与应付认知

6.1.1　采购管理认知

采购是企业业务处理的起点，用友U8+采购管理系统可以对请购、订货、到货、入库、采购发票、采购结算等采购业务全过程进行管理，并提供多维度的采购账簿查询和采购业务分析。

根据采购业务的不同特征，企业应用可分为五种采购业务类型：普通采购业务、代管采购业务、受托代销业务、直运业务和固定资产采购业务。

6.1.2　应付款管理认知

应付款管理就是对企业与供应商的往来账款进行核算与管理。在应付款管理系统中以采购发票、其他应付单等原始单据为依据，记录采购业务及其他业务形成的应付款项，处理应付款项的支付、核销等情况；提供票据处理的功能。

任务6.2　采购管理实务

6.2.1　普通采购业务

【任务下达】

由账套主管进行采购业务处理。

(1) 2024年1月1日，业务员向安捷公司询问键盘的价格(32元/个)，觉得价格合适，随后向公司上级主管提出请购要求，请购数量为300个，希望1月3日到货。业务员据此填制请购单。

(2) 1月2日，上级主管同意从安捷公司订购键盘300个，单价为32元，要求到货日期为2024-01-03。

(3) 1月3日，收到所订购的键盘300个。采购员填制到货单。

(4) 1月3日，将所收到的货物验收入原料库。库管员填制采购入库单。

(5) 1月3日，收到该笔货物的专用发票一张，发票号为ZP20240601。

(6) 业务部门将采购发票交给财务部门，财务部门确定此业务所涉及的应付账款及采购成本，并记材料明细账。

(7) 1月6日，财务部门开出转账支票(票号为20240601)一张，付清采购货款并核销应付款。

【任务指引】

1. 在采购管理系统中填制请购单并审核

① 2024年1月1日，以"宋淼"的身份进入企业应用平台，在"业务工作"中执行"供应链"|"采购管理"|"请购"|"请购单"命令，进入"采购请购单"窗口。

② 单击"增加"按钮，设置日期为"2024-01-01"、请购部门为"采购部"、请购人员为"高亚萍"。

③ 设置存货编码为"1004"、存货名称为"键盘"、数量为"300"、本币单价为"32"、需求日期为"2024-01-03"、供应商为"安捷"。

普通采购业务-
填制请购单

④ 单击"保存"按钮，再单击"审核"按钮，如图6-1所示。

⑤ 关闭当前窗口返回。

图6-1　采购请购单

2. 在采购管理系统中填制采购订单并审核

① 2024年1月2日，在企业应用平台的业务工作中，执行"供应链"｜"采购管理"｜"采购订货"｜"采购订单"命令，进入"采购订单"窗口。

普通采购业务-
填制采购订单并
审核

② 单击"增加"按钮，再单击"参照"下三角按钮，选择"请购单"选项，打开"查询条件-单据列表过滤"对话框。单击"确定"按钮，进入"拷贝并执行"窗口。

③ 选中需要参照的采购请购单，单击"确定"按钮，将采购请购单相关信息带入采购订单。

④ 设置订单日期为"2024-01-02"、部门为"采购部"、业务员为"高亚萍"、计划到货日期为"2024-01-03"。

⑤ 单击"保存"按钮，再单击"审核"按钮，订单底部显示审核人姓名，如图6-2所示。

⑥ 关闭当前窗口返回。

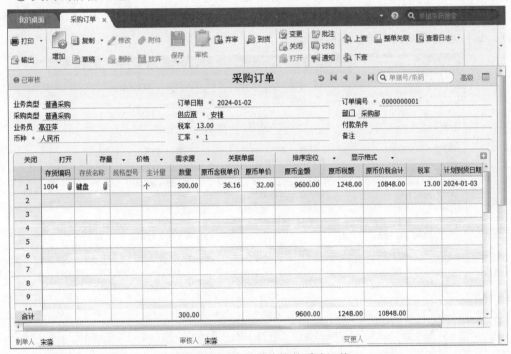

图6-2　根据请购单生成的采购订单

3. 在采购管理系统中填制到货单

① 2024年1月3日，在企业应用平台的业务工作中，执行"供应链"｜"采购管理"｜"采购到货"｜"到货单"命令，进入"到货单"窗口。

普通采购业务-
填制到货单

② 单击"增加"按钮，再单击"参照"下三角按钮，选择"采购订单"选项，打开"查询条件-单据列表过滤"对话框。单击"确定"按钮，进入"拷贝并执行"窗口。

③ 选中需要参照的采购订单，单击"确定"按钮，将采购订单相关信息带入采购到货单，设置日期为"2024-01-03"。

④ 单击"保存"按钮，再单击"审核"按钮。

⑤ 关闭当前窗口返回。

4. 在库存管理系统中填制并审核采购入库单

① 在企业应用平台的业务工作中，执行"供应链"|"库存管理"|"采购入库"|"采购入库单"命令，进入"采购入库单"窗口。

② 单击"增加"下三角按钮展开列表，选择"采购"|"采购到货单"选项，进入"查询条件-采购到货单列表"对话框，单击"确定"按钮，进入"到货单生单列表"窗口。

普通采购业务-
填制并审核采购
入库单

③ 选择需要参照的采购到货单，单击"确定"按钮，将采购到货单相关信息带入采购入库单。

④ 设置入库日期为"2024-01-03"、仓库为"原料库"，单击"保存"按钮。

⑤ 单击"审核"按钮，系统弹出"该单据审核成功！"信息提示，单击"确定"按钮返回。审核后的采购入库单如图6-3所示。

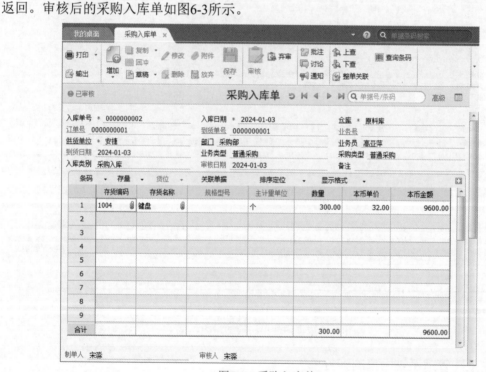

图6-3　采购入库单

⑥ 关闭当前窗口返回。

5. 在采购管理系统中填制专用采购发票

① 在企业应用平台的业务工作中，执行"供应链"|"采购管理"|"采购发票"|"专用采购发票"命令，进入"专用发票"窗口。

普通采购业务-
填制专用采购
发票

② 单击"增加"按钮，再单击"参照"下三角按钮，选择"入库单"选项，打开"查询条件-单据列表过滤"对话框。单击"确定"按钮，进入"拷贝并执行"窗口。

③ 选择需要参照的采购入库单，单击"确定"按钮，将采购入库单相关信息带入采购专用发票，输入发票号"ZP20240601"。

④ 单击"保存"按钮，再单击"复核"按钮，完成后关闭"专用发票"窗口。

6. 在采购管理系统中进行采购结算

① 在企业应用平台的业务工作中，执行"供应链"|"采购管理"|"采购结算"|"自动结算"命令，打开"查询条件-采购自动结算"对话框，设置结算模式为"入库单和发票"，如图6-4所示。单击"确定"按钮，系统弹出"状态：全部成功，共处理了1条记录"信息提示。

② 单击"确定"按钮返回。

普通采购业务-
采购结算

图6-4 设置结算模式

7. 在应付款管理系统中审核采购专用发票并生成应付凭证

① 在企业应用平台的业务工作中，执行"财务会计"|"应付款管理"|"应付处理"|"采购发票"|"采购发票审核"命令，进入"采购发票审核"窗口。

② 在窗口左侧的查询条件中，选择供应商"安捷"，单击"查询"按钮。

③ 选择需要审核的发票，单击"审核"按钮，系统弹出"本次审核成功单据[1]张"信息提示，单击"确定"按钮返回，然后关闭"采购发票审核"窗口。

④ 在企业应用平台的业务工作中，执行"财务会计"|"应付款管理"|"凭证处理"|"生成凭证"命令，打开"制单查询"对话框，选择"发票"选项，单击"确定"按钮，进入"生成凭证"窗口。

普通采购业务-
审核发票并生成
凭证

⑤ 单击"全选"按钮，或者在"选择标志"栏输入某数字作为选择标志，设置凭证类别为"转账凭证"，单击"制单"按钮，进入"填制凭证"窗口。

⑥ 修改相关信息后，单击"保存"按钮，凭证左上角出现"已生成"标志，表示凭证已传递到总账系统，如图6-5所示。

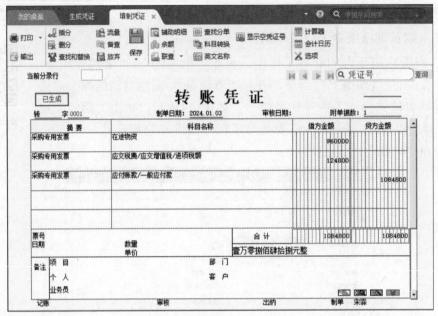

图6-5　根据发票生成应付凭证

8. 在存货核算系统中记账并生成入库凭证

① 在企业应用平台的业务工作中，执行"供应链"|"存货核算"|"记账"|"正常单据记账"命令，进入"未记账单据一览表"窗口。

② 单击"查询"按钮，选择要记账的单据，单击"记账"按钮，系统弹出"记账成功。"信息提示。

③ 单击"确定"按钮，关闭当前窗口退出。

④ 执行"供应链"|"存货核算"|"凭证处理"|"生成凭证"命令，进入"生成凭证"窗口。

⑤ 单击"选单"按钮，打开"查询条件-生成凭证查询条件"对话框。

⑥ 设置单据类型为"01 采购入库单(报销记账)"，单击"确定"按钮，进入"选择单据"窗口。

⑦ 选择要制单的记录行，单击"确定"按钮，返回"生成凭证"窗口。

⑧ 设置凭证类别为"转账凭证"，单击"制单"按钮，进入"填制凭证"窗口。

⑨ 单击"保存"按钮，凭证左上角出现"已生成"标志，表示凭证已传递到总账系统，如图6-6所示。

普通采购业务-记账并生成凭证

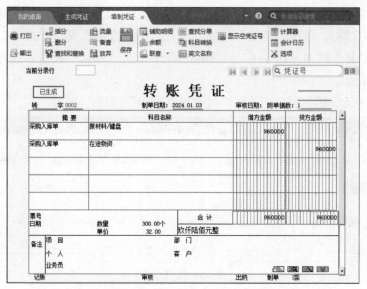

图6-6 根据记账后的采购入库单生成入库凭证

9. 在应付款管理系统中进行付款处理并生成付款凭证

① 1月6日在企业应用平台的业务工作中，执行"财务会计"|"应付款管理"|"付款处理"|"付款单据录入"命令，进入"付款单据录入"窗口。

② 单击"增加"按钮，设置供应商为"安捷"、结算方式为"转账支票"、金额为"10 848"、票据号为"20240601"，单击"保存"按钮。

③ 单击"审核"按钮，系统弹出"是否立即制单？"信息提示，单击"是"按钮，进入"填制凭证"窗口。

普通采购业务-
付款处理并生成
凭证

④ 设置凭证类别为"付款凭证"，单击"保存"按钮，凭证左上角出现"已生成"标志，表示凭证已传递到总账系统，如图6-7所示。

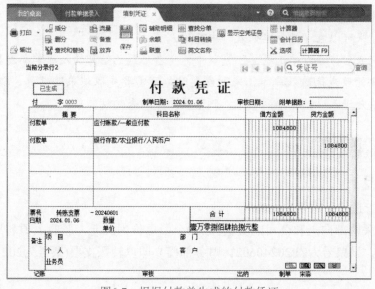

图6-7 根据付款单生成的付款凭证

⑤ 关闭"填制凭证"窗口，返回"付款单据录入"窗口。单击"核销"按钮，打开"核销条件"对话框。单击"确定"按钮，进入"手工核销"窗口，在窗口下方采购专用发票的"本次结算"栏输入10 848，如图6-8所示。单击"确认"按钮，进行核销。核销完成的单据不再显示。

⑥ 关闭"手工核销"窗口，关闭"付款单据录入"窗口。

图6-8 核销应付

❖ **提示：**

◇ 在填制采购订单时，右击可查看存货现存量。

◇ 如果在存货档案中设置了最高进价，那么当采购订单中货物的进价高于最高进价时，系统会自动报警。

◇ 如果企业要按部门或业务员进行考核，就必须输入相关部门或业务员的信息。

◇ 采购订单审核后，可在"采购订单执行统计表"中查询。

◇ 只有采购管理系统和库存管理系统集成使用时，库存管理系统才可通过"生单"功能生成采购入库单。

◇ 生单时参照的单据是采购管理系统中已审核且未关闭的采购订单和到货单。

◇ 采购管理系统如果设置了"必有订单业务模式"，则不可手工录入采购入库单。

◇ 当入库数量与订单/到货单数量完全相同时，可不显示表体。

◇ 结算结果可以在"结算单列表"中查询。

◇ 结算完成后，在"手工结算"窗口中，将看不到已结算的入库单和发票。

◇ 当需要修改或删除入库单、采购发票时，则需要先取消采购结算。取消采购结算的方法是进入"结算单列表"，删除该业务的采购结算单。

6.2.2 采购现结业务

【任务下达】

由账套主管进行采购业务处理。

1月6日，采购部向天和公司购买鼠标200个，单价为20元，验收入原料库。同时收到专用发票一张，发票号为ZP20240602。财务部门立即以转账支票(票号为20240602)的形式支付货款。

【任务指引】

1. 在库存管理系统中直接填制采购入库单并审核

① 在企业应用平台的业务工作中，执行"供应链"|"库存管理"|"采购入库"|"采购入库单"命令，进入"采购入库单"窗口。

② 单击"增加"按钮，设置仓库为"原料库"、供货单位为"天和"、入库类别为"采购入库"、存货编码为"1006"、数量为"200"、单价为"20"。

采购现结业务-
填制采购入库单
并审核

③ 单击"保存"按钮，再单击"审核"按钮，系统弹出"该单据审核成功！"信息提示。

④ 单击"确定"按钮返回，关闭当前窗口。

2. 在采购管理系统中录入采购专用发票，进行现结处理和采购结算

① 在企业应用平台的业务工作中，执行"供应链"|"采购管理"|"采购发票"|"专用采购发票"命令，进入"专用发票"窗口。

② 单击"增加"按钮，再单击"参照"下三角按钮，选择"入库单"选项，打开"查询条件-单据列表过滤"对话框。单击"确定"按钮，进入"拷贝并执行"窗口。

采购现结业务-
采购专用发票现
结并结算

③ 选择需要参照的采购入库单，单击"确定"按钮，将采购入库单相关信息带入采购专用发票，输入发票号"ZP20240602"。

④ 单击"保存"按钮，再单击"现付"按钮，打开"采购现付"对话框。

⑤ 选择结算方式"202"，输入原币金额"4520"、票据号"20240602"，如图6-9所示。单击"确定"按钮，发票左上角显示"现付"标记。

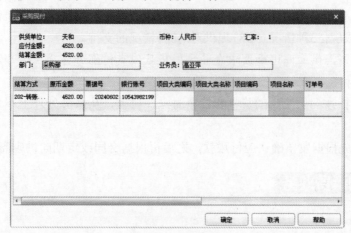

图6-9　采购现付

⑥ 单击"复核"按钮，再单击"结算"按钮，自动完成采购结算，发票左上角显示"已结算"标记。

3. 在应付款管理系统中审核发票，进行现结制单

① 在企业应用平台的业务工作中，执行"财务会计"│"应付款管理"│"应付处理"│"采购发票"│"采购发票审核"命令，进入"采购发票审核"窗口。

采购现结业务-
审核发票并进行
现结制单

② 在窗口左侧的查询条件中，选择供应商"天和"，单击"查询"按钮，显示未审核发票。

③ 选择需要审核的单据，单击"审核"按钮，系统弹出"本次审核成功单据[1]张"信息提示，单击"确定"按钮返回后退出。

④ 在企业应用平台的业务工作中，执行"财务会计"│"应付款管理"│"凭证处理"│"生成凭证"命令，打开"制单查询"对话框，选择"现结"选项，单击"确定"按钮，进入"生成凭证"窗口。

⑤ 选择要制单的记录行，设置凭证类别为"付款凭证"，单击"制单"按钮，进入"填制凭证"窗口。

⑥ 单击"保存"按钮，凭证左上角出现"已生成"标志，表示凭证已传递到总账系统。

现结制单生成的凭证如下。

借：在途物资 4 000

　　应交税费——应交增值税——进项税额 520

　　贷：银行存款——农业银行——人民币户 4 520

4. 在存货核算系统中对采购入库单记账，生成入库凭证

操作步骤参见普通采购业务。

【任务解析】

根据收到供应商发票的时间与付款时间的不同，可将付款结算分为预付货款、货到即付(即现付)和形成应付3种情况。U8+提供对这3种情况的支持。

对于紧俏物资，供应商可能要求企业预付货款或支付部分订金，待开票结算时可先用预付款冲部分应付，再支付余款。

货到即付是指收到供应商的货物和发票时立即付款，从账务处理上不再走应付账款过渡科目。

形成应付是先根据发票确认应付账款，之后再根据合同或定期向供应商支付货款。

6.2.3 采购运费业务

【任务下达】

由账套主管进行采购业务处理。

1月6日，从天和公司购买硬盘300盒，单价为400元，验收入原料库；同时收到专用发票一张，发票号为ZP20240603。另外，在采购的过程中，发生了一笔100元的运输费，税率为9%，

收到相应的运费发票一张，发票号为YF0601。确定采购成本及应付账款，记材料明细账。

【任务指引】

1. 在库存管理系统中填制并审核采购入库单

操作步骤参见采购现结业务。

2. 在采购管理系统中参照采购入库单填制采购专用发票

操作步骤参见采购现结业务。

3. 在采购管理系统中填制运费专用发票

① 在企业应用平台的业务工作中，执行"供应链"｜"采购管理"｜"采购发票"｜"运费发票"命令，进入"运费发票"窗口。

② 单击"增加"按钮，设置发票号为"YF0601"、供应商为"天和"、税率为"9%"、存货名称为"运费"、原币金额为"100"，单击"保存"按钮，再单击"复核"按钮，最后关闭当前窗口退出。

采购运费业务-
填制发票

❖ 提示：

◇ 费用发票上的存货必须具有"应税劳务"属性。

4. 在采购管理系统中进行采购结算(手工结算)

① 在企业应用平台的业务工作中，执行"供应链"｜"采购管理"｜"采购结算"｜"手工结算"命令，进入"手工结算"窗口。

② 单击"选单"按钮，进入"结算选单"窗口。

③ 单击"查询"按钮，打开"查询条件-采购手工结算"对话框，单击"确定"按钮，窗口上方显示采购专用发票和运费专用发票，窗口下方显示入库单列表。

采购运费业务-
手工结算

④ 选择要结算的两张发票和入库单，单击"确定"按钮，系统弹出"所选单据扣税类别不同，是否继续？"信息提示。单击"是"按钮，返回"手工结算"窗口。

⑤ 选择费用分摊方式为"按数量"，如图6-10所示。

⑥ 单击"分摊"按钮，系统弹出"选择按数量分摊，是否开始计算？"信息提示，单击"是"按钮，系统弹出"费用分摊(按数量)完毕，请检查。"信息提示，单击"确定"按钮。

⑦ 单击"结算"按钮，系统自动进行结算处理，完成后系统弹出"完成结算！"信息提示，单击"确定"按钮返回。

⑧ 关闭当前窗口返回

图6-10 选择费用分摊方式

❖ 提示：

◇ 不管采购入库单上有无单价，采购结算后，其单价都被自动修改为发票上的存货单价。

5. 在应付款管理系统中审核发票并合并制单

① 在应付款管理系统中，进行采购专用发票和运费发票的审核，操作步骤参见普通采购业务。

② 在企业应用平台的业务工作中，执行"财务会计"|"应付款管理"|"凭证处理"|"生成凭证"命令，打开"制单查询"对话框。

③ 选择"发票"选项，单击"确定"按钮，进入"生成凭证"窗口。

采购运费业务-审核发票并合并制单

④ 单击"全选"按钮，设置凭证类别为"转账凭证"，单击"合并"按钮，再单击"制单"按钮，进入"填制凭证"窗口。

⑤ 单击"保存"按钮，生成如下凭证。

借：在途物资　　　　　　　　　　　　　　　　120 091

　　应交税费——应交增值税——进项税额　　　 15 609

　　贷：应付账款——一般应付款　　　　　　　　　　 135 700

6. 在存货核算系统中记账并生成入库凭证

操作步骤参见普通采购业务。

【任务解析】

运费主要包括向供货单位或提供劳务的单位支付的代垫款项、运输装卸费、手续费、违约金(延期付款利息)、包装费、包装物租金、储备费、进口关税等。

　　根据运费发票与货物及货物发票到达企业的时间不同，有两种处理方法。如果运费发票和货物发票同时到达，那么一张入库单和两张发票进行手工结算，将运费计入本次入库成本。如果货物发票与入库单结算完成后才收到运费发票，那么可以选择费用折扣结算，将运费计入对应的存货成本。

6.2.4 采购溢余短缺业务

【任务下达】

　　由账套主管进行采购业务处理。

　　(1) 1月6日，业务员从安捷公司采购机箱150个，单价为100元，要求1月8日到货。

　　(2) 1月8日，收到安捷公司发来的机箱及开具的专业发票，发票号为ZP20240604，载明机箱150个，单价为100元，增值税税率为13%。验收入库时发现损坏7个，经查，2个属于合理损耗，5个属于非合理损耗，确认为运输责任。

采购溢余短缺业务-采购订单

【任务指引】

　　1. 在采购管理系统中填制并审核采购订单

　　① 2024年1月6日，在企业应用平台的业务工作中，执行"供应链"|"采购管理"|"采购订货"|"采购订单"命令，进入"采购订单"窗口。

　　② 单击"增加"按钮，设置供应商为"安捷"、存货编码为"1008"、数量为"150"、原币单价为"100"。

　　③ 修改计划到货日期为"2024-01-08"，单击"保存"按钮，再单击"审核"按钮。

　　④ 关闭当前窗口返回。

　　2. 在库存管理系统中根据采购订单生成采购入库单，修改入库数量并审核

　　① 1月8日，在企业应用平台的业务工作中，执行"供应链"|"库存管理"|"采购入库"|"采购入库单"命令，进入"采购入库单"窗口。

采购溢余短缺业务-采购入库单

　　② 单击"增加"下三角按钮展开列表，选择"采购"|"采购订单"选项，进入"查询条件-采购订单列表"对话框，单击"确定"按钮，进入"订单生单列表"窗口。

　　③ 选择需要参照的采购订单，单击"确定"按钮，将采购订单相关信息带入采购入库单。

　　④ 设置入库日期为"2024-01-08"、仓库为"原料库"，修改入库数量为"143"，单击"保存"按钮。

　　⑤ 单击"审核"按钮，系统弹出"该单据审核成功！"信息提示，单击"确定"按钮返回。审核后的采购入库单如图6-11所示。

　　⑥ 关闭当前窗口返回。

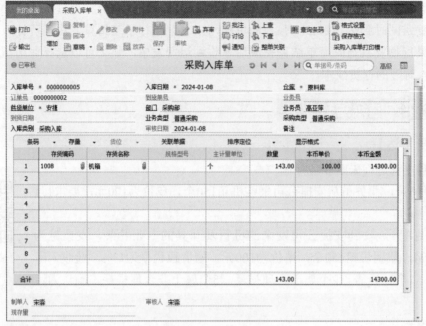

图6-11　采购入库单

3. 在采购管理系统中根据采购订单生成专用采购发票

① 在企业应用平台的业务工作中，执行"供应链"｜"采购管理"｜"采购发票"｜"专用采购发票"命令，进入"专用发票"窗口。

② 单击"增加"按钮，再单击"参照"下三角按钮，选择"采购订单"选项，打开"查询条件-单据列表过滤"对话框。单击"确定"按钮，进入"拷贝并执行"窗口。

采购溢余短缺业务-专用采购发票

③ 选择需要参照的采购订单，单击"确定"按钮，将采购订单相关信息带入采购专用发票，输入发票号"ZP20240604"。

④ 单击"保存"按钮，再单击"复核"按钮，完成后关闭"专用发票"窗口。

4. 在采购管理系统中进行采购结算(手工结算)，核算入库成本

① 在企业应用平台的业务工作中，执行"供应链"｜"采购管理"｜"采购结算"｜"手工结算"命令，进入"手工结算"窗口。

② 单击"选单"按钮，进入"结算选单"窗口。

③ 单击"查询"按钮，打开"查询条件-采购手工结算"对话框，单击"确定"按钮。

采购溢余短缺业务-手工结算

④ 选择要结算的采购专用发票和入库单，单击"确定"按钮，返回"手工结算"窗口。

⑤ 在采购发票的"合理损耗数量"一栏输入"2"，在"非合理损耗数量"一栏输入"5"，在"非合理损耗金额"一栏输入"500"，设置"非合理损耗类型"为"01 运输责任"，"进项税转出金额"一栏由系统自动算出，显示为65元(5×100×0.13)，如图6-12所示。

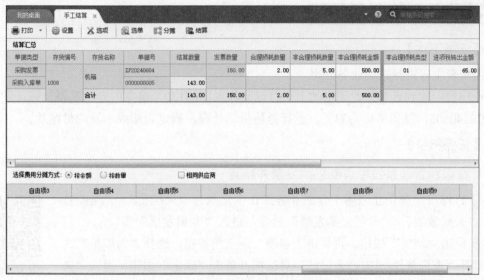

图6-12　输入合理损耗和非合理损耗相关信息

⑥ 单击"结算"按钮,系统自动进行结算处理。

⑦ 关闭当前窗口返回。

5. 采购入库单记账生成入库凭证

操作步骤参见普通采购业务。

6. 审核采购发票并确认应付凭证

操作步骤参见普通采购业务。

【任务解析】

在企业的采购业务中,受运输、装卸等情况影响,采购的货物可能会发生短缺毁损,应根据不同情况进行相应的账务处理。

在进行采购入库单与采购发票结算时,如果入库单上的存货数量与发票上的存货数量不一致(即发生了存货的溢余或短缺),则应进行如下处理。

若入库数量大于发票数量,则需要在发票的附加栏"合理损耗数量""非合理损耗数量""非合理损耗金额"中输入溢余数量、溢余金额,数量、金额均为负数。系统把多余数量按赠品处理,结果是降低了入库货物的单价。

若入库数量小于发票数量,则要分析是合理损耗还是非合理损耗。经分析,如果确定其为合理损耗,则直接计入采购成本,即相应提高入库货物的单位成本。如果确定为非合理损耗,则根据事先定义的非合理损耗类型正确进行核算及处理。结算时,在发票的附加栏"合理损耗数量""非合理损耗数量""非合理损耗金额"中输入短缺数量、短缺金额,数量、金额均为正数。

总之,在进行采购结算时,入库货物的发票数量=结算数量+合理损耗数量+非合理损耗数量。

6.2.5　采购暂估报销业务

【任务下达】

由账套主管进行采购业务处理。

1月8日，收到天和公司提供的上个月已验收入库的130个键盘的专用发票一张，发票号为ZP20240605，发票单价为33元。进行暂估报销处理，确定采购成本及应付账款。

【任务指引】

1. 在采购管理系统中填制采购发票并结算

① 1月8日，在企业应用平台的业务工作中，执行"供应链"|"采购管理"|"采购发票"|"专用采购发票"命令，进入"专用发票"窗口。

② 单击"增加"按钮，再单击"参照"下三角按钮，选择"入库单"选项，打开"查询条件-单据列表过滤"对话框；单击"确定"按钮，进入"拷贝并执行"窗口。

采购暂估报销业务-填制发票并结算

③ 选择需要参照的采购入库单，单击"确定"按钮，将采购入库单相关信息带入采购专用发票。

④ 输入发票号为"ZP20240605"、原币单价为"33"，单击"保存"按钮，再单击"复核"按钮。

⑤ 单击"结算"按钮，完成发票与入库单之间的结算。

⑥ 关闭"专用发票"窗口。

2. 在存货核算系统中执行结算成本处理并生成凭证

① 在企业应用平台的业务工作中，执行"供应链"|"存货核算"|"记账"|"结算成本处理"命令，打开"结算成本处理"对话框。

② 选择"原料库"，勾选"未全部结算完的单据是否显示"复选框，单击"确定"按钮，进入"结算成本处理"窗口。

采购暂估报销业务-结算成本并生成凭证

③ 选择需要进行结算的单据，单击"结算处理"按钮，系统弹出"结算成本处理完成"信息提示，单击"确定"按钮，完成结算，退出。

④ 执行"供应链"|"存货核算"|"凭证处理"|"生成凭证"命令，进入"生成凭证"窗口。

⑤ 单击"选单"按钮，打开"查询条件-生成凭证查询条件"对话框，设置单据类型为"24红字回冲单、30蓝字回冲单(报销)"，单击"确定"按钮，再单击"确定"按钮，进入"选择单据"窗口。

⑥ 单击"全选"按钮，再单击"确定"按钮，进入"生成凭证"窗口。

⑦ 设置凭证类别为"转账凭证"，单击"制单"按钮，进入"填制凭证"窗口。

⑧ 单击"保存"按钮，保存红字回冲单生成的凭证，如图6-13所示。

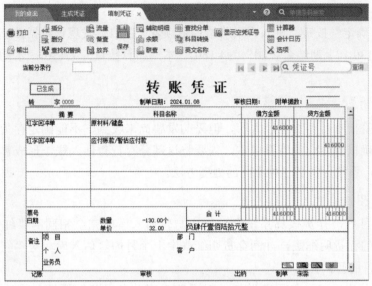

图6-13 红字回冲单生成的凭证

⑨ 单击"下张"按钮，再单击"保存"按钮，保存蓝字回冲单生成的凭证，如图6-14所示。

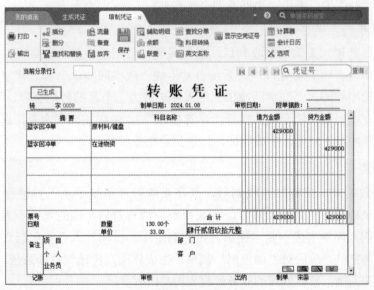

图6-14 蓝字回冲单生成的凭证

3. 在应付款管理系统中审核发票并制单处理

操作步骤参见普通采购业务。

4. 在采购管理系统中查询采购结算余额表

① 在企业应用平台的业务工作中，执行"供应链"｜"采购管理"｜"报表"｜"我的报表"命令，进入"报表管理器"窗口。

② 在"报表管理器"窗口中，展开"账簿"｜"采购账簿"，选择"采购结算余额表"，单击"打开"按钮，打开"查询条件-采购结算余额表"

采购暂估报销业务-查询余额表

对话框。

③ 单击"确定"按钮，进入"采购结算余额表"窗口。发现该单据涉及的键盘"上期结余数量"为130，"上期结余金额"为4 160，"本期结算数量"为130，"本期结算金额"为4 290。

【任务解析】

暂估入库是指本月存货已经入库，但采购发票尚未收到，不能确定存货的入库成本。月底时为了正确核算企业的库存成本，需要将这部分存货暂估入账，形成暂估凭证。对于暂估入库业务，系统提供了三种不同的处理方法。

1. 月初回冲

进入下个月后，存货核算系统自动生成与暂估入库单完全相同的"红字回冲单"，同时登记相应的存货明细账，冲回存货明细账中上个月的暂估入库。对"红字回冲单"制单，冲回上个月的暂估凭证。

收到采购发票后，录入采购发票，对采购入库单和采购发票做采购结算。结算完毕后，进入存货核算系统，执行"暂估处理"功能，进行暂估处理后，系统根据发票自动生成一张 "蓝字回冲单"，其上的金额为发票上的报销金额。同时登记存货明细账，使库存增加。对"蓝字回冲单"制单，生成采购入库凭证。

2. 单到回冲

下月初不做处理，采购发票收到后，先在采购管理系统中录入并进行采购结算，再到存货核算系统中进行"暂估处理"，系统自动生成"红字回冲单"和"蓝字回冲单"，同时据以登记存货明细账。"红字回冲单"的入库金额为上个月的暂估金额，"蓝字回冲单"的入库金额为发票上的报销金额。执行"存货核算"|"生成凭证"命令，选择"红字回冲单"和"蓝字回冲单"制单，生成凭证，传递到总账系统。

3. 单到补差

下月初不做处理，采购发票收到后，先在采购管理系统中录入并进行采购结算，再到存货核算系统中进行"暂估处理"。如果报销金额与暂估金额的差额不为零，则产生调整单，一张采购入库单生成一张调整单，用户确定后，自动计入存货明细账；如果差额为零，则不生成调整单。最后对"调整单"制单，生成凭证，传递到总账系统。

以单到回冲为例，暂估处理的业务流程如图6-15所示。

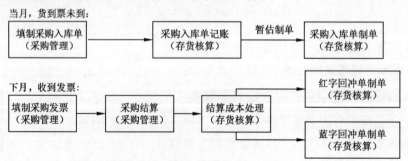

图6-15　单到回冲暂估处理业务流程

6.2.6　采购暂估入库业务

【任务下达】

由账套主管进行采购业务处理。

1月9日，收到天和公司提供的鼠标400个，入原料库。到了月底仍未收到发票，因此确定该批货物的暂估成本为20元，并进行暂估记账处理。

【任务指引】

1. 在库存管理系统中填制并审核采购入库单

操作步骤参见采购现结业务，采购入库单不必填写单价。

2. 在存货核算系统中录入暂估入库成本并记账生成凭证

① 在企业应用平台的业务工作中，执行"供应链"|"存货核算"|"记账"|"暂估成本录入"命令，进入"暂估成本录入"窗口。

② 单击"查询"按钮，在单据"单价"栏输入20，单击"保存"按钮，系统弹出"保存成功！"信息提示，单击"确定"按钮返回，关闭当前窗口。

采购暂估入库业务-录入成本并记账生成凭证

③ 执行"供应链"|"存货核算"|"记账"|"正常单据记账"命令，进入"未记账单据一览表"窗口。

④ 单击"查询"按钮，选择要记账的单据。

⑤ 单击"记账"按钮，系统弹出"记账成功！"信息提示，单击"确定"按钮，完成记账后退出当前窗口。

⑥ 执行"供应链"|"存货核算"|"凭证处理"|"生成凭证"命令，进入"生成凭证"窗口。

⑦ 单击"选单"按钮，打开"查询条件-生成凭证查询条件"对话框。在单据类型处选择"011 采购入库单(暂估记账)"，单击"确定"按钮，进入"选择单据"窗口。

⑧ 选择要记账的单据，单击"确定"按钮，进入"生成凭证"窗口。

⑨ 设置凭证类别为"转账凭证"，单击"制单"按钮，进入"填制凭证"窗口，单击"保存"按钮，保存生成的凭证，如图6-16所示。

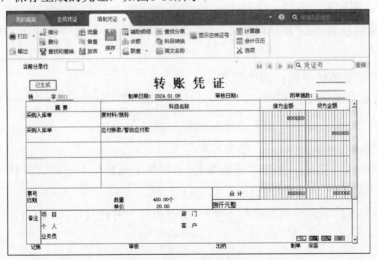

图6-16　暂估入库生成凭证

6.2.7 采购结算前退货业务

【任务下达】

由账套主管进行采购业务处理。

(1) 1月9日，收到天和公司提供的硬盘，数量200盒，单价为400元。库管员验收入原料库。

(2) 1月9日，仓库反映有2盒硬盘有质量问题，要求退回给供应商。

(3) 1月9日，收到天和公司开具的专用发票一张，发票号为ZP20240606。采购部门进行采购结算。

【任务指引】

1. 在库存管理系统中填制并审核采购入库单

操作步骤参见采购现结业务。

2. 在库存管理系统中填制红字采购入库单并审核

① 在企业应用平台的业务工作中，执行"供应链"|"库存管理"|"采购入库"|"采购入库单"命令，进入"采购入库单"窗口。

② 单击"增加"按钮，单击窗口左上角的"红单"按钮，设置退货数量为"-2"、本币单价为"400"；单击"保存"按钮，再单击"审核"按钮后退出。

采购结算前退货业务-填制红字入库单并审核

3. 在采购管理系统中根据采购入库单生成采购专用发票并复核

① 在企业应用平台的业务工作中，执行"供应链"|"采购管理"|"采购发票"|"专用采购发票"命令，进入"专用发票"窗口。

② 单击"增加"按钮，再单击"参照"下三角按钮，选择"入库单"选项，打开"查询条件-单据列表过滤"对话框。

③ 单击"确定"按钮，进入"拷贝并执行"窗口。

④ 选择该笔业务对应的采购入库单，单击"确定"按钮，将采购入库单相关信息带入采购专用发票。

采购结算前退货业务-生成发票并复核

⑤ 修改发票号为"ZP20240606"、数量为"198"，单击"保存"按钮。单击"复核"按钮。

4. 在采购管理系统中进行采购结算

① 在企业应用平台的业务工作中，执行"供应链"|"采购管理"|"采购结算"|"手工结算"命令，进入"手工结算"窗口。

② 单击"选单"按钮，进入"结算选单"窗口。

③ 单击"查询"按钮，打开"查询条件-采购手工结算"对话框，选择供应商"天和"，单击"确定"按钮。

采购结算前退货业务-采购结算

④ 选择要结算的采购专用发票和入库单(退货单需一并选择)，如图6-17所示。

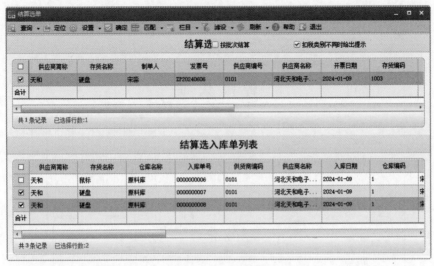

图6-17　结算选单

⑤ 单击"确定"按钮，返回"手工结算"窗口，如图6-18所示。

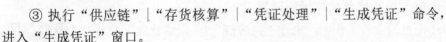

图6-18　手工结算

⑥ 单击"结算"按钮，系统自动进行结算处理。

5. 采购入库单记账生成入库凭证

① 在企业应用平台的业务工作中，执行"供应链"│"存货核算"│"记账"│"正常单据记账"命令，进入"未记账单据一览表"窗口。

② 单击"查询"按钮，选择要记账的单据，单击"记账"按钮，完成记账，关闭当前窗口。

③ 执行"供应链"│"存货核算"│"凭证处理"│"生成凭证"命令，进入"生成凭证"窗口。

采购结算前退货
业务-记账并生
成凭证

④ 单击"选单"按钮，打开"查询条件-生成凭证查询条件"对话框，清除"单据类型"中的选项，单击"确定"按钮，进入"选择单据"窗口。

⑤ 单击"全选"按钮，再单击"确定"按钮，返回"生成凭证"窗口。

⑥ 设置凭证类别为"转账凭证"，单击"合并制单"按钮，进入"填制凭证"窗口。

⑦ 单击"保存"按钮，凭证左上角出现"已生成"标志，表示凭证已传递到总账系统，如图6-19所示。

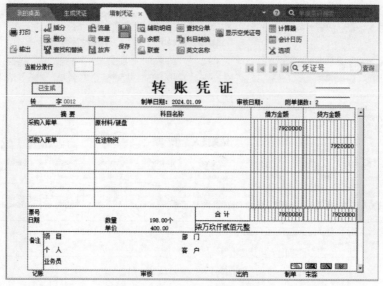

图6-19 合并制单生成入库凭证

6. 审核采购发票并确认应付凭证

操作步骤参见普通采购业务。

6.2.8 采购结算后退货业务

【任务下达】

由账套主管进行采购业务处理。

1月10日，发现从天和公司购入的硬盘有质量问题，退回8套，单价为400元，同时收到发票号为ZP20240607的红字专用发票一张。对采购入库单和红字专用采购发票进行结算处理。

【任务指引】

1. 在库存管理系统中填制红字采购入库单并审核

操作步骤参见采购结算前退货业务。

2. 填制红字采购专用发票并执行采购结算

① 在企业应用平台的业务工作中，执行"供应链"｜"采购管理"｜"采购发票"｜"红字专用采购发票"命令，进入"专用发票(红字)"窗口。

② 单击"增加"按钮，再单击"参照"下三角按钮，选择"入库单"选项，打开"查询条件-单据列表过滤"对话框，单击"确定"按钮，进入"拷贝并执行"窗口。选择红字入库单，单击"确定"按钮，生成红字专用采购发票，输入发票号"ZP20240607"，单击"保存"按钮。单击"复核"按钮。

采购结算后退货业务-填制红字发票并结算

③ 单击"结算"按钮，完成结算。

3. 采购入库单记账生成入库凭证

操作步骤参见普通采购业务。

4. 审核采购发票并确认应付凭证

操作步骤参见普通采购业务。

6.2.9 查询报表

【任务下达】

由账套主管进行1月份采购报表查询。

(1) 查询采购明细表。

(2) 查询入库明细表。

(3) 查询结算明细表。

(4) 查询采购发票列表。

【任务指引】

1. 查询采购明细表

① 在企业应用平台的业务工作中，执行"供应链"|"采购管理"|"报表"|"明细表"|"采购明细表"命令，打开"查询条件-采购明细表"对话框。

查询采购
明细表

② 单击"确定"按钮，进入"采购明细表"窗口，查询结果如图6-20所示。

采购明细表

查询方案：暂无查询方案，请点击"更多>>"添加，有助于您更加方便快捷的进行查询！

查询条件：存货　　　　　　到
　　　　　供应商　　　　　　到　　　　　　　　　　　　　　　　查询　　更多>>

	发票日期	发票号	供应商简称	部门名称	业务员	存货名称	规格型号	主计量	辅计量	换算率	数量	本币单价	本币金额
1	2024-01-03	ZP20240601	安捷	采购部		键盘		个			300.00	32.00	9,600.00
2	2024-01-06	YF0601	天和	采购部	高亚萍	运费		千米					91.00
3	2024-01-06	ZP20240602	天和	采购部	高亚萍	鼠标		个			200.00	20.00	4,000.00
4	2024-01-06	ZP20240603	天和	采购部	高亚萍	硬盘		个			300.00	400.00	120,000.00
5	2024-01-08	ZP20240604	安捷	采购部	高亚萍	机箱		个			150.00	100.00	15,000.00
6	2024-01-08	ZP20240605	天和	采购部	高亚萍	键盘		个			130.00	33.00	4,290.00
7	2024-01-09	ZP20240606	天和	采购部	高亚萍	硬盘		个			198.00	400.00	79,200.00
8	2024-01-10	ZP20240607	天和	采购部	高亚萍	硬盘		个			-8.00	400.00	-3,200.00
9	总计										1,270.00		228,981.00

图6-20 采购明细表

2. 查询入库明细表

① 在企业应用平台的业务工作中，执行"供应链"|"采购管理"|"报表"|"明细表"|"入库明细表"命令，打开"查询条件-入库明细表"对话框。

查询入库
明细表

② 单击"确定"按钮，进入"入库明细表"窗口，查询结果如图6-21所示。

图6-21　入库明细表

3. 查询结算明细表

① 在企业应用平台的业务工作中，执行"供应链"|"采购管理"|"报表"|"明细表"|"结算明细表"命令，打开"查询条件-结算明细表"对话框。

② 单击"确定"按钮，进入"结算明细表"窗口，查询结果如图6-22所示。

查询结算
明细表

结算明细表

查询方案：**暂无查询方案，请点击"更多>>"添加，有助于您更加方便快捷的进行查询！**

查询条件：供应商 到
存货 到 查询　更多>>

	结算日期	结算单号	供应商简称	存货名称	规格型号	主计量	结算数量	结算单价	结算金额	费用	发票号
1	2024-01-03	000000000000001	安捷	键盘		个	300.00	32.00	9,600.00		ZP20240601
2	2024-01-06	000000000000002	天和	鼠标		个	200.00	20.00	4,000.00		ZP20240602
3	2024-01-06	000000000000003	天和	硬盘		个	300.00	400.30	120,091.00	91.00	ZP20240603
4	2024-01-08	000000000000004	安捷	机箱		个	143.00	101.40	14,500.00		ZP20240604
5	2024-01-09	000000000000005	天和	键盘		个	130.00	33.00	4,290.00		ZP20240605
6	2024-01-09	000000000000006	天和	硬盘		个	198.00	400.00	79,200.00		ZP20240606
7	2024-01-10	000000000000007	天和	硬盘		个	-8.00	400.00	-3,200.00		ZP20240607
8	总计						1,263.00		228,481.00	91.00	

图6-22　结算明细表

4. 查询采购发票列表

① 在企业应用平台的业务工作中，执行"供应链"|"采购管理"|"采购发票"|"采购发票列表"命令，进入"发票列表"窗口。

② 在窗口左侧，单击"查询"按钮，查询结果如图6-23所示。

查询采购
发票列表

序号	□	业务类型	发票类型	发票号	开票日期	供应商	币种	存货编码	存货名称
1	□	普通采购	专用发票	ZP20240601	2024-01-03	安捷	人民币	1004	键盘
2	□	普通采购	专用发票	ZP20240602	2024-01-06	天和	人民币	1006	鼠标
3	□	普通采购	专用发票	ZP20240603	2024-01-06	天和	人民币	1003	硬盘
4	□	普通采购	运费发票	YF0601	2024-01-06	天和	人民币	9001	运费
5	□	普通采购	专用发票	ZP20240604	2024-01-08	安捷	人民币	1008	机箱
6	□	普通采购	专用发票	ZP20240605	2024-01-08	天和	人民币	1004	键盘
7	□	普通采购	专用发票	ZP20240606	2024-01-09	天和	人民币	1003	硬盘
8	□	普通采购	专用发票	ZP20240607	2024-01-10	天和	人民币	1003	硬盘
9	小计								
10	合计								

图6-23 采购发票列表

任务6.3 应付款管理实务

6.3.1 支付货款核销应付款

【任务下达】

由账套主管进行应付业务处理。

2024年1月10日，开出转账支票一张，金额为6 000元，票号为20240603，用以支付本月8日天和公司货款4 847.7元，余款转为预付款。

【任务指引】

支付货款核销应付款，余款转为预付款，具体步骤如下。

① 在企业应用平台的业务工作中，执行"财务会计"|"应付款管理"|"付款处理"|"付款单据录入"命令，进入"付款单据录入"窗口。

② 单击"增加"按钮，设置供应商为"天和"、结算方式为"转账支票"、票据号为"20240603"、金额为"6 000"、摘要为"支付货款"。

支付货款核销应付款

③ 在表体中，修改第1行应付款金额为"4 847.7"，修改第2行款项类型为"预付款"，单击"保存"按钮，如图6-24所示。

④ 单击"审核"按钮，系统弹出"是否立即制单？"信息提示，单击"是"按钮，进入"填制凭证"窗口，单击"保存"按钮，生成凭证如图6-25所示。

⑤ 关闭"填制凭证"窗口，单击"核销"按钮，打开"核销条件"对话框，单击"确定"按钮，进入"手工核销"窗口。

⑥ 在1月8日采购专用发票的"本次结算"栏输入"4 847.7"，如图6-26所示。

图6-24　将余款转为预付款

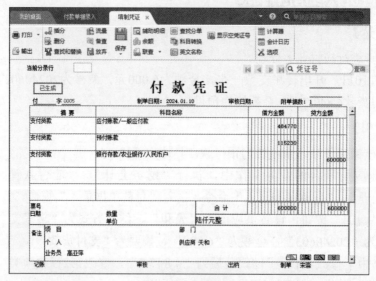

图6-25　生成凭证

图6-26　核销应付款

⑦ 单击"确认"按钮,完成核销,核销完成的付款单和发票不在单据核销界面上出现。

6.3.2　票据管理

【任务下达】

由账套主管进行应付业务处理。

2024年1月10日,收到中国农业银行通知,YHHP20231001号银行汇票已到期,并于当日支付票款。

【任务指引】

① 在企业应用平台的业务工作中,执行"财务会计"|"应付款管理"|"票据管理"|"票据列表"命令,进入"应付票据列表"窗口。

② 单击"查询"按钮,选择票据编号为YHHP20231001的银行汇票,再单击"结算"按钮,打开"票据结算"对话框。

票据管理

③ 设置结算日期为"2024-01-10",在结算科目中参照选择"10020101银行存款/农业银行/人民币户",如图6-27所示。

图6-27　票据结算

④ 单击"确定"按钮,系统弹出"是否立即制单"信息提示,单击"是"按钮。

⑤ 进入"填制凭证"窗口,设置凭证类别为"付款凭证",单击"保存"按钮,生成凭证。

【任务解析】

可以在票据管理中对银行承兑汇票和商业承兑汇票进行管理,其主要功能是记录票据详细信息和票据处理情况。如果要进行票据登记簿管理,必须将应付票据科目设置为带有供应商往来辅助核算的科目。

当开具银行承兑汇票或商业承兑汇票时,应将该汇票在应付款管理系统的票据管理中录入。系统会根据票据自动生成一张付款单,用户可以对付款单进行查询,并可以与应付单据进行核销勾对,冲减供应商应付账款。在票据管理中,还可以对该票据进行计息、贴现、转出、结算、背书等处理。

6.3.3 预付冲应付转账业务

【任务下达】

由账套主管进行应付业务处理。

(1) 10日，开出转账支票一张，金额为150 000元，票号为20240604，作为从天和公司预购主板套装B的订金。

(2) 11日，用支付给天和公司的150 000元订金冲抵其1月6日的货款及运费135 700元。

【任务指引】

1. 输入一张付款单全部作为预付款

① 1月10日，在企业应用平台的业务工作中，执行"财务会计"|"应付款管理"|"付款处理"|"付款单据录入"命令，进入"付款单据录入"窗口。

② 单击"增加"按钮，设置供应商为"天和"、结算方式为"转账支票"，票据号为"20240604"、金额为150 000，摘要为"预付商品订金"。

输入付款单

③ 在表体中，修改第1行款项类型为"预付款"，单击"保存"按钮。

④ 单击"审核"按钮，按照系统提示生成预付凭证。

2. 预付冲应付

① 1月11日，在企业应用平台的业务工作中，执行"财务会计"|"应付款管理"|"转账"|"预付冲应付"命令，打开"预付冲应付"对话框。

② 输入日期"2014-01-11"。

预付冲应付

③ 打开"预付款"选项卡，选择供应商"天和"，单击"过滤"按钮，系统列出该供应商的预付款，输入转账金额"135 700"，如图6-28所示。

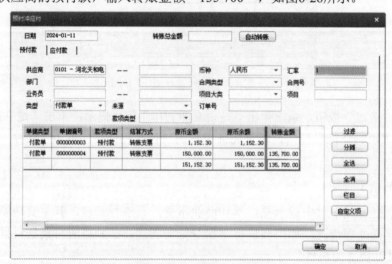

图6-28 预付冲应付—预付款

④ 打开"应付款"选项卡，单击"过滤"按钮，系统列出该供应商的应付款，输入转账金额"135 600"和"100"，如图6-29所示。

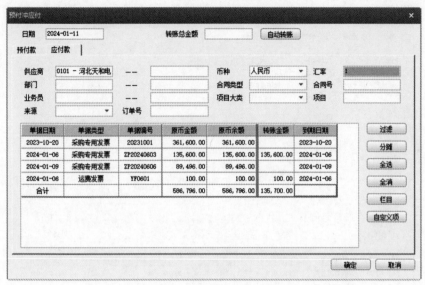

图6-29　预付冲应付—应付款

⑤ 单击"确定"按钮，系统弹出"是否立即制单"信息提示，单击"是"按钮，生成对应的转账凭证。

【任务解析】

转账处理是指在日常业务处理中经常发生的应付冲应收、应付冲应付、预付冲应付及红票对冲的业务处理。

预付冲应付是指处理供应商的预付款和该供应商应付欠款的转账核销业务。也就是说，当某一个供应商有预付款时，可用该供应商的一笔预付款冲其一笔应付款。

6.3.4　应付冲应付转账业务

【任务下达】

由账套主管进行应付业务处理。

11日，经三方协商一致，将期初应付给天和公司的361 600元货款转为应付给安捷公司的往来款。

【任务指引】

① 1月11日，在企业应用平台的业务工作中，执行"财务会计"|"应付款管理"|"转账"|"应付冲应付"命令，进入"应付冲应付"窗口。

② 输入日期"2014-01-11"，在转出中选择供应商"天和"，单击"查询"按钮，系统列出转出供应商"天和"未核销的应付款。

③ 在转入中选择供应商"安捷"。

④ 在第一行采购专用发票的"并账金额"处输入"361 600"，如图6-30所示。

⑤ 单击"确认"按钮。系统弹出"是否立即制单"信息提示。单击"是"按钮，生成应付冲应付凭证。

应付冲应付

图6-30　应付冲应付

【任务解析】

应付冲应付是指将一家供应商的应付款转到另一家供应商中。通过应付冲应付功能可将应付款业务在供应商之间进行转入、转出，实现应付业务的调整，解决应付款业务在不同供应商之间入错户或合并户的问题。

6.3.5　单据及报表查询

【任务下达】

由账套主管查询1月份应付单据及报表。

(1) 查询供应商"安捷"的对账单。

(2) 查询1月份填制的全部付款单。

【任务指引】

1. 查询供应商对账单

① 在企业应用平台的业务工作中，执行"财务会计"|"应付款管理"|"对账"|"对账单"命令，打开"查询条件-应付对账单"对话框。

② 选择供应商"安捷"，单击"确定"按钮，进入"应付对账单"窗口，如图6-31所示。

查询供应商
对账单

图6-31 应付对账单

2. 查询全部付款单

① 在企业应用平台的业务工作中,执行"财务会计"│"应付款管理"│"付款处理"│"收付款单查询"命令,进入"收付款单查询"窗口。

② 单击工具栏中的"查询"按钮,打开"查询条件-收付款单过滤"对话框。

③ 设置单据类型为"付款单",在"包含余额=0"处选择"是",单击"确定"按钮,查询结果如图6-32所示。

查询全部
付款单

序号	☐	单据日期	单据类型	单据编号	供应商	币种	汇率	原币金额	原币余额
1	☐	2024-01-06	付款单	0000000001	天津安捷科技有限公司	人民币	1.00000000	10,848.00	0.00
2	☐	2024-01-06	付款单	0000000002	河北天和电子科技有限公司	人民币	1.00000000	4,520.00	0.00
3	☐	2024-01-10	付款单	0000000003	河北天和电子科技有限公司	人民币	1.00000000	6,000.00	1,152.30
4	☐	2024-01-10	付款单	0000000004	河北天和电子科技有限公司	人民币	1.00000000	150,000.00	14,300.00
5		小计						171,368.00	15,452.30
6		合计						171,368.00	15,452.30

收付款单列表

图6-32 付款单查询结果

【任务解析】

应付款管理系统的一般查询主要包括单据查询、凭证查询及账款查询等。用户在各种查询结果的基础上可以进行各项统计分析。统计分析包括欠款分析、账龄分析、综合分析及付款预测分析等。通过统计分析,可以按用户定义的账龄区间,进行一定期间内应付账款账龄分析、付款账龄分析、往来账龄分析,了解各供应商应付款的周转天数、周转率,以及各账龄区间内的应付款、付款及往来情况,以便及时发现问题,加强对往来款项的动态管理。

6.3.6 账套备份

【任务下达】

将012账套输出至"D:\012账套备份\采购与应付业务"文件夹中。

【任务指引】

略。

项目 7

销售与应收业务

任务7.1 销售与应收认知

7.1.1 销售管理认知

销售是企业生产经营的实现过程。用友U8+销售管理系统主要用于处理销售报价、销售订货、销售发货、销售开票、销售调拨、销售退回、委托代销、零售等业务，根据审核后的发票或发货单自动生成销售出库单，处理随同货物销售所发生的各种代垫费用，以及在货物销售过程中发生的各种销售支出。

在销售管理系统中，可以处理的业务类型有普通销售、委托代销、直运销售、分期收款销售、销售调拨及零售等。

7.1.2 应收款管理认知

应收款管理就是对企业与客户的往来账款进行核算与管理。在应收款管理系统中以销售发票、其他应收单等原始单据为依据，记录销售业务及其他业务形成的应收款项，处理应收款项的收款、核销等情况；提供票据处理的功能。

任务7.2 销售管理实务

7.2.1 普通销售业务

【任务下达】

由账套主管进行1月份销售业务处理。

(1) 2024年1月10日，上海百脑汇商贸有限公司想购买50台天骄A，向销售部了解价格。

销售部报价为6 000元/台。填制并审核报价单。

(2) 2024年1月10日，该客户了解情况后，要求订购50台，商定发货日期为2024年1月12日。填制并审核销售订单。

(3) 2024年1月12日，销售部从成品库向百脑汇公司发出其所订货物，并据此开具专用销售发票一张，发票号为ZP20240701。

(4) 2024年1月12日，业务部门将销售发票交给财务部门，财务部门结转此业务的收入及成本。

(5) 2024年1月12日，财务部收到百脑汇公司转账支票一张，支票号为20240701，金额为339 000元。据此填制收款单并制单。

【任务指引】

1. 在销售管理系统中填制并审核报价单

① 2024年1月10日，以"宋淼"的身份进入企业应用平台，在业务工作中执行"供应链"|"销售管理"|"销售报价"|"销售报价单"命令，进入"销售报价单"窗口。

普通销售业务-
填制并审核报
价单

② 单击"增加"按钮，输入日期为"2024-01-10"、销售类型为"普通销售"，选择客户简称为"百脑汇"、销售部门为"销售部"。

③ 设置货物名称为"天骄A"、数量为"50"、报价为"6 000"。

④ 单击"保存"按钮，再单击"审核"按钮，保存并审核报价单，如图7-1所示。

图7-1 填写销售报价单并审核

2. 在销售管理系统中填制并审核销售订单

① 执行"供应链"|"销售管理"|"销售订货"|"销售订单"命令，进入"销售订单"窗口。

② 单击"增加"按钮，再单击"参照"下三角按钮，选择"报价单"选项，打开"查询条件-订单参照报价单"对话框。

普通销售业务-
填制并审核销售
订单

③ 单击"确定"按钮，进入"参照生单"窗口，选择相应的报价单，在下方选择要参照的记录行，单击"确定"按钮，将报价单信息带入销售订单。

④ 修改销售订单表体中的"预发货日期"为"2024-01-12"。

⑤ 单击"保存"按钮，再单击"审核"按钮，保存并审核销售订单，如图7-2所示。

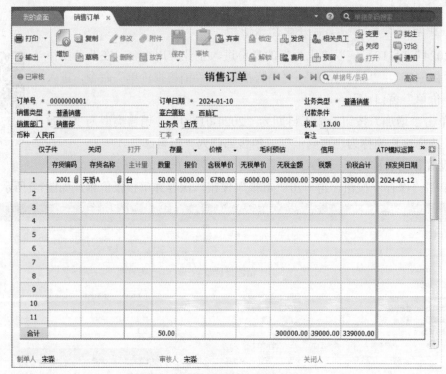

图7-2 根据报价单生成销售订单

3. 在销售管理系统中填制并审核销售发货单

① 2024年1月12日，以"宋淼"的身份进入企业应用平台，在业务工作中执行"供应链"|"销售管理"|"销售发货"|"发货单"命令，进入"发货单"窗口。

普通销售业务-
填制并审核销售
发货单

② 单击"增加"按钮，打开"查询条件-参照订单"对话框，单击"确定"按钮，进入"参照生单"窗口，选择相关的销售订单，单击"确定"按钮，将销售订单信息带入发货单。

③ 输入发货日期"2014-01-12"，选择仓库"成品库"。

④ 单击"保存"按钮，再单击"审核"按钮，保存并审核发货单，如图7-3所示。

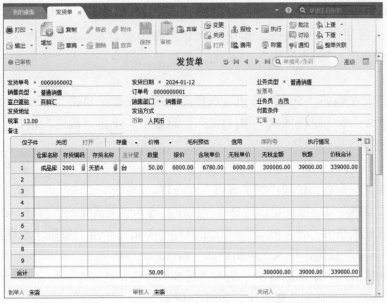

图7-3 根据销售订单生成销售发货单

4. 在销售管理系统中根据发货单填制并复核销售发票

① 执行"供应链"｜"销售管理"｜"销售开票"｜"销售专用发票"命令，进入"销售专用发票"窗口。

② 单击"增加"下三角按钮，选择"发货单"，打开"查询条件-发票参照发货单"对话框，单击"确定"按钮，进入"参照生单"窗口。选择要参照的发货单，单击"确定"按钮，将发货单信息带入销售专用发票。

③ 修改发票号为"ZP20240701"，单击"保存"按钮。单击"复核"按钮，复核销售专用发票，如图7-4所示。

普通销售业务-
填制并复核销售
发票

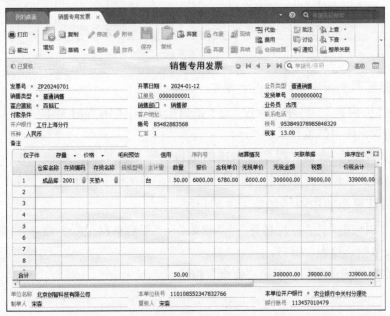

图7-4 根据销售发货单生成销售发票

5. 在应收款管理系统中审核销售专用发票并生成销售收入凭证

① 在企业应用平台的业务工作中，执行"财务会计"｜"应收款管理"｜"应收处理"｜"销售发票"｜"销售发票审核"命令，进入"销售发票审核"窗口。

普通销售业务-
审核销售发票并
生成凭证

② 单击窗口左侧的"查询"按钮，选择要审核的单据，单击"审核"按钮，系统弹出"本次审核成功单据[1]张"信息提示，单击"确定"按钮返回，关闭当前窗口。

③ 在企业应用平台的业务工作中，执行"财务会计"｜"应收款管理"｜"凭证处理"｜"生成凭证"命令，打开"制单查询"对话框。

④ 勾选"发票"复选框，单击"确定"按钮，进入"生成凭证"窗口。

⑤ 设置凭证类别为"转账凭证"，在工具栏中单击"全选"按钮，选择窗口中的所有单据。单击"制单"按钮，进入"填制凭证"窗口。

⑥ 修改制单日期，输入附件数，单击"保存"按钮，凭证左上角显示"已生成"红字标记，表示已将凭证传递到总账系统，如图7-5所示。

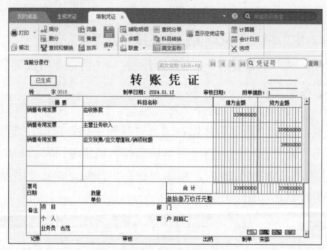

图7-5 生成销售收入凭证

6. 在库存管理系统中审核销售出库单

① 执行"供应链"｜"库存管理"｜"销售出库"｜"销售出库单"命令，进入"销售出库单"窗口。

普通销售业务-
审核销售
出库单

② 单击"翻页"按钮，找到要审核的销售出库单，单击"审核"按钮，系统弹出"该单据审核成功！"信息提示，单击"确定"按钮返回。

7. 在存货核算系统中对销售专用发票记账

① 执行"供应链"｜"存货核算"｜"记账"｜"正常单据记账"命令，进入"未记账单据一览表"窗口。

普通销售业务-
销售专用发票
记账

② 选择仓库"成品库"，单击"查询"按钮。

③选择要记账的单据，单击"记账"按钮，系统弹出"记账成功"信息提示。

④单击"确定"按钮，完成后单据不在窗口中显示。

8. 在应收款管理系统中录入收款单并制单

①在企业应用平台的业务工作中，执行"财务会计"|"应收款管理"|"收款处理"|"收款单据录入"命令，进入"收款单据录入"窗口。

②单击"增加"按钮，输入收款单信息。

③单击"保存"按钮，再单击"审核"按钮，系统弹出"是否立即制单？"信息提示，单击"是"按钮。

④在"填制凭证"窗口，单击"保存"按钮，如图7-6所示。

普通销售业务-
录入收款单并
制单

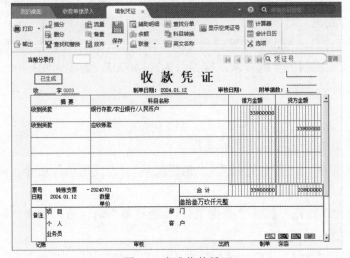

图7-6 生成收款凭证

⑤关闭"填制凭证"窗口，返回"收款单据录入"窗口。单击"核销"按钮，打开"核销条件"对话框。单击"确定"按钮，进入"手工核销"窗口，在窗口下方2024-01-12销售专用发票的"本次结算"栏中输入339 000，如图7-7所示。单击"确认"按钮，核销完成的单据不再显示。

图7-7 手工核销

> ❖ **提示：**
>
> ◇ 发货单中的"扣率"和"扣率2"两个项目可用来处理商业折扣。当销售选项中的取价方式为价格政策、最新售价时自动带入相关扣率，也可自行输入扣率。
> ◇ 可选择多张发货单开具一张销售发票，也可以将一张发货单分次开票。分次开票时，需注意参照发货单生成发票后要修改发票上的数量。

7.2.2 现结业务

【任务下达】

(1) 2024年1月12日，销售部向麦加公司出售30台天骄A，报价(无税单价)为每台6 000元，货物从成品库发出。

(2) 2024年1月12日，根据上述发货单开具专用发票一张，发票号为ZP20240702，同时收到客户以转账支票支付的全部货款，票据号为20240702，金额为203 400元。

(3) 进行现结制单处理。

【任务指引】

1. 在销售管理系统中填制并审核发货单

① 执行"供应链"|"销售管理"|"销售发货"|"发货单"命令，进入"发货单"窗口。

② 单击"增加"按钮，打开"查询条件-参照订单"对话框，单击"取消"按钮，返回"发货单"窗口。

现结业务-
填制并审核
发货单

③ 输入发货日期"2014-01-12"、客户简称"麦加"、销售部门"销售部"。

④ 选择仓库"成品库"；输入存货名称"天骄A"、数量"30"、报价"6 000"。

⑤ 单击"保存"按钮，再单击"审核"按钮，保存并审核发货单。

2. 在库存管理系统中查询并审核销售出库单

① 执行"供应链"|"库存管理"|"销售出库"|"销售出库单"命令，进入"销售出库单"窗口。

② 单击"末张"按钮，找到根据销售发票自动生成的销售出库单，单击"审核"按钮，审核单据。

3. 在销售管理系统中根据发货单生成销售专用发票并执行现结

① 执行"供应链"|"销售管理"|"销售开票"|"销售专用发票"命令，进入"销售专用发票"窗口。

② 单击"增加"下三角按钮，选择"发货单"，打开"查询条件-发票参照发货单"对话框，单击"确定"按钮，进入"参照生单"窗口。

现结业务-生成
销售发票并
现结

③ 选择相应的发货单，单击"确定"按钮，根据发货单生成销售专用发票，修改发票号为"ZP20240702"，单击"保存"按钮。

④ 在"销售专用发票"窗口，单击"现结"按钮，打开"现结"对话框。选择结算方式为"转账支票"，输入结算金额为"203 400"，输入票据号为"20240702"，如图7-8所

示。单击"确定"按钮返回，销售专用发票左上角显示"现结"标志。

⑤ 单击"复核"按钮，对现结发票进行复核。

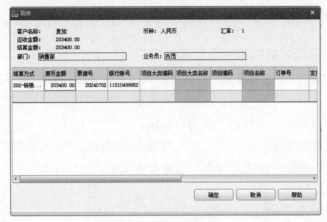

图7-8 销售发票现结

4. 在应收款管理系统中进行销售发票审核并根据现结制单生成凭证

① 在企业应用平台的业务工作中，执行"财务会计"|"应收款管理"|"应收处理"|"销售发票"|"销售发票审核"命令，进入"销售发票审核"窗口。

② 单击窗口左侧的"查询"按钮，选择相应的销售专用发票，单击"审核"按钮，完成销售专用发票的审核。

现结业务-审核
发票并生成
凭证

③ 执行"财务会计"|"应收款管理"|"凭证处理"|"生成凭证"命令，打开"制单查询"对话框

④ 勾选"现结"复选框，单击"确定"按钮，进入"生成凭证"窗口。

⑤ 选择需要制单的单据，选择凭证类别为"收款凭证"，输入制单日期，单击"制单"按钮，生成收款凭证。

⑥ 确定修改无误后，单击"保存"按钮，凭证左上角出现"已生成"红色标记，表示凭证已传递到总账系统，如图7-9所示。

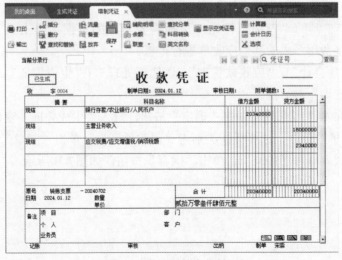

图7-9 现结制单生成凭证

❖ **提示：**

◇　应在销售发票复核前进行现结处理。

◇　复核销售发票后才能在应收款管理系统中进行"现结"制单。

5. 在存货核算系统中对销售专用发票记账

① 执行"供应链"|"存货核算"|"记账"|"正常单据记账"命令，进入"未记账单据一览表"窗口。

② 选择仓库"成品库"，单击"查询"按钮。

③ 选择需要记账的单据，单击"记账"按钮，系统弹出"记账成功"信息提示。

④ 单击"确定"按钮，完成后单据不在窗口中显示。

7.2.3　代垫费用处理

【任务下达】

2024年1月12日，销售部在向麦加公司销售商品的过程中发生了一笔代垫的邮寄费200元。客户尚未支付该笔款项。

【任务指引】

1. 在销售管理系统中填制并审核代垫费用单

① 执行"供应链"|"销售管理"|"代垫费用"|"代垫费用单"命令，进入"代垫费用单"窗口。

② 单击"增加"按钮，输入代垫日期"2014-01-12"、客户简称"麦加"、销售部门"销售部"、费用项目"代垫邮寄费"、代垫金额"200"，保存并审核。

代垫费用处理-
填制代垫费用单
并审核

2. 在应收款管理系统中对代垫费用单进行审核并生成凭证

① 执行"财务会计"|"应收款管理"|"应收处理"|"应收单"|"应收单审核"命令，进入"应收单审核"窗口。

② 单击窗口左侧的"查询"按钮，选择需要审核的单据，单击"审核"按钮，对代垫费用形成的其他应收单进行审核。

代垫费用处理-
审核代垫费用单
并生成凭证

③ 执行"财务会计"|"应收款管理"|"凭证处理"|"生成凭证"命令，打开"制单查询"对话框。

④ 勾选"应收单"复选框，单击"确定"按钮，进入"生成凭证"窗口。

⑤ 选择要制单的单据，选择凭证类别为"付款凭证"，单击"制单"按钮，生成一张付款凭证，输入贷方科目"1001"，单击"保存"按钮，如图7-10所示。

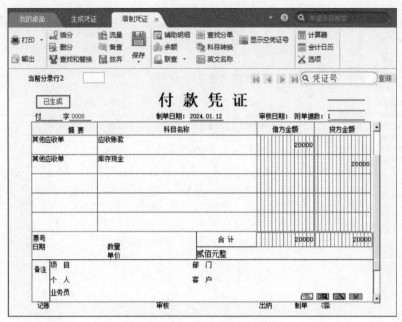

图7-10 代垫费用制单生成凭证

【任务解析】

代垫费用是指在销售业务中随货物销售所发生的暂时代垫将来需向客户收取的费用项目，如运杂费、保险费等。

代垫费用实际上形成了企业对客户的应收款。在U8+销售管理系统中可以通过代垫费用单记录代垫费用的形成，之后在应收款管理系统中进行应收单的审核及收款核销处理。

7.2.4 开票直接发货销售业务

【任务下达】

2024年1月12日，销售部向天津中新商贸有限公司出售8台天骄B计算机，报价为每台7 200元，货物从成品库发出，并据此开具销售普通发票一张，发票号为PP20240701。财务部门据此结转收入。

【任务指引】

1. 填制销售普通发票并复核

① 执行"供应链"|"销售管理"|"销售开票"|"销售普通发票"命令，进入"销售普通发票"窗口。

② 单击"增加"按钮，打开"查询条件-参照订单"对话框。单击"取消"按钮，返回"销售普通发票"窗口。

填制销售普通发票并复核

③ 按"任务下达"中给定的资料输入销售普通发票的内容，输入完成后单击"保存"按钮，再单击"复核"按钮，复核销售普通发票，如图7-11所示。

图7-11　填制销售普通发票并复核

2. 在销售管理系统中查询销售发货单

① 执行"供应链"｜"销售管理"｜"销售发货"｜"发货单"命令，进入"发货单"窗口。

② 利用"翻页"按钮，查询根据销售普通发票自动生成的发货单。

查询销售发货单

3. 在库存管理系统中查询并审核销售出库单

① 执行"供应链"｜"库存管理"｜"销售出库"｜"销售出库单"命令，进入"销售出库单"窗口。

② 单击"末张"按钮 ▶|，找到根据销售发票自动生成的销售出库单，单击"审核"按钮，审核单据。

查询并审核销售
出库单

4. 在应收款管理系统中对销售发票进行审核并生成凭证

① 在企业应用平台的业务工作中，执行"财务会计"｜"应收款管理"｜"应收处理"｜"销售发票"｜"销售发票审核"命令，进入"销售发票审核"窗口。

② 单击窗口左侧的"查询"按钮，选择相应的销售普通发票，单击"审核"按钮，完成销售普通发票的审核。

③ 执行"财务会计"｜"应收款管理"｜"凭证处理"｜"生成凭证"命令，打开"制单查询"对话框

④ 勾选"发票"复选框，单击"确定"按钮，进入"生成凭证"窗口。

⑤ 选择需要制单的单据行，选择凭证类别为"转账凭证"，输入制单日期，单击"制

单"按钮，进入"填制凭证"窗口，生成转账凭证。

⑥ 确定修改无误后，单击"保存"按钮，凭证左上角出现"已生成"红色标记，表示凭证已传递到总账系统。

5. 在存货核算系统中对销售普通发票记账

① 执行"供应链"｜"存货核算"｜"记账"｜"正常单据记账"命令，进入"未记账单据一览表"窗口。

② 选择仓库"成品库"，单击"查询"按钮。

③ 选择需要记账的单据，单击"记账"按钮，系统弹出"记账成功"信息提示。

④ 单击"确定"按钮，完成后单据不在窗口中显示。

【任务解析】

开票直接发货的起点是开具销售发票，根据销售发票生成销售发货单，根据发货单生成销售出库单。

7.2.5　分期收款业务

【任务下达】

(1) 2024年1月12日，销售部向麦加公司出售10台天骄A，由成品库发货，报价为每台6 000元。客户要求以分期付款的形式购买该商品。经协商，客户分两次付款，并据此开具相应销售专用发票。第一次开具的专用发票数量为6台，发票号为ZP20240703。

(2) 业务部门将该业务涉及的出库单及销售发票交给财务部门，财务部门据此结转收入及成本。

【任务指引】

1. 在销售管理系统中填制并审核发货单

① 执行"供应链"｜"销售管理"｜"销售发货"｜"发货单"命令，进入"发货单"窗口。

② 单击"增加"按钮，打开"查询条件-参照订单"对话框，单击"取消"按钮，返回"发货单"窗口。

分期收款业务-
填制并审核
发货单

③ 输入发货日期"2014-01-12"、业务类型"分期收款"、客户简称"麦加"、销售部门"销售部"。

④ 选择仓库"成品库"；输入存货名称"天骄A"、数量"10"、报价"6 000"。

⑤ 单击"保存"按钮，再单击"审核"按钮，保存并审核发货单。

2. 在库存管理系统中查询并审核销售出库单

① 执行"供应链"｜"库存管理"｜"销售出库"｜"销售出库单"命令，进入"销售出库单"窗口。

② 单击"末张"按钮 ，找到根据销售发票自动生成的销售出库单，单击"审核"按钮，审核单据。

3. 在存货核算系统中执行发出商品记账

① 执行"供应链"|"存货核算"|"记账"|"发出商品记账"命令，进入"未记账单据一览表"窗口。

分期收款业务-
发出商品
记账

② 选择仓库"成品库"、单据类型"发货单"，单击"查询"按钮，系统显示符合条件的单据。

③ 选择需要记账的单据，单击"记账"按钮，系统弹出"记账成功"信息提示。

④ 单击"确定"按钮，完成后单据不在窗口中显示。

4. 在销售管理系统中根据发货单生成销售专用发票并复核

① 执行"供应链"|"销售管理"|"销售开票"|"销售专用发票"命令，进入"销售专用发票"窗口。

分期收款业务-
生成销售专用发
票并复核

② 单击"增加"下三角按钮，选择"发货单"，打开"查询条件-发票参照发货单"对话框，设置业务类型为"分期收款"，如图7-12所示。

图7-12　分期收款查询条件

③ 单击"确定"按钮，进入"参照生单"窗口。选择要参照的发货单，单击"确定"按钮，将发货单信息带入销售专用发票。

④ 修改发票号为"ZP20240703"、数量为"6"，单击"保存"按钮。单击"复核"按钮，复核销售专用发票，如图7-13所示。

图7-13　复核销售专用发票

5. 在应收款管理系统中审核销售专用发票并生成应收凭证

① 在企业应用平台的业务工作中，执行"财务会计"｜"应收款管理"｜"应收处理"｜"销售发票"｜"销售发票审核"命令，进入"销售发票审核"窗口。

② 单击窗口左侧的"查询"按钮，选择要审核的单据，单击"审核"按钮，系统弹出"本次审核成功单据[1]张"信息提示，单击"确定"按钮返回。

③ 执行"财务会计"｜"应收款管理"｜"凭证处理"｜"生成凭证"命令，打开"制单查询"对话框。

④ 勾选"发票"复选框，单击"确定"按钮，进入"生成凭证"窗口。

⑤ 设置凭证类别为"转账凭证"，在工具栏中单击"全选"按钮，选择窗口中的所有单据。单击"制单"按钮，进入"填制凭证"窗口。

⑥ 修改制单日期，输入附件数，单击"保存"按钮，将凭证传递到总账系统。

6. 在存货核算系统中对销售发票进行记账

① 执行"供应链"｜"存货核算"｜"记账"｜"发出商品记账"命令，进入"未记账单据一览表"窗口。

② 设置仓库为"成品库"、单据类型为"销售发票"；单击"查询"按钮，选择要记账的单据，单击"记账"按钮，完成记账。

分期收款业务-
记账

【任务解析】

分期收款销售业务是指将货物一次发给客户，分期收回货款，收入与成本按照收款情况分期确定。分期收款销售的特点：一次发货，当时不确定收入，分次确定收入，在确定收入的同时配比性地结转成本。

分期收款业务的订货、发货、出库、开票等处理与普通销售业务相同，只是业务类型应为"分期收款"。

7.2.6 委托代销业务

【任务下达】

(1) 2024年1月12日，销售部委托上海百脑汇商贸有限公司代为销售50台天骄A，无税售价为每台6 000元，货物从成品仓库发出。

(2) 2024年1月13日，收到百脑汇公司的委托代销清单一张，结算15台，售价为每台6 100元，立即开具销售专用发票给百脑汇公司。

(3) 2024年1月13日，业务部门将该业务涉及的出库单及销售发票交给财务部门，财务部门据此结转收入。

【任务指引】

1. 委托代销发货处理

① 填制并审核委托代销发货单。在企业应用平台的业务工作中，执行"供应链"|"销售管理"|"委托代销"|"委托代销发货单"命令，进入"委托代销发货单"窗口，单击"增加"按钮，打开"查询条件-参照订单"对话框，单击"取消"按钮，返回"委托代销发货单"窗口，按"任务下达"中给定的资料填制并审核委托代销发货单。

委托代销
发货处理

② 审核销售出库单。执行"供应链"|"库存管理"|"销售出库"|"销售出库单"命令，进入"销售出库单"窗口。单击"末张"按钮 ⏭，找到根据委托代销发货单自动生成的销售出库单，单击"审核"按钮，审核单据。

③ 在存货核算系统中对销售出库单进行记账。执行"供应链"|"存货核算"|"记账"|"发出商品记账"命令，进入"未记账单据一览表"窗口。设置仓库为"成品库"、单据类型为"发货单"，单击"查询"按钮，系统显示符合条件的单据。选择需要记账的单据，单击"记账"按钮，系统弹出"记账成功"信息提示。单击"确定"按钮，完成后单据不在窗口中显示。

2. 委托代销结算处理

① 2024年1月13日，以"宋淼"的身份进入企业应用平台，在"业务工作"中执行"供应链"|"销售管理"|"委托代销"|"委托代销结算单"命令，进入"委托代销结算单"窗口。

委托代销
结算处理

② 单击"增加"按钮，打开"查询条件-委托结算参照发货单"对话框，单击"确定"按钮，进入"参照生单"窗口。

③ 选择相应的委托单据，单击"确定"按钮，将信息带回"委托代销结算单"窗口。

④ 修改委托代销结算数量为"15"、无税单价为"6 100"，单击"保存"按钮，如图7-14所示。

图7-14　委托代销结算单

⑤ 单击"审核"按钮，打开"请选择发票类型"对话框。选中"专用发票"单选按钮，单击"确定"按钮后退出。

⑥ 执行"供应链"｜"销售管理"｜"销售开票"｜"销售专用发票"命令，进入"销售专用发票"窗口，单击"末张"按钮 ，找到根据委托代销结算单生成的销售专用发票并复核。

⑦ 执行"财务会计"｜"应收款管理"｜"应收处理"｜"销售发票"｜"销售发票审核"命令，进入"销售发票审核"窗口，单击窗口左侧的"查询"按钮，选择要审核的单据，单击"审核"按钮，系统弹出"本次审核成功单据[1]张"信息提示，单击"确定"按钮返回。

⑧ 执行"财务会计"｜"应收款管理"｜"凭证处理"｜"生成凭证"命令，打开"制单查询"对话框。勾选"发票"复选框，单击"确定"按钮，进入"生成凭证"窗口。设置凭证类别为"转账凭证"，在工具栏中单击"全选"按钮，选择窗口中的所有单据。单击"制单"按钮，进入"填制凭证"窗口。修改制单日期，输入附件数，单击"保存"按钮，将凭证传递到总账系统。

3. 在存货核算系统中对销售专用发票记账

① 执行"供应链"｜"存货核算"｜"记账"｜"发出商品记账"命令，进入"未记账单据一览表"窗口。

② 设置仓库为"成品库"、单据类型为"销售发票"；单击"查询"按钮，选择要记账的单据，单击"记账"按钮，完成记账。

对销售专用
发票记账

【任务解析】

委托代销业务是指企业将商品委托他人进行销售但商品所有权仍归本企业的销售方式。委托代销商品销售后，受托方与企业进行结算，开具正式的销售发票，形成销售收入，商品所有权转移。

委托代销结算单审核后，由系统自动生成相应的销售发票。系统可根据委托代销结算单生成"普通发票"或"专用发票"。

委托代销结算单审核后，由系统自动生成相应的销售出库单，并将其传递到库存管理系统。

7.2.7 销售退货业务

【任务下达】

开票前发生退货业务，由账套主管进行销售业务处理。

(1) 2024年1月13日，销售部向天津中新商贸有限公司出售8台天骄B，报价为每台7 200元，货物从成品库发出。

(2) 2024年1月14日，销售部出售给天津中新商贸有限公司的天骄B因质量问题被退回1台，售价为7 200元/台，收回成品库。

(3) 2024年1月14日，开具相应的专用发票一张，发票号为ZP20240704，数量为7台。财务部门据此结转收入。

【任务指引】

1. 在销售管理系统中填制并审核发货单

在企业应用平台的业务工作中，执行"供应链"|"销售管理"|"销售发货"|"发货单"命令，进入"发货单"窗口，单击"增加"按钮，填制并审核发货单。

2. 在库存管理系统中查询并审核销售出库单

执行"供应链"|"库存管理"|"销售出库"|"销售出库单"命令，审核销售出库单。

3. 在销售管理系统中填制并审核退货单

① 2024年1月14日，以"宋淼"的身份进入企业应用平台，在"业务工作"中执行"供应链"|"销售管理"|"销售发货"|"退货单"命令，进入"退货单"窗口。

② 单击"增加"下三角按钮，选择"发货单"，打开"查询条件-退货单参照发货单"对话框，选择退货类型为"未开发票退货"，如图7-15所示。

销售退货业务-
填制并审核
退货单

③ 单击"确定"按钮，进入"参照生单"窗口。选择要参照的发货单，单击"确定"按钮，将发货单信息带入退货单。

④ 修改数量为"-1"，单击"保存"按钮，再单击"审核"按钮，保存并审核退货单，如图7-16所示。

图7-15　选择退货类型

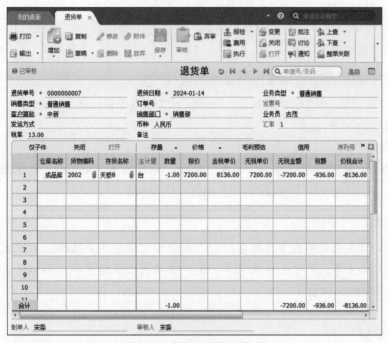

图7-16　保存并审核退货单

4. 在库存管理系统中查询并审核销售出库单

执行"供应链"|"库存管理"|"销售出库"|"销售出库单"命令，审核销售出库单。

5. 在销售管理系统中根据发货单填制销售专用发票并复核

① 执行"供应链"|"销售管理"|"销售开票"|"销售专用发票"命令，进入"销售专用发票"窗口。

② 单击"增加"下三角按钮，选择"发货单"，打开"查询条件-发

销售退货业务-
填制销售专用
发票并复核

票参照发货单"对话框,单击"确定"按钮,进入"参照生单"窗口。选择要参照的发货单,单击"确定"按钮,将发货单信息带入销售专用发票。

③ 修改发票号为"ZP20240704",单击"保存"按钮。单击"复核"按钮,复核销售专用发票。

6. 在应收款管理系统中对销售发票进行审核并生成凭证

① 在企业应用平台的业务工作中,执行"财务会计"|"应收款管理"|"应收处理"|"销售发票"|"销售发票审核"命令,进入"销售发票审核"窗口。

② 单击窗口左侧的"查询"按钮,选择相应的销售专用发票,单击"审核"按钮,完成对销售专用发票的审核。

③ 执行"财务会计"|"应收款管理"|"凭证处理"|"生成凭证"命令,打开"制单查询"对话框。

④ 勾选"发票"复选框,单击"确定"按钮,进入"生成凭证"窗口。

⑤ 选择需要制单的单据行,选择凭证类别为"转账凭证",输入制单日期,单击"制单"按钮,生成转账凭证。

⑥ 确定修改无误后,单击"保存"按钮,凭证左上角出现"已生成"红色标记,表示凭证已传递到总账系统。

7. 在存货核算系统中对销售专用发票记账

① 执行"供应链"|"存货核算"|"记账"|"正常单据记账"命令,进入"未记账单据一览表"窗口。

② 选择仓库"成品库",单击"查询"按钮。

③ 选择需要记账的单据,单击"记账"按钮,系统弹出"记账成功"信息提示。

④ 单击"确定"按钮,完成后单据不在窗口中显示。

> ❖ **提示:**
>
> ◇ 参照发货单生成销售专用发票时,需要勾选"全部"复选框。如果生成退货单时已参照发货单,则"选择发货单"窗口中不再出现退货单,而参照的结果是发货单与退货单的数量差。

【任务解析】

销售退货是指客户因货物质量、品种、数量不符合要求而将已购货物退回。销售退货业务涉及普通销售退货业务和委托代销退货业务的处理,分为开具发票前退货、开具发票后退货、委托代销结算前退货和委托代销结算后退货。不同阶段发生的退货业务其业务处理方式不完全相同。

7.2.8 一次销售分次出库

【任务下达】

(1) 2024年1月14日,销售部向山东蓝翔科技有限公司出售20台神州5,由成品库发货,报价为每台8 000元，同时开具普通发票一张，发票号为PP20240702。

(2) 2024年1月15日，客户根据发货单从成品库领出5台神州5。

(3) 2024年1月16日，客户根据发货单再从成品库领出15台神州5。

【任务指引】

1. 在销售管理系统中调整相关选项

① 2024年1月14日，以"宋淼"的身份进入企业应用平台，在"业务工作"中执行"供应链"｜"销售管理"｜"设置"｜"选项"命令，打开"销售选项"对话框。

② 在"业务控制"选项卡中，取消勾选"销售生成出库单"复选框，单击"确定"按钮返回。

一次销售分次出库-调整相关选项

2. 在销售管理系统中填制并审核发货单

在企业应用平台的业务工作中，执行"供应链"｜"销售管理"｜"销售发货"｜"发货单"命令，进入"发货单"窗口，单击"增加"按钮，填制并审核发货单。

3. 在销售管理系统中根据发货单开具销售普通发票并复核

① 执行"供应链"｜"销售管理"｜"销售开票"｜"销售普通发票"命令，进入"销售普通发票"窗口。

② 单击"增加"下三角按钮，选择"发货单"，打开"查询条件-发票参照发货单"对话框。单击"确定"按钮，进入"参照生单"窗口。

一次销售分次出库-开具并复核普通发票

③ 选择相应的发货单，单击"确定"按钮，返回"销售普通发票"窗口。

④ 修改发票号为"PP20240702"，单击"保存"按钮，再单击"复核"按钮，复核销售普通发票。

4. 在应收款管理系统中对销售发票进行审核并确定应收

① 在企业应用平台的业务工作中，执行"财务会计"｜"应收款管理"｜"应收处理"｜"销售发票"｜"销售发票审核"命令，进入"销售发票审核"窗口。

② 单击窗口左侧的"查询"按钮，选择相应的销售普通发票，单击"审核"按钮，完成销售普通发票的审核。

③ 执行"财务会计"｜"应收款管理"｜"凭证处理"｜"生成凭证"命令，打开"制单查询"对话框。

④ 勾选"发票"复选框，单击"确定"按钮，进入"生成凭证"窗口。

⑤ 选择需要制单的单据行，选择凭证类别为"转账凭证"，输入制单日期，单击"制单"按钮，生成转账凭证。

⑥ 确定修改无误后，单击"保存"按钮，凭证左上角出现"已生成"红色标记，表示凭证已传递到总账系统。

5. 在库存管理系统中根据发货单开具销售出库单

① 2024年1月15日，以"宋淼"的身份进入企业应用平台，在"业务工作"中执行"供应链"｜"库存管理"｜"销售出库"｜"销售出库单"命令，进入"销售出库单"窗口。

一次销售分次
出库-开具销售
出库单

② 单击"增加"下三角按钮，选择"销售发货单"，打开"查询条件-销售发货单列表"对话框。

③ 单击"确定"按钮，进入"销售生单"窗口，选择要参照的发货单，单击"确定"按钮，将发货单数据带回"销售出库单"窗口。

④ 修改表体中数量为"5"，单击"保存"按钮。

⑤ 单击"审核"按钮，系统弹出"该单据审核成功！"信息提示，单击"确定"按钮返回。

⑥ 同理，在1月16日填制并审核第2张销售出库单，出库数量为"15"。

⑦ 执行"供应链"｜"销售管理"｜"设置"｜"选项"命令，打开"销售选项"对话框。勾选"销售生成出库单"复选框，单击"确定"按钮返回。

6. 在存货核算系统中对销售普通发票记账

① 执行"供应链"｜"存货核算"｜"记账"｜"正常单据记账"命令，进入"未记账单据一览表"窗口。

② 选择仓库"成品库"，单击"查询"按钮。

③ 选择需要记账的单据，单击"记账"按钮，系统弹出"记账成功"信息提示。

④ 单击"确定"按钮，完成后单据不在窗口中显示。

【任务解析】

如果在"销售选项"对话框中勾选"销售生成出库单"复选框，那么销售发货单审核后直接生成销售出库单，即一次销售全部出库；如果一次销售分次出库，那么需要取消勾选该复选框，此时销售发货单审核后，需要在库存管理系统中参照发货单生成销售出库单，且出库单上的数量是可以修改的。修改该选项的前提是原操作模式下的单据(发货单、发票)必须全部审核。

7.2.9 查询报表

【任务下达】

由账套主管进行1月份销售报表查询。

(1) 查询销售统计表。

(2) 查询委托代销统计表。

(3) 查询发票使用明细表。

(4) 查询销售结构分析结果。

【任务指引】

1. 查询销售统计表

查询销售
统计表

① 在企业应用平台的业务工作中，执行"供应链"|"销售管理"|"报表"|"统计表"|"销售统计表"命令，打开"查询条件-销售统计表"对话框。

② 单击"确定"按钮，进入"销售统计表"窗口，查询结果如图7-17所示。

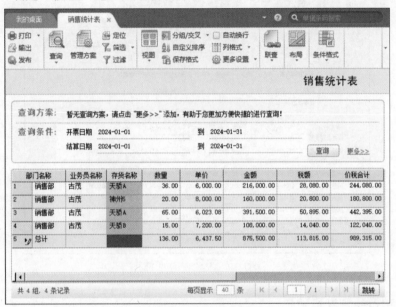

图7-17　销售统计表

2. 查询委托代销统计表

查询委托代销
统计表

① 执行"供应链"|"销售管理"|"报表"|"统计表"|"委托代销统计表"命令，打开"查询条件-委托代销统计表"对话框。

② 单击"确定"按钮，进入"委托代销统计表"窗口，查询结果如图7-18所示。

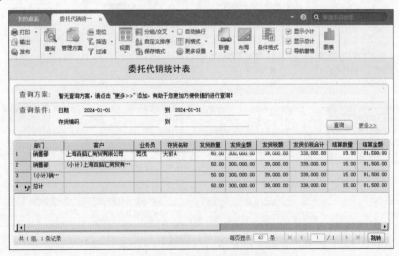

图7-18　委托代销统计表

3. 查询发票使用明细表

① 执行"供应链"|"销售管理"|"报表"|"明细表"|"发票使用明细表"命令，打开"查询条件-发票使用明细表"对话框。

② 单击"确定"按钮，进入"发票使用明细表"窗口，查询结果如图7-19所示。

查询发票使用
明细表

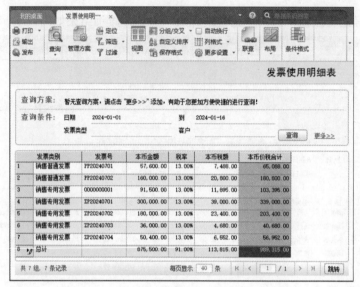

图7-19　发票使用明细表

4. 查询销售结构分析结果

① 执行"供应链"|"销售管理"|"报表"|"销售分析"|"销售结构分析"命令，打开"查询条件-销售结构分析"对话框。

② 单击"确定"按钮，进入"销售结构分析"窗口，查询结果如图7-20所示。

查询销售结构
分析结果

图7-20　销售结构分析结果

任务7.3　应收款管理实务

7.3.1　收款业务处理

【任务下达】

由账套主管进行1月份应收业务处理。

(1) 1月16日，收到天津中新商贸有限公司的转账支票一张，支票号为20240703，金额为65 088元。完全支付1月12日商品货款。

(2) 1月17日，收到银行通知，天津中新商贸有限公司以电汇方式转账100 000元，用于支付1月13日购买7台天骄B的货税款56 952元，剩余款项转为预收账款。

(3) 1月17日，销售部古茂收到上海百脑汇商贸有限公司转来的一张转账支票(转账支票号20240704)，金额为67 800元，提前预付10台天骄A型计算机货款。

【任务指引】

1. 输入一张收款单并完全核销应收款

① 在企业应用平台的业务工作中，执行"财务会计"|"应收款管理"|"收款处理"|"收款单据录入"命令，进入"收款单据录入"窗口。

② 单击"增加"按钮，输入收款单信息，单击"保存"按钮，如图7-21所示。

收款业务处理-
输入收款单
并完全核销应
收款

图7-21　填制收款单

③ 单击"审核"按钮，系统弹出"是否立即制单？"信息提示，单击"是"按钮，进入"填制凭证"窗口。

④ 在"填制凭证"窗口，单击"保存"按钮，保存凭证。

⑤ 关闭"填制凭证"窗口，返回"收款单据录入"窗口。单击"核销"按钮，打开"核销条件"对话框。单击"确定"按钮，进入"手工核销"窗口，在窗口下方2024-01-12销售普通发票的"本次结算"栏中输入65 088。单击"确认"按钮，核销完成的单据不再显示。

2. 输入一张收款单据，部分核销应收款，部分形成预收账款

① 2024年1月17日，以"宋淼"的身份进入企业应用平台，在业务工作中执行"财务会计"｜"应收款管理"｜"收款处理"｜"收款单据录入"命令，进入"收款单据录入"窗口。

收款业务处理-部分核销应收款部分形成预收账款

② 单击"增加"按钮，输入收款单信息。

③ 在表体第1行，设置款项类型为"应收款"、金额为"56 952"，在表体第2行，设置款项类型为"预收款"、金额为"43 048"，如图7-22所示。单击"保存"按钮。

图7-22　收款单部分为应收、部分为预收

④ 单击"审核"按钮，系统弹出"是否立即制单？"信息提示，单击"是"按钮，生成凭证并保存。

⑤ 关闭"填制凭证"窗口，返回"收款单据录入"窗口。单击"核销"按钮，打开"核销条件"对话框。单击"确定"按钮，进入"手工核销"窗口，在结算单据中，设置销售专用发票的"本次结算额"为56 952，单击"确认"按钮。

3. 输入一张收款单据，全部形成预收账款

① 在企业应用平台的业务工作中，执行"财务会计"｜"应收款管理"｜"收款处理"｜"收款单据录入"命令，进入"收款单据录入"窗口。

收款业务处理-全部形成预收账款

② 单击"增加"按钮，输入收款单信息。

③ 在表体第1行，设置款项类型为"预收款"，单击"保存"按钮。

④ 单击"审核"按钮，系统弹出"是否立即制单？"信息提示，单击"是"按钮，生成凭证并保存。

❖ 提示：

◇ 在录入收款单据内容时，结算方式、结算科目及金额不能为空。

◇ 系统自动生成的结算单据编号不能进行修改。

◇ 已核销的收款单据不允许修改和删除。

◇ 全部款项形成预收款的收款单，可在"收付款单查询"功能中查看。以后可通过"预收冲应收"和"核销"等操作使用此笔预收款。

◇ 《企业会计准则第14号—收入》指出，合同负债是指企业已收或应收客户对价而应向客户转让商品的义务，如企业在转让承诺的商品之前已收取的款项。企业因转让商品收到的预收款适用新收入准则进行会计处理时，使用"合同负债"科目，不再使用"预收账款"科目。本教材会计科目使用的是2007年新会计制度科目，没有"合同负债"科目。

7.3.2　票据贴现业务处理

【任务下达】

(1) 1月17日，收到百脑汇公司发来的一张商业承兑汇票(票号为SYHP20240701)，面值103 395元，出票日期为"2024-1-17"，到期日为"2024-3-17"。

(2) 1月18日，将2022年1月17日收到的百脑汇公司签发并承兑的商业承兑汇票(票号为SYHP20240701)送到银行贴现，贴现率为6%。

【任务指引】

1. 在应收款管理系统中录入商业承兑汇票

① 2024年1月17日，以"宋淼"的身份进入企业应用平台，在业务工作中执行"财务会计"｜"应收款管理"｜"票据管理"｜"票据录入"命令，进入"应收票据录入"窗口。

票据贴现业务-录入商业承兑汇票

② 单击"增加"按钮，录入票据编号：SYHP20240701；票据类型：商业承兑汇票；出票人：上海百脑汇商贸有限公司；出票日期：2024-1-17，到期日：2024-3-17；结算方式：商业承兑汇票；金额：103 395。

③ 单击"保存"按钮，如图7-23所示。

图7-23　商业承兑汇票录入

2. 在应收款管理系统中进行收款单据审核并生成凭证

① 执行"财务会计"|"应收款管理"|"收款处理"|"收款单据审核"命令，进入"收款单据审核"窗口。

② 单击窗口左侧的"查询"按钮，选择需要审核的收款单据，单击"审核"按钮完成审核。

③ 执行"财务会计"|"应收款管理"|"凭证处理"|"生成凭证"命令，打开"制单查询"对话框。

④ 勾选"收付款单"复选框，单击"确定"按钮，进入"生成凭证"窗口。

⑤ 选择凭证类别为"转账凭证"，在工具栏中单击"全选"按钮，选择窗口中的所有单据。单击"制单"按钮，进入"填制凭证"窗口。

⑥ 单击"保存"按钮，凭证左上角显示"已生成"红字标记，表示已将凭证传递到总账系统。

票据贴现业务-审核收款单并生成凭证

3. 在应收款管理系统中进行贴现处理

① 2024年1月18日，以"宋淼"的身份进入企业应用平台，在业务工作中执行"财务会计"|"应收款管理"|"票据管理"|"票据列表"命令，进入"应收票据列表"窗口。

② 单击窗口左侧的"查询"按钮，选择2024年1月17日填制的商业承兑汇票，单击"贴现"按钮，打开"票据贴现"对话框。

③ 在"贴现率"栏录入"6"，在"结算科目"栏录入"10020101"，如图7-24所示。

票据贴现业务-贴现处理

图7-24 票据贴现

④ 单击"确定"按钮，系统弹出"是否立即制单？"信息提示。

⑤ 单击"是"按钮，生成贴现的收款凭证，单击"保存"按钮，如图7-25所示。

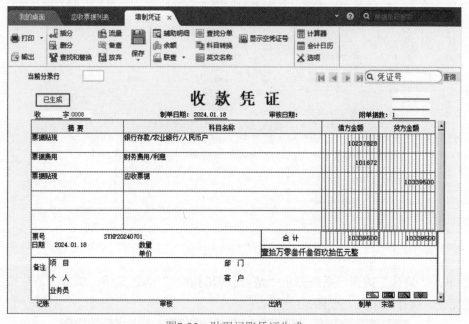

图7-25 贴现记账凭证生成

❖ 提示：

◇ 如果贴现净额大于余额，系统就会自动将其差额作为利息，不能修改；如果贴现净额小于票据余额，系统就会自动将其差额作为费用，不能修改。

◇ 票据贴现后，不能对其进行其他处理。

7.3.3 转账业务

【任务下达】

(1) 1月18日，将2023年11月10日为麦加公司代垫的运费300元转给中新公司。

(2) 1月18日，用中新公司1月17日的预付款冲抵应收款项300元。

【任务指引】

1. 应收冲应收

① 2024年1月18日,以"宋淼"的身份进入企业应用平台,在业务工作中执行"财务会计"|"应收款管理"|"转账"|"应收冲应收"命令,进入"应收冲应收"窗口。

转账业务-应收冲应收

② 设置转出客户为"麦加",单击"查询"按钮,系统列出转出客户——麦加公司未核销的应收款。

③ 设置转入客户为"中新",在日期为"2023-11-10"的其他应收单单据行的"并账金额"栏中输入"300",如图7-26所示。

图7-26　应收冲应收

④ 单击"确认"按钮,系统弹出"是否立即制单?"信息提示。单击"是"按钮,生成转账凭证,保存凭证后,如图7-27所示。

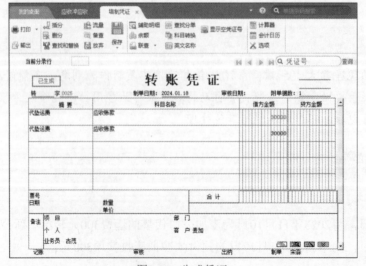

图7-27　生成凭证

2. 预收冲应收

① 在企业应用平台的业务工作中，执行"财务会计"|"应收款管理"|"转账"|"预收冲应收"命令，进入"预收冲应收"窗口。

转账业务-预收
冲应收

② 输入日期"2024-01-18"。

③ 打开"预收款"选项卡，选择客户"中新"。单击"过滤"按钮，系统列出该客户的预收款，在2024年1月17日收款单记录行的"转账金额"栏中输入"300"，如图7-28所示。

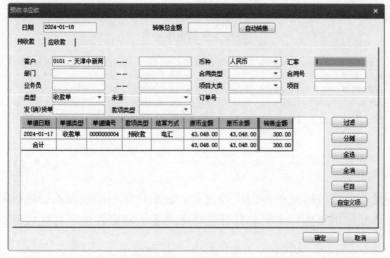

图7-28 预收冲应收

④ 打开"应收款"选项卡，单击"过滤"按钮，系统列出该客户的应收款，在2023年11月10日的其他应收单记录行的"转账金额"栏中输入"300"。

⑤ 单击"确定"按钮，系统弹出"是否立即制单？"信息提示。

⑥ 单击"是"按钮，生成凭证。

【任务解析】

转账处理主要包括在日常业务处理中经常发生的应收冲应付、应收冲应收、预收冲应收及红票对冲的业务处理。

7.3.4 坏账处理

【任务下达】

2024年1月19日，确认本月12日为麦加公司代垫的邮寄费200元为坏账，进行坏账处理。

【任务指引】

① 2024年1月19日，以"宋淼"的身份进入企业应用平台，在业务工作中执行"财务会计"|"应收款管理"|"坏账处理"|"坏账发生"命令，打开"坏账发生"对话框。

坏账处理

② 修改日期为"2024-01-19"，选择客户"麦加"，单击"确定"按钮，进入"坏账发生"窗口。

③ 系统在"坏账发生"窗口中列出了该客户所有未核销的应收单据。在2024年1月12日的其他应收单记录行的"本次发生坏账金额"栏中输入"200"，如图7-29所示。

④ 单击"确认"按钮，系统弹出"是否立即制单？"信息提示，单击"是"按钮，生成转账凭证。

单据类型	单据编号	单据日期	到期日	余额	部门	业务员	本次发生坏账金额
销售专用发票	20231101	2023-11-10	2023-11-10	395,500.00	销售部	古茂	
销售专用发票	ZP20240703	2024-01-12	2024-01-12	40,680.00	销售部	古茂	
其他应收单	0000000002	2024-01-12	2024-01-12	200.00	销售部	古茂	200
合　计				436,380.00			200.00

图7-29　坏账处理

【任务解析】

"坏账"是指购货方因某种原因不能付款，造成货款不能收回的信用风险。坏账处理就是对"坏账"采取的措施，主要包括计提坏账准备、坏账发生、坏账收回、生成输出催款单等。

7.3.5　单据及报表查询

【任务下达】

由账套主管查询1月份应收单据及报表。

(1) 查询客户对账单。

(2) 查询应收明细账。

(3) 查询欠款分析结果。

(4) 查询科目明细账—预收账款。

【任务指引】

1. 查询客户对账单

① 在企业应用平台的业务工作中，执行"财务会计"|"应收款管理"|"对账"|"对账单"命令，打开"查询条件-应收对账单"对话框。

② 选择客户"麦加"到"麦加"，单击"确定"按钮，进入"应收对账单"窗口，查询结果如图7-30所示。

查询客户
对账单

图7-30 客户对账单

2. 查询应收明细账

① 执行"财务会计"｜"应收款管理"｜"账表管理"｜"业务账表"｜"业务明细账"命令，打开"查询条件-应收明细账"对话框。

② 单击"确定"按钮，进入"应收明细账"窗口，查询结果如图7-31所示。

查询应收
明细账

图7-31 应收明细账

3. 查询欠款分析结果

① 执行"财务会计"｜"应收款管理"｜"账表管理"｜"统计分析"｜"欠款分析"命令，打开"欠款分析"对话框。

② 单击"确定"按钮，进入"欠款分析"窗口，查询结果如图7-32所示。

查询欠款
分析结果

图7-32　欠款分析结果

4. 查询科目明细账—预收账款

① 执行"财务会计"|"应收款管理"|"账表管理"|"科目账查询"|"科目明细账"命令，打开"科目明细账"对话框。

查询科目明细账—预收账款

② 选择查询表"科目明细账"，选择科目"预收账款"，单击"确定"按钮，进入"科目明细账"窗口，查询结果如图7-33所示。

图7-33　科目明细账—预收账款

7.3.6　账套备份

【任务下达】

将012账套输出至"D:\012账套备份\销售与应收业务"文件夹中。

【任务指引】

略。

项目 8

库存管理

任务8.1　库存管理认知

库存管理主要是对企业存货的收入、发出、结存数量进行管理，对采购入库、销售出库及库存管理系统中的各种出入库单据进行审核，形成各类库存账簿。库存管理系统可以提供出入库流水账、库存台账、受托代销商品备查簿、委托代销商品备查簿、呆滞积压存货备查簿供用户查询，同时提供各种统计汇总表。

库存管理系统除管理采购业务、销售业务形成的入库和出库业务外，还可以处理仓库间的调拨业务、盘点业务、组装拆卸业务、形态转换业务等。

库存管理系统支持批次跟踪、保质期管理、委托代销商品管理、不合格品管理、现存量(可用量)管理、安全库存管理，可对超储、短缺、呆滞积压、超额领料等情况进行报警。

任务8.2　库存管理实务

8.2.1　出库业务

【任务下达】

(1) 2024年1月19日，生产部从原料库领用材料用于生产，领用材料如表8-1所示。

表8-1　领用材料

存货编号	存货名称	单位	领用数量
1001	主板套装A	个	100
1003	硬盘	个	100
1004	键盘	个	100
1005	显示器	台	100
1006	鼠标	个	100
1007	电源	个	100
1008	机箱	个	100

(2) 记材料明细账，生成领料凭证。

【任务指引】

1. 填制材料出库单并审核

① 2024年1月19日，以"宋淼"的身份进入企业应用平台，在业务工作中执行"供应链"｜"库存管理"｜"材料出库"｜"材料出库单"命令，进入"材料出库单"窗口。

出库业务-填制材料出库单并审核

② 单击"增加"按钮，选择仓库为"原料库"、出库类别为"领料出库"、部门为"生产部"。

③ 选择"1001 主板套装A"，设置数量为"100"，按资料录入其余材料领用信息。

④ 单击"保存"按钮，再单击"审核"按钮，系统弹出"该单据审核成功！"信息提示，单击"确定"按钮，完成单据的审核，如图8-1所示。

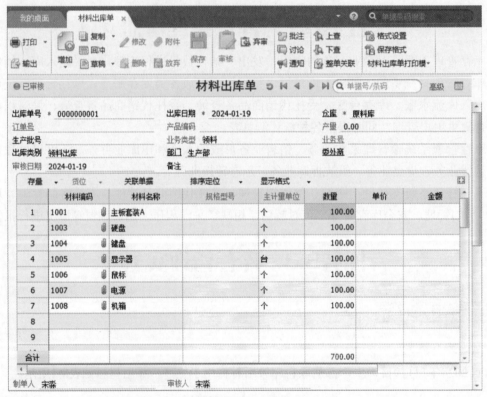

图8-1　材料出库单

2. 对材料出库单记账并生成凭证

① 执行"供应链"｜"存货核算"｜"记账"｜"正常单据记账"命令，对材料出库单记账。

② 执行"供应链"｜"存货核算"｜"凭证处理"｜"生成凭证"命令，选择材料出库单并生成凭证。

出库业务-对材料出库单记账并生成凭证

【任务解析】

材料出库单是工业企业领用材料时所填制的出库单据，也是进行日常业务处理和记账的主要原始单据之一。只有工业企业才有材料出库单，商业企业没有此单据。

8.2.2 入库业务

【任务下达】

由账套主管进行1月份库存业务处理。

(1) 2024年1月19日，成品库收到生产部生产的30台天骄A，进行产成品入库。

(2) 2024年1月22日，成品库收到生产部生产的40台天骄A，进行产成品入库。

(3) 2024年1月22日，财务部门收到产品部提供的完工产品成本，其中天骄A的总成本为273 000元，立即进行成本分配，记账并生成凭证。

【任务指引】

1. 录入产成品入库单并审核

① 2024年1月19日，以"宋淼"的身份进入企业应用平台，在业务工作中执行"供应链"|"库存管理"|"生产入库"|"产成品入库单"命令，进入"产成品入库单"窗口。

入库业务-录入产成品入库单并审核

② 单击"增加"按钮，输入入库日期为"2024-01-19"，选择仓库为"成品库"、部门为"生产部"、入库类别为"产成品入库"。

③ 选择产品编码为"2001"，输入数量为"30"，单击"保存"按钮。

④ 单击"审核"按钮，系统弹出"该单据审核成功！"信息提示，单击"确定"按钮，对产成品入库单进行审核，如图8-2所示。

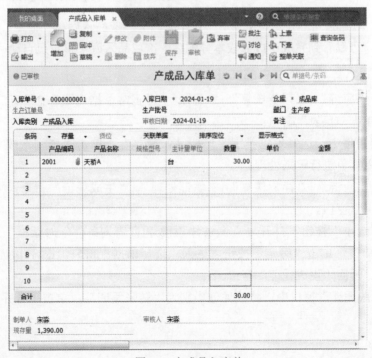

图8-2 产成品入库单

⑤ 同理，录入第二张产成品入库单并审核。

2. 录入生产总成本并对产成品进行成本分配

① 1月22日，在企业应用平台的业务工作中，执行"供应链"|"存货核算"|"记账"|"产成品成本分配"命令，进入"产成品成本分配"窗口。

入库业务-对产成品进行成本分配

② 单击"查询"按钮，打开"产成品成本分配表查询"对话框。选择"成品库"，单击"确定"按钮，系统将符合条件的记录带回"产成品成本分配"窗口。

③ 在"2001 天骄A"记录行的"金额"栏中输入"273 000"。

④ 单击"分配"按钮，系统弹出"分配操作顺利完成！"信息提示，如图8-3所示。单击"确定"按钮返回。

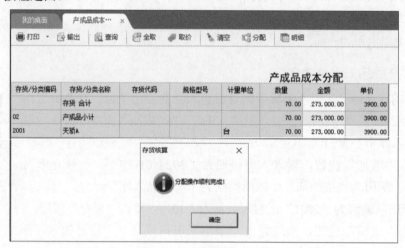

图8-3 产成品成本分配

⑤ 执行"供应链"|"存货核算"|"入库单"|"产成品入库单"命令，进入"产成品入库单"窗口，可以看到完成产成品成本分配后，产成品入库单单价已自动回填。

3. 对产成品入库单记账并生成凭证

① 执行"供应链"|"存货核算"|"记账"|"正常单据记账"命令，进入"未记账单据一览表"窗口。

入库业务-记账并生成凭证

② 在查询条件中，选择单据类型"产成品入库单"，单击"查询"按钮，对产成品入库单进行记账处理。

③ 执行"供应链"|"存货核算"|"凭证处理"|"生成凭证"命令，进入"生成凭证"窗口。

④ 单击"选单"按钮，打开"查询条件-生成凭证查询条件"对话框，选择单据类型"产成品入库单"，单击"确定"按钮。进入"选择单据"窗口，选择相应的单据，单击"确定"按钮。返回"生成凭证"窗口。

⑤ 在"生成凭证"窗口中，修改凭证类别为"转账凭证"，单击"合并制单"按钮，保存生成的凭证。

❖ 提示：

  ◇ 产成品入库单上无须填写单价，待产成品成本分配后会自动写入。

8.2.3　盘点业务

【任务下达】

2014年1月22日，对原料库中的"硬盘"和"显示器"存货进行盘点。盘点后，发现硬盘缺少3个，经确定每个成本为400元；显示器多出2个，经确定每个成本为850元。

【任务指引】

1. 增加盘点单并审核

① 2024年1月22日，以"宋淼"的身份进入企业应用平台，在业务工作中执行"供应链"｜"库存管理"｜"盘点业务"｜"盘点单"命令，进入"盘点单"窗口。

盘点业务-增加盘点单并审核

② 单击"增加"按钮，盘点日期及账面日期均设为"2024-01-22"，选择盘点仓库为"原料库"、出库类别为"盘亏出库"、入库类别为"盘盈入库"。

③ 在表体中选择存货"1003 硬盘"，系统自动带出账面数量"1 050"，输入盘点数量"1 047"；选择存货"1005 显示器"，系统自动带出账面数量"900"，输入盘点数量"902"。单击"保存"按钮。

④ 单击"审核"按钮，系统弹出"该单据审核成功！"信息提示，单击"确定"按钮，如图8-4所示。

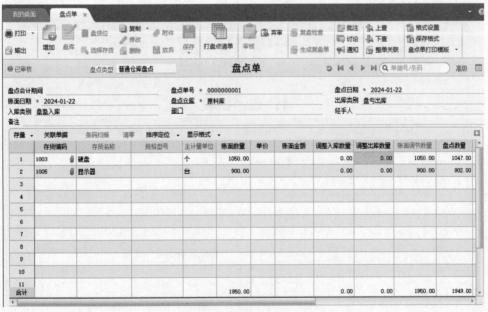

图8-4　盘点单

2. 在库存管理系统中对盘点单生成的其他入库单和其他出库单进行审核

① 执行"供应链"|"库存管理"|"其他入库"|"其他入库单"命令，进入"其他入库单"窗口。

② 使用"翻页"按钮，找到系统根据盘点单自动生成的其他入库单，单击"审核"按钮对其进行审核。

③ 同理，审核根据盘点单自动生成的其他出库单。

盘点业务-
审核入库单和出
库单

3. 在存货核算系统中修改其他入库单单价、对其他入库单记账并生成凭证

① 执行"供应链"|"存货核算"|"入库单"|"其他入库单"命令，进入"其他入库单"窗口。

② 找到盘盈入库业务生成的其他入库单，单击"修改"按钮，录入显示器单价为"850"，单击"保存"按钮。

③ 执行"供应链"|"存货核算"|"记账"|"正常单据记账"命令，对盘点单生成的其他入库单进行记账。

④ 执行"供应链"|"存货核算"|"凭证处理"|"生成凭证"命令，选择其他入库单生成凭证。

盘点业务-
修改单价、记账
并生成凭证

4. 在存货核算系统中修改其他出库单单价、对其他出库单记账并生成凭证

操作步骤略。

5. 盘点结果总账处理

执行"财务会计"|"总账"|"凭证"|"填制凭证"命令，填制一张转账凭证，如图8-5所示。

盘点业务-
盘点结果总账
处理

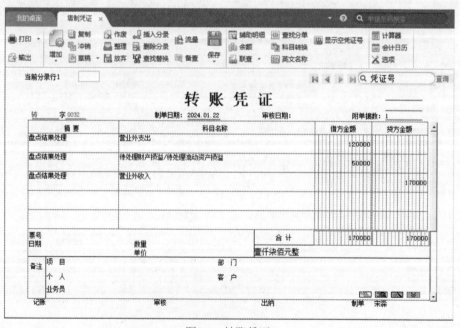

图8-5 转账凭证

【任务解析】

系统提供两种盘点方法：按仓库盘点和按批次盘点。此外，还可对各仓库或批次中的全部或部分存货进行盘点。盘点单审核后，盘盈、盘亏的结果可自动生成出入库单。

在盘点单中输入的盘点数量是实际库存盘点的结果。

盘点单记账后，不能再取消记账。

8.2.4 调拨业务

【任务下达】

2014年1月22日，将原料库中的200个鼠标调拨到配套用品库中。

【任务指引】

1. 填制调拨单并审核

① 2024年1月22日，以"宋淼"的身份进入企业应用平台，在业务工作中执行"供应链"｜"库存管理"｜"调拨业务"｜"调拨单"命令，进入"调拨单"窗口。

调拨业务-填制
调拨单并审核

② 单击"增加"按钮，输入日期"2024-01-22"；选择转出仓库为"原料库"、转入仓库为"配套用品库"、出库类别为"调拨出库"、入库类别为"调拨入库"。

③ 选择存货编码为"1006"，输入数量"200"，单击"保存"按钮。

④ 单击"审核"按钮，审核该单据，完成后如图8-6所示。

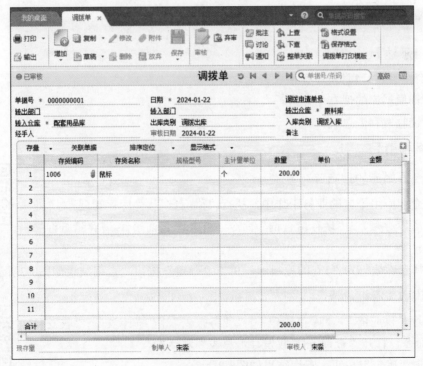

图8-6 调拨单

2. 对调拨单生成的其他出入库单进行审核

操作步骤参见盘点业务。

3. 进行特殊单据记账

① 执行"供应链"|"存货核算"|"记账"|"特殊单据记账"命令，打开"特殊单据记账条件"对话框。

② 选择单据类型为"调拨单"，单击"确定"按钮，进入"未记账单据一览表"窗口。

③ 选择要记账的调拨单，单击"记账"按钮，系统弹出"记账成功"信息提示，单击"确定"按钮返回。

调拨业务-特殊
单据记账

【任务解析】

库存管理系统提供了调拨单用于处理仓库之间存货的转库业务或部门之间的存货调拨业务。如果调拨单上的转出部门和转入部门不同，则表示是部门之间的调拨业务；如果转出部门和转入部门相同，但转出仓库和转入仓库不同，则表示是仓库之间的转库业务。

保存调拨单后，系统自动生成其他入库单和其他出库单，用户不得修改或删除由调拨单生成的其他入库单和其他出库单。

转出仓库的计价方式是"移动平均""先进先出""后进先出"时，调拨单的单价可以为空，系统根据计价方式自动计算填入。

在"库存商品"科目不分明细的情况下，库存调拨业务不会涉及账务处理，因此，暂时不对库存调拨业务生成的其他出入库单制单。

8.2.5 查询报表

【任务下达】

由账套主管进行1月份库存报表查询。

(1) 查询原料库的现有库存量。

(2) 查询收发存汇总表。

【任务指引】

1. 查询原料库的现有库存量

① 在企业应用平台的业务工作中，执行"供应链"|"库存管理"|"业务报表"|"库存账"|"现存量查询"命令，打开"查询条件-现存量查询"对话框。

查询原料库的现
有库存量

② 选择仓库编码为"1"的原料库，单击"确定"按钮，查询结果如图8-7所示。

2. 查询收发存汇总表

① 执行"供应链"|"库存管理"|"业务报表"|"统计表"|"收发存汇总表"命令，打开"查询条件-收发存汇总表"对话框。

② 单击"确定"按钮，查询结果如图8-8所示。

查询收发
存汇总表

图8-7 现存量查询

图8-8 收发存汇总表

8.2.6 账套备份

【任务下达】

将012账套输出至"D:\012账套备份\库存管理"文件夹中。

【任务指引】

略。

项目 9

固定资产日常业务

任务9.1　固定资产认知

固定资产系统的日常业务处理主要是当固定资产发生资产增加、资产减少、原值变动、使用部门转移等变动情况时，更新固定资产卡片，并根据用户设定的折旧计算方法自动计算折旧，生成折旧清单和折旧分配表；进行固定资产减值处理；生成相关业务凭证传递到总账系统。

任务9.2　固定资产管理实务

9.2.1　原值增加业务

【任务下达】

由账套主管"宋淼"在系统中处理固定资产业务。

1月22日，企管部为轿车添置新配件花费10 000元，使用转账支票结算，票号为20240901。

【任务指引】

① 以"宋淼"的身份进入企业应用平台，在业务工作中执行"财务会计"｜"固定资产"｜"变动单"｜"原值增加"命令，进入"固定资产变动单"窗口。

② 单击固定资产变动单内的"卡片编号"按钮，打开"固定资产卡片档案"对话框，选择卡片编号"00001"，输入增加金额"10 000"，变动原因为"添置新配件"，如图9-1所示。

原值增加业务

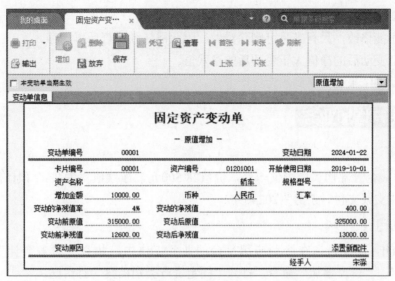

图9-1　原值增加

③ 单击"保存"按钮，系统弹出"数据成功保存！"信息提示，单击"确定"按钮，进入"填制凭证"窗口。

④ 选择凭证类别为"付款凭证"，填写或修改其他项目，单击"保存"按钮，如图9-2所示。

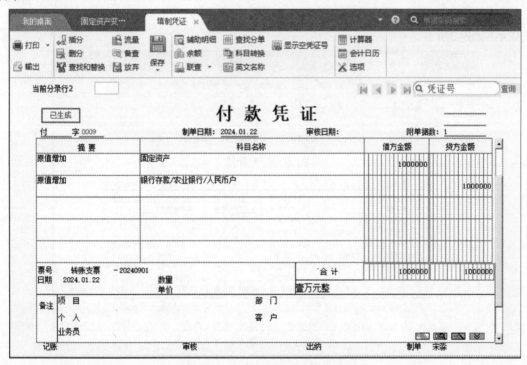

图9-2　生成原值增加付款凭证

【任务解析】

资产变动主要包括原值变动、部门转移、使用状况变动、使用年限调整、折旧方法调整、净残值(率)调整、工作总量调整、累计折旧调整、资产类别调整等。对于已做出变动的资产，系统要求输入相应的变动单来记录资产调整结果。

变动单不能修改，只有当月可删除重做，因此需仔细检查后再保存。

必须保证变动后的净值大于变动后的净残值。

资产变动的结果会回填到固定资产卡片。

9.2.2 资产增加业务

【任务下达】

1月22日，企管部购买投影仪一台，价值28 500元，净残值率为4%，预计使用年限为5年。使用转账支票支付，票号为20240902。

【任务指引】

① 2024年1月22日，在企业应用平台的业务工作中，执行"财务会计"|"固定资产"|"卡片"|"资产增加"命令，打开"固定资产类别档案"对话框。

② 双击"022 非经营用设备"，进入"固定资产卡片"窗口。

③ 在"固定资产名称"栏录入"投影仪"；双击"使用部门"，系统弹出"固定资产"对话框，选中"单部门使用"单选按钮，单击"确定"按钮，打开"部门基本参照"对话框，选择"企管部"；设置增加方式为"直接购入"、使用状况为"在用"、使用年限(月)为"60"、折旧方法为"平均年限法(二)"、开始使用日期为"2024-01-22"、原值为"28 500"。设置完成后如图9-3所示。

资产增加业务

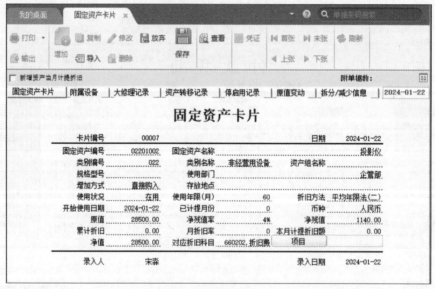

图9-3 固定资产增加

④ 单击"保存"按钮，系统弹出"数据成功保存！"信息提示，单击"确定"按钮，进入"填制凭证"窗口。

⑤ 选择凭证类别为"付款凭证"，填写或修改其他项目，单击"保存"按钮，生成的凭证如图9-4所示。

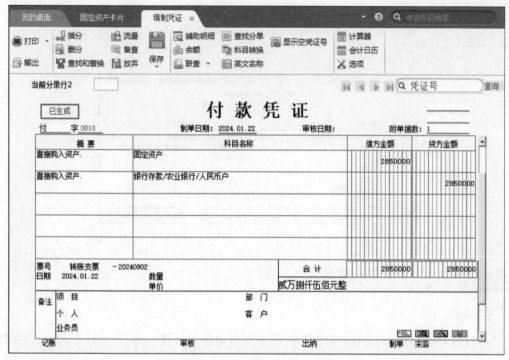

图9-4 资产增加生成凭证

【任务解析】

资产增加时需要填制固定资产卡片，系统按照卡片上的增加方式和设置的固定资产默认科目生成凭证。

9.2.3 部门转移业务

【任务下达】

1月23日，企管部的多功能复印机被转移到财务部。

【任务指引】

① 1月23日，以"宋淼"的身份进入企业应用平台，在业务工作中执行"财务会计"|"固定资产"|"变动单"|"部门转移"命令，进入"固定资产变动单"窗口。

② 单击固定资产变动单内的"卡片编号"按钮，打开"固定资产卡片档案"对话框，选择卡片编号"00002"，双击"变动后部门"，选择"单部门使用"及"财务部"，变动原因为"工作需要"，如图9-5所示。

部门转移业务

③ 单击"保存"按钮，系统弹出"数据成功保存！部门已改变，请检查资产对应折旧科目是否正确！"信息提示，单击"确定"按钮，完成固定资产变动单的录入。

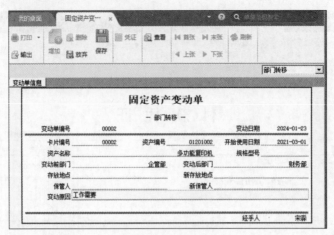

图9-5 部门转移

9.2.4 计提减值准备业务

【任务下达】

1月31日，经核查对2010年购入的两台笔记本电脑各计提1 000元的减值准备。资产减值损失科目代码为6701。

【任务指引】

① 1月31日，以"宋淼"的身份进入企业应用平台，在业务工作中执行"财务会计"|"固定资产"|"减值准备"|"计提减值准备"命令，进入"固定资产变动单"窗口。

② 选择卡片编号"00003"，输入减值准备金额"1 000"，变动原因为"技术进步"，如图9-6所示。

计提减值
准备业务

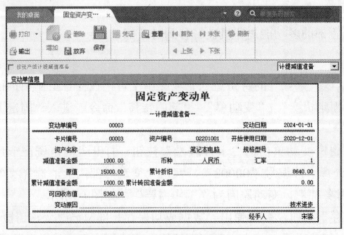

图9-6 计提减值准备

③ 单击"保存"按钮，系统弹出"数据成功保存！"信息提示，单击"确定"按钮，进入"填制凭证"窗口。

④ 选择凭证类别为"转账凭证"，填写或修改其他项目，单击"保存"按钮，保存

凭证。

⑤ 同理，对另一台笔记本进行计提减值准备处理。

【任务解析】

企业应当在期末或至少在每年年度终止时，对固定资产进行逐项检查，如果由于市价持续下跌或技术陈旧等原因导致其可回收金额低于账面价值，则应当将可回收金额低于账面价值的差额作为固定资产减值准备，固定资产减值准备必须按单项资产计提。

如果已计提的固定资产价值又得以恢复，则应在原计提的减值准备范围内转回。

9.2.5 计提折旧业务

【任务下达】

2024年1月31日，计提本月折旧费用。

【任务指引】

① 1月31日，以"宋淼"的身份进入企业应用平台，在业务工作中执行"财务会计"|"固定资产"|"折旧计提"|"计提本月折旧"命令，系统弹出"是否要查看折旧清单？"信息提示，单击"否"按钮。

计提折旧
业务

② 系统继续弹出"本操作将计提本月折旧，并花费一定时间，是否要继续？"信息提示，单击"是"按钮。

③ 系统自动计提折旧，完成后弹出"计提折旧完成"信息提示，单击"确定"按钮，进入"折旧分配表"窗口。

④ 单击"凭证"按钮，进入"填制凭证"窗口；选择凭证类别为"转账凭证"，修改其他项目，单击"保存"按钮，如图9-7所示。

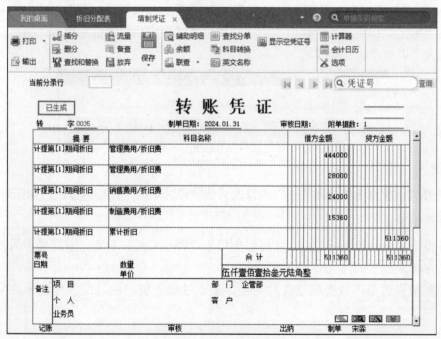

图9-7 折旧分配凭证

【任务解析】

当开始计提折旧时，系统将自动计提所有资产当期折旧额，并将当期的折旧额自动累加到累计折旧项目中。计提工作完成后，需要进行折旧分配，形成折旧费用，系统除了自动生成折旧清单，还生成折旧分配表，从而完成本期折旧费用的登账工作。

系统提供的折旧清单显示了所有应计提折旧资产所计提的折旧数据额。

折旧分配表是编制记账凭证的依据，用于将计提的折旧额分配到有关成本和费用中。折旧分配表有两种类型：类别折旧分配表和部门折旧分配表。何时生成折旧分配表由"折旧汇总分配周期"决定，因此，要在生成折旧分配表后制作记账凭证。

如果上次计提折旧已通过记账凭证把数据传递到了账务系统，则必须删除该凭证才能重新计提折旧。

如果计提折旧后又对账套进行了影响折旧计算或分配的操作，则必须重新计提折旧，否则系统不允许结账。

9.2.6 资产减少业务

【任务下达】

2024年1月31日，生产部编号为00005的台式机无法开机，做报废处理。

【任务指引】

① 1月31日，以"宋淼"的身份进入企业应用平台，在业务工作中执行"财务会计"│"固定资产"│"资产处置"│"资产减少"命令，进入"资产减少"窗口。

资产减少业务

② 选择卡片编号"00005"，单击"增加"按钮。

③ 输入减少方式为"报废"、清理原因为"无法开机"，如图9-8所示。单击"确定"按钮，系统弹出"所选卡片已经减少成功！"信息提示，单击"确定"按钮，进入"填制凭证"窗口。

图9-8 资产减少

④ 选择凭证类别为"转账凭证"，修改其他项目，单击"保存"按钮，如图9-9所示。

【任务解析】

只有当账套开始计提折旧后，才可以使用资产减少功能，否则，资产减少只能通过删除卡片来完成。

如果要减少的资产较少或没有共同点，则通过输入资产编号或卡片编号，单击"增加"按钮，将资产添加到资产减少表中。

如果要减少的资产较多并且有共同点，则通过单击"条件"按钮，输入查询条件，将符合该条件的资产挑选出来进行批量减少操作。

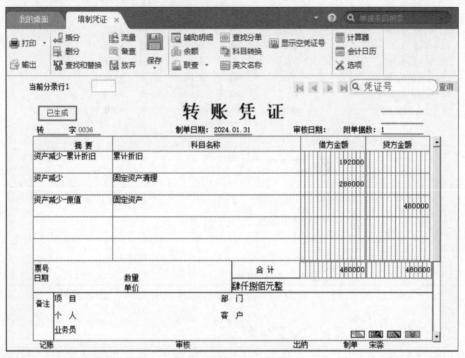

图9-9　资产减少生成凭证

9.2.7　撤销资产减少业务

【任务下达】

2024年1月31日，已做报废处理的台式机经修理后恢复使用。撤销减少业务并重新计提折旧。

【任务指引】

1. 删除资产减少与计提折旧凭证

① 1月31日，在企业应用平台的业务工作中执行"财务会计"｜"固定资产"｜"凭证处理"｜"查询凭证"命令，进入"查询凭证"窗口。

② 选择要撤销的资产减少凭证，单击"删除"按钮。

③ 系统弹出"确定要删除吗？删除后不可恢复！"信息提示，如图9-10所示。

删除资产减少与
计提折旧
凭证

④ 单击"是"按钮，删除资产减少凭证。同埋，删除计提折旧凭证。

⑤ 在总账系统中对上述两张凭证进行整理操作。

图9-10 删除资产减少凭证

2. 删除资产减少与计提折旧批量制单记录

① 执行"财务会计"|"固定资产"|"凭证处理"|"批量制单"命令，打开"查询凭证-批量制单"对话框。单击"确定"按钮，进入"批量制单"窗口。

删除资产减少与
计提折旧批量制
单记录

② 单击"全选"按钮，再单击"删除"按钮，系统弹出"……是否要删除当前选择的制单业务？"信息提示，如图9-11所示。单击"是"按钮，删除所选记录。

图9-11 删除制单业务

3. 卡片撤销减少

卡片撤销减少

① 执行"财务会计"|"固定资产"|"卡片"|"卡片管理"命令，打开"查询凭证-卡片管理"对话框。

② 修改开始使用日期为"2021-01-01"，单击"确定"按钮，进入"卡片管理"窗口，默认显示所有"在役资产"。

③ 单击"在役资产"下三角按钮，选择"已减少资产"，选中需要撤销减少的资产记录，单击"撤销减少"按钮，系统弹出"确实要恢复[00005]号卡片的资产吗？"信息提示，如图9-12所示。单击"是"按钮，恢复卡片。

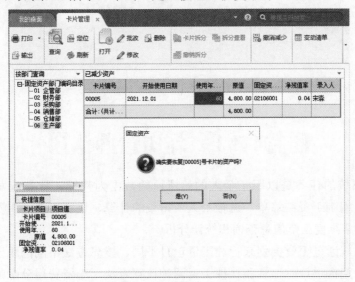

图9-12　卡片管理—撤销减少

4. 重新计提折旧

操作步骤参见计提折旧业务。

【任务解析】

对于误减少的资产，可以使用系统提供的纠错功能来恢复。只有当月减少的资产才可以恢复。如果资产减少操作已制作凭证，则必须删除凭证后才能恢复。

只要卡片未被删除，就可以通过卡片管理中的"已减少资产"来查看减少的资产。

9.2.8　备份账套

【任务下达】

将012账套输出至"D:\012账套备份\固定资产"文件夹中。

【任务指引】

略。

项目 10

薪资管理日常业务

任务10.1　薪资管理认知

薪资管理系统的任务是以职工个人的薪资原始数据为基础，计算应发合计、扣款合计、实发合计，编制工资结算单，进行个人所得税的计算，进行工资费用及相关费用的分配和计提，提供多维度工资信息查询和统计分析。

薪资管理系统通过工资类别来管理工资项目不同、核算方法不同的职工薪资发放。与计件工资管理一起提供计时工资和计件工资两种核算方法。工资费用分配的业务凭证能自动传递到总账系统。

任务10.2　薪资管理实务

10.2.1　正式职工工资变动业务

【任务下达】

1月31日，由账套主管"宋淼"处理1月份正式职工的薪资业务，并进行1月份工资数据汇总及计算。

(1) 正式职工1月工资数据如表10-1所示。

表10-1　正式职工1月工资数据

人员编号	人员姓名	部门名称	基本工资	奖金	子女教育	赡养老人
101	马强	企管部	12 000	3 000	2 000	3 000
201	宋淼	财务部	10 000	2 000	2 000	3 000
202	郝爽	财务部	7 000	1 000		3 000
203	杜雪	财务部	5 000	500	1 000	
301	高亚萍	采购部	6 000	600		1 500

（续表）

人员编号	人员姓名	部门名称	基本工资	奖金	子女教育	赡养老人
401	古茂	销售部	5 000	1 000	1 000	1 500
501	陈嫒	仓储部	4 500	1 000		3 000
601	池田	生产部	4 000	500		
602	李文	生产部	4 200	500	2 000	

(2) 正式职工1月工资变动情况如下。

① 考勤情况：杜雪请假2天，陈嫒请假3天，李文请假1天。

② 奖金发放情况：因去年销售部业绩较好，公司决定本月销售部每人奖金增加1 000元。

【任务指引】

1. 打开正式职工工资类别

① 2024年1月31日，以"宋淼"的身份进入企业应用平台，在业务工作中执行"人力资源"｜"薪资管理"｜"工资类别"｜"打开工资类别"命令，打开"打开工资类别"对话框。

② 选择"正式职工"，单击"确定"按钮，打开正式职工的工资类别。

打开正式职工
工资类别

2. 输入正式职工基本工资数据

① 执行"人力资源"｜"薪资管理"｜"业务处理"｜"工资变动"命令，进入"工资变动"窗口。

② 在"过滤器"下拉列表框中选择"过滤设置"选项，打开"项目过滤"对话框。

输入正式职工基
本工资数据

③ 选择"工资项目"列表框中的"人员编号""姓名""基本工资""奖金""子女教育""赡养老人"和"请假天数"选项，单击 ＞ 按钮，将这七项选入"可选项目"列表框中，如图10-1所示。

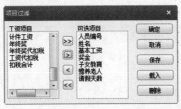

图10-1　项目过滤

④ 单击"确定"按钮，返回"工资变动"窗口，此时每个人的工资项目只显示所选的七个项目。

⑤ 按"任务下达"中给定的资料输入正式职工的基本工资数据。

3. 输入正式职工工资变动数据

① 输入考勤情况：杜雪请假2天，陈嫒请假3天，李文请假1天。

② 在"过滤器"下拉列表框中选择"所有项目"选项，屏幕上显示所有工资项目。

③ 单击"全选"按钮，工号前面的"选择"栏出现选中标记"Y"。

输入正式职工工
资变动数据

④ 单击"替换"按钮，打开"工资项数据替换"对话框，在"将工资项目"下拉列表框中选择"奖金"选项，在"替换成"文本框中输入"奖金+1000"。

⑤ 在"替换条件"文本框中分别选择"部门""=""(04) 销售部"，如图10-2所示。

图10-2　数据替换

⑥ 单击"确定"按钮，系统弹出"数据替换后将不可恢复。是否继续？"信息提示；单击"是"按钮，系统弹出"1条记录被替换，是否重新计算？"信息提示；单击"是"按钮，系统自动完成工资计算。

4. 工资数据计算与汇总

① 在"工资变动"窗口中，单击"全选"按钮，再单击"计算"按钮，计算工资数据。

② 单击"汇总"按钮，汇总工资数据。

③ 关闭当前窗口返回。

工资数据计算与
汇总

❖ **提示：**

◇ 在进行过滤设置时，"工号""人员编码""姓名"必须选择一项。
◇ 只需要输入没有进行公式设定的项目，如基本工资、奖金和请假天数，其余各项由系统根据计算公式自动计算生成。

10.2.2　正式职工工资分摊

【任务下达】

(1) 应付工资总额等于工资项目"应发合计"，按应付工资总额的100%计提。

(2) 企业为职工缴纳的住房公积金按应付工资(应发合计)总额的10%计提。

正式职工的工资分摊设置如表10-2所示。

表10-2　正式职工的工资分摊设置

部门		工资分摊			
		应付工资(100%)		住房公积金(10%)	
		借方科目	贷方科目	借方科目	贷方科目
企管部、财务部、采购部、仓储部	企业管理人员	660201	221101	660201	221104
销售部	销售人员	660101	221101	660101	221104
生产部	车间管理人员	510101	221101	510101	221104
	生产工人	500102	221101	500102	221104

【任务指引】

1. 工资分摊类型设置

① 在企业应用平台的业务工作中，执行"人力资源"｜"薪资管理"｜"设置"｜"分摊类型设置"命令，进入"分摊类型设置"窗口。

② 单击"增加"按钮，设置分摊类型名称为"应付工资"、分摊比例%为"100"、凭证类别字为"转"，如图10-3所示。

工资分摊
类型设置

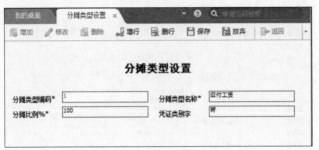

图10-3　分摊计提比例设置

③ 双击下方窗口中的"部门名称"栏，单击"部门名称"栏后的"参照"按钮，按"任务下达"中给定的资料内容进行设置，设置完成后，如图10-4所示。单击"保存"按钮。继续设置住房公积金的分摊计提项目。

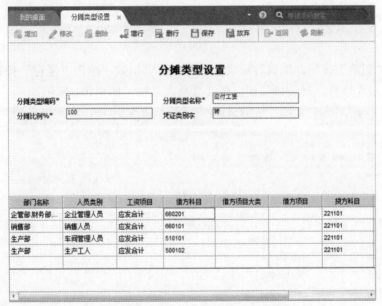

部门名称	人员类别	工资项目	借方科目	借方项目大类	借方项目	贷方科目
企管部,财务部,...	企业管理人员	应发合计	660201			221101
销售部	销售人员	应发合计	660101			221101
生产部	车间管理人员	应发合计	510101			221101
生产部	生产工人	应发合计	500102			221101

图10-4　应付工资分摊构成设置

2. 工资费用分摊

① 在企业应用平台的业务工作中，执行"人力资源"｜"薪资管理"｜"业务处理"｜"工资分摊"命令，打开"工资分摊"对话框。

工资费用分摊

② 选择需要分摊的计提费用类型。

③ 勾选"全选"复选框，选中全部核算部门，确定计提的会计月份为"2024-1"。

④ 勾选"明细到工资项目"复选框。

⑤ 单击"确定"按钮，进入"工资分摊"窗口。

⑥ 勾选"合并科目相同、辅助项相同的分录"复选框，如图10-5所示。

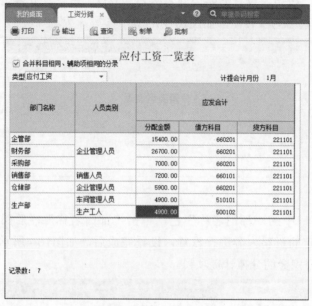

图10-5　应付工资一览表

⑦ 单击"制单"按钮，生成转账凭证，输入附单据数，单击"保存"按钮，凭证左上角出现"已生成"字样，代表该凭证已传递到总账系统，如图10-6所示。

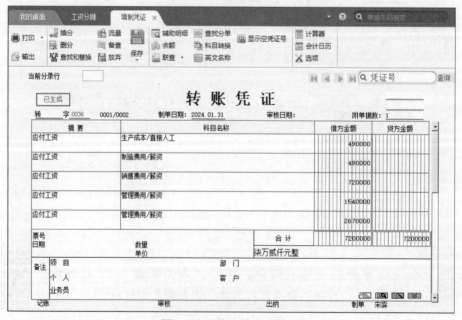

图10-6　工资分摊生成凭证

⑧ 关闭"填制凭证"窗口，返回"工资分摊"窗口。

⑨ 在"类型"下拉列表框中选择"住房公积金"选项，勾选"合并科目相同、辅助项相同的分录"复选框，单击"制单"按钮，生成住房公积金分摊凭证。

【任务解析】

在薪资管理系统中可以对该系统生成的凭证进行查询、删除、冲销等操作。传递到总账系统后，在总账中需要进行审核、记账。

在薪资管理系统中进行删除凭证处理，只是在凭证上打上了"作废"标记，在总账系统中再执行"整理"操作才能彻底删除。

10.2.3　正式职工个人所得税申报

【任务下达】

查看扣缴正式职工的个人所得税报表。

【任务指引】

① 在企业应用平台的业务工作中，执行"人力资源"｜"薪资管理"｜"业务处理"｜"扣缴所得税"命令，打开"个人所得税申报模板"对话框。

② 选择"北京"地区的"扣缴个人所得税报表"，单击"打开"按钮，打开"所得税申报"对话框。单击"确定"按钮，进入"所得税申报"窗口，如图10-7所示。

正式职工个人
所得税申报

北京扣缴个人所得税报表
2024年1月 – 2024年1月

总人数：9

序号	纳税人姓名	身份证照…	所得项目	所得期间	收入额	费用扣除标准	应纳税所得额	税率	应扣税额	已扣税额	备注
1	马强	身份证	工资	1	15400.00	5000.00	4200.00	3	126.00	126.00	
2	宋淼	身份证	工资	1	12400.00	5000.00	1440.00	3	43.20	43.20	
3	郝爽	身份证	工资	1	8400.00	5000.00	0.00	0	0.00	0.00	
4	杜雪	身份证	工资	1	5900.00	5000.00	0.00	0	0.00	0.00	
5	高亚萍	身份证	工资	1	7000.00	5000.00	0.00	0	0.00	0.00	
6	古茂	身份证	工资	1	7200.00	5000.00	0.00	0	0.00	0.00	
7	陈媛	身份证	工资	1	5900.00	5000.00	0.00	0	0.00	0.00	
8	池田	身份证	工资	1	4900.00	5000.00	0.00	0	0.00	0.00	
9	李文	身份证	工资	1	4900.00	5000.00	0.00	0	0.00	0.00	
合计					72000.00	45000.00	5640.00		169.20	169.20	

图10-7　扣缴正式职工个人所得税报表

③ 查看完毕后退出。

10.2.4　正式职工银行代发工资

【任务下达】

(1) 1月31日，由账套主管"宋淼"生成农业银行中关村分理处的银行代发工资报表。

(2) 由财务部杜雪支出一张转账支票，票号为20241001，交到农业银行中关村分理处用于代发工资，金额为66 026.8元。由"宋淼"填制凭证。

【任务指引】

1. 设置银行代发模板并生成银行代发一览表

① 在企业应用平台的业务工作中，执行"人力资源"|"薪资管理"|"业务处理"|"银行代发"命令，打开"请选择部门范围"对话框。

② 勾选"全选"复选框，选中所有部门，单击"确定"按钮，打开"银行文件格式设置"对话框。

③ 设置银行模板，选择"中国农业银行中关村分理处"，其他项目默认，如图10-8所示。

生成银行代发一览表

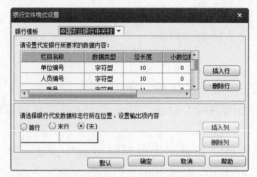

图10-8 银行文件格式设置

④ 单击"确定"按钮，系统弹出"确认设置的银行文件格式？"信息提示。单击"是"按钮，生成银行代发一览表，如图10-9所示。

图10-9 银行代发一览表

银行代发一览表

名称：中国农业银行中关村分理处　　　　　　　　　　人数：9

单位编号	人员编号	账号	金额	录入日期
1234934325	101	20240010001	14074.00	20240131
1234934325	201	20240010002	11396.80	20240131
1234934325	202	20240010003	7760.00	20240131
1234934325	203	20240010004	5360.00	20240131
1234934325	301	20240010005	6472.00	20240131
1234934325	401	20240010006	6640.00	20240131
1234934325	501	20240010007	5310.00	20240131
1234934325	601	20240010008	4540.00	20240131
1234934325	602	20240010009	4474.00	20240131
合计			66,026.80	

2. 填制工资发放凭证

① 在企业应用平台的业务工作中，执行"财务会计"|"总账"|"凭证"|"填制凭证"命令，进入"填制凭证"窗口。

② 单击"增加"按钮，选择"付款凭证"，以银行代发报表为依据完成发放工资凭证的填制，保存并登记支票，如图10-10所示。

填制工资发放凭证

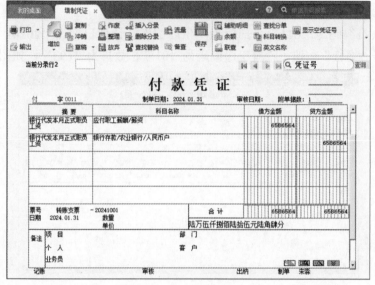

图10-10 填制工资发放凭证

3. 关闭正式职工工资类别

操作略。

10.2.5 临时人员工资变动业务

【任务下达】

进行1月份临时人员计件工资计算及汇总。

(1) 1月份临时人员计件数据如表10-3所示。

表10-3 1月份临时人员计件统计表

姓名	日期	组装工时	检验工时
冯卫东	2024-01-31	192	
刘刚	2024-01-31		200

(2) 冯卫东有赡养老人专项附加抵扣1 500元。

【任务指引】

1. 打开临时人员工资类别

① 2024年1月31日，以"宋淼"的身份进入企业应用平台，在业务工作中执行"人力资源"|"薪资管理"|"工资类别"|"打开工资类别"命令，打开"打开工资类别"对话框。

打开临时人员工资类别

② 选择"临时人员",单击"确定"按钮,打开临时人员的工资类别。

2. 输入临时人员基本工资数据

① 执行"人力资源"|"计件工资"|"个人计件"|"计件工资录入"命令,进入"计件工资录入"窗口。

② 选择工资类别为"临时人员",单击"批增"下三角按钮,选择"人员录入",进入"计件数据录入"窗口。

输入临时人员基本工资数据

③ 设置人员编码为"611"、部门为"生产部"、计件日期为"2024-01-31",单击"增行"按钮,设置工序编码为"01"、数量为"192",如图10-11所示。

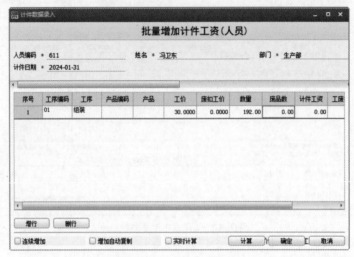

图10-11 计件工资录入

④ 单击"确定"按钮,返回"计件工资录入"窗口。同理,录入其他人员计件工资。

⑤ 全部人员计件工资录入完成后,在"计件工资录入"窗口,勾选序号后的复选框,选中所有临时人员,单击"计算"按钮,计算人员工资。

⑥ 单击"审核"下三角按钮,选择"全部审核",对所有数据记录进行审核,如图10-12所示。

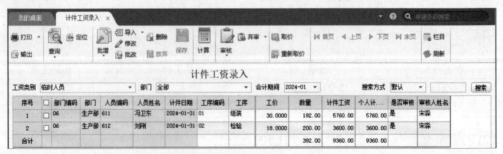

图10-12 审核

3. 计件工资汇总

① 执行"人力资源"|"计件工资"|"汇总"|"计件工资汇总"命令，进入"计件工资汇总"窗口。

计件工资汇总

② 设置工资类别为"临时人员"、部门为"生产部"、会计期间为"2024-01"、汇总日期为"2024-1-1"至"2024-1-31"，单击"汇总"按钮，完成计件工资汇总处理。

③ 关闭当前窗口返回。

4. 临时人员工资数据录入、计算及汇总

① 执行"人力资源"|"薪资管理"|"业务处理"|"工资变动"命令，进入"工资变动"窗口。

临时人员工资数据录入、计算及汇总

② 录入冯卫东赡养老人专项附加抵扣1 500元。

③ 在"工资变动"窗口中，单击"全选"按钮，再单击"计算"按钮，计算工资数据。

④ 单击"汇总"按钮，汇总工资数据。

⑤ 关闭当前窗口返回。

10.2.6 临时人员工资分摊

【任务下达】

(1) 应付工资总额等于工资项目"应发合计"，按应付工资总额的100%计提。

(2) 企业为职工缴纳的住房公积金按应付工资(应发合计)总额的10%计提。

临时人员的工资分摊设置如表10-4所示。

表10-4 临时人员的工资分摊设置

部门		工资分摊			
		应付工资(100%)		住房公积金(10%)	
		借方科目	贷方科目	借方科目	贷方科目
生产部	生产工人	500102	221101	500102	221104

【任务指引】

1. 工资分摊类型设置

① 在企业应用平台的业务工作中，执行"人力资源"|"薪资管理"|"设置"|"分摊类型设置"命令，进入"分摊类型设置"窗口。

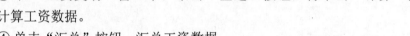

工资分摊类型设置

② 单击"增加"按钮，设置分摊类型名称为"应付工资"、分摊比例%为"100"、凭证类别字为"转"。

③ 双击下方窗口中的"部门名称"栏，单击"部门名称"栏后的"参照"按钮，按"任务下达"中给定的资料内容进行设置，设置完成后，单击"保存"按钮。继续设置住房公积金的分摊计提项目。

2. 工资费用分摊

① 执行 "人力资源" | "薪资管理" | "业务处理" | "工资分摊" 命令, 打开 "工资分摊" 对话框。

② 选择需要分摊的计提费用类型。

③ 选择 "生产部", 确定计提的会计月份为 "2024-1"。

④ 勾选 "明细到工资项目" 复选框。

⑤ 单击 "确定" 按钮, 进入 "工资分摊" 窗口。

⑥ 勾选 "合并科目相同、辅助项相同的分录" 复选框, 单击 "制单" 按钮, 生成转账凭证。

⑦ 同理, 生成住房公积金分摊凭证。

工资费用分摊

10.2.7　临时人员个人所得税申报

【任务下达】

查看扣缴临时人员个人所得税报表。

【任务指引】

① 执行 "人力资源" | "薪资管理" | "业务处理" | "扣缴所得税" 命令, 打开 "个人所得税申报模板" 对话框。

② 选择 "北京" 地区的 "扣缴个人所得税报表", 单击 "打开" 按钮, 打开 "所得税申报" 对话框。单击 "确定" 按钮, 进入 "所得税申报" 窗口, 如图10-13所示。

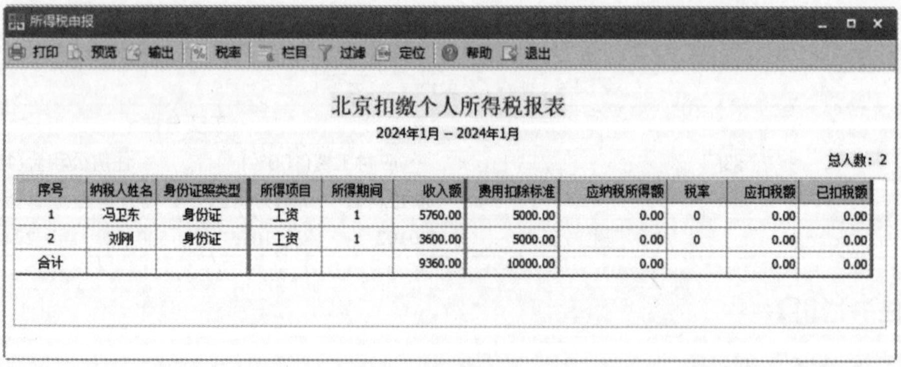

临时人员个人所得税申报

北京扣缴个人所得税报表
2024年1月 — 2024年1月

总人数: 2

序号	纳税人姓名	身份证照类型	所得项目	所得期间	收入额	费用扣除标准	应纳税所得额	税率	应扣税额	已扣税额
1	冯卫东	身份证	工资	1	5760.00	5000.00	0.00	0	0.00	0.00
2	刘刚	身份证	工资	1	3600.00	5000.00	0.00	0	0.00	0.00
合计					9360.00	10000.00	0.00		0.00	0.00

图10-13　临时人员扣缴个人所得税报表

③ 查看完毕后退出。

10.2.8　临时人员银行代发工资

【任务下达】

(1) 1月31日, 由账套主管 "宋淼" 生成农业银行中关村分理处的银行代发工资报表。

(2) 由财务部杜雪支出一张转账支票, 票号为20241002, 交到农业银行中关村分理处用于代发工资, 金额为8 611.2元。由 "宋淼" 填制凭证。

【任务指引】

1. 设置银行代发模板并生成银行代发一览表

① 执行"人力资源"｜"薪资管理"｜"业务处理"｜"银行代发"命令，打开"请选择部门范围"对话框。

设置银行代发模板并生成银行代发一览表

② 选择"生产部"，单击"确定"按钮，打开"银行文件格式设置"对话框。

③ 选择"中国农业银行中关村分理处"，其他项目默认，单击"确定"按钮，系统弹出"确认设置的银行文件格式？"信息提示。

④ 单击"是"按钮，生成银行代发一览表，如图10-14所示。

单位编号	人员编号	账号	金额	录入日期
1234934325	611	20240010011	5299.20	20240131
1234934325	612	20240010012	3312.00	20240131
合计			8,611.20	

图10-14　银行代发一览表

2. 填制工资发放凭证

① 执行"财务会计"｜"总账"｜"凭证"｜"填制凭证"命令，进入"填制凭证"窗口。

填制工资发放凭证

② 单击"增加"按钮，选择"付款凭证"，完成发放工资凭证的填制，保存并登记支票，如图10-15所示。

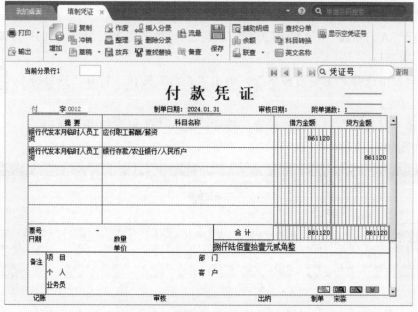

图10-15　填制临时人员工资发放凭证

3. 关闭临时人员工资类别

操作步骤略。

10.2.9 工资类别汇总

【任务下达】

对正式职工和临时人员两个工资类别进行工资类别汇总。

【任务指引】

① 执行"人力资源"|"薪资管理"|"维护"|"工资类别汇总"命令，打开"工资类别汇总"对话框。

② 选择要汇总的工资类别，单击"确定"按钮，完成工资类别的汇总。

工资类别汇总

③ 执行"人力资源"|"薪资管理"|"工资类别"|"打开工资类别"命令，打开"打开工资类别"对话框。

④ 选择"汇总工资类别"，单击"确定"按钮，打开汇总后的工资类别。

⑤ 对工资进行计算和汇总后，可以查看工资类别汇总后的各项数据。

10.2.10 账表查询

【任务下达】

(1) 查看财务部工资发放条。

(2) 查看销售部员工奖金汇总表。

【任务指引】

1. 查看财务部工资发放条

① 执行"人力资源"|"薪资管理"|"账表"|"工资表"命令，打开"工资表"对话框。

② 在列表中选择"工资发放条"，单击"查看"按钮，打开"选择分析部门"对话框。

查看财务部工资发放条

③ 选择"财务部"，单击"确定"按钮，进入"工资发放条"窗口，查询结果如图10-16所示。

图10-16 工资发放条

2. 查看销售部员工奖金汇总表

① 执行"人力资源"|"薪资管理"|"账表"|"工资分析表"命令，
打开"工资分析表"对话框。

② 在列表中选择"员工工资汇总表(按月)"，单击"确定"按钮，打开
"员工工资汇总表选项"对话框。

查看销售部员工
奖金汇总表

③ 在"请选择分析项目"中选择"奖金"，在"请选择分析部门"中
选择"销售部"，单击"确定"按钮，进入"员工工资汇总表"窗口，查询结果如图10-17
所示。

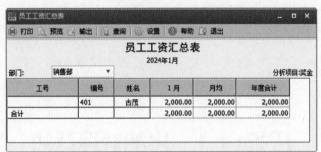

图10-17　员工工资汇总表

10.2.11　账套备份

【任务下达】

将012账套输出至"D:\012账套备份\薪资管理"文件夹中。

【任务指引】

略。

出纳管理业务

任务11.1 出纳管理认知

出纳管理是总账系统为出纳人员提供的一套管理工具，包括出纳签字、现金和银行存款日记账的输出、支票登记簿的管理，以及银行对账等功能，并可对银行长期未达账提供审计报告。

出纳签字是为了加强现金管理，需要出纳对涉及现金收支的凭证进行审核确认。是否需要出纳签字取决于总账选项"出纳凭证必须经由出纳签字"的设置。

凭证记账完成后，现金日记账、银行日记账、资金日报自动生成，可按不同条件进行查询。

在手工记账时，出纳通常利用支票领用登记簿来登记支票领用情况。为此，总账系统特为出纳提供了"支票登记簿"功能，以供其详细登记支票领用人、领用日期、支票用途、是否报销等情况。

银行对账是出纳管理的一项很重要的工作，银行对账功能不一定和总账同时启用。银行对账功能包括录入银行对账期初数据、录入银行对账单、对账、输出银行存款余额调节表、核销及长期未达账审计等。

任务11.2 出纳管理实务

11.2.1 出纳签字

【任务下达】

(1) 1月31日，由出纳"杜雪"对1月份所有收付凭证进行出纳签字操作。

(2) 1月31日，由会计"郝爽"对1月份所有凭证进行审核、记账。

【任务指引】

1. 出纳签字

① 2024年1月31日，以"杜雪"的身份进入企业应用平台，在业务工作中执行"财务会计"|"总账"|"凭证"|"出纳签字"命令，打开"出纳签字"对话框。

出纳签字

② 单击"确定"按钮，进入"出纳签字列表"窗口，选中需要签字的凭证，单击"签字"按钮，系统弹出"本次共选择[16]张凭证进行签字"信息提示。

③ 单击"确定"按钮，系统弹出"是否重新刷新凭证列表数据"信息提示，单击"是"按钮，完成出纳签字。

2. 凭证审核

① 2024年1月31日，以"郝爽"的身份进入企业应用平台，在业务工作中执行"财务会计"|"总账"|"凭证"|"审核凭证"命令，打开"凭证审核"对话框。

凭证审核

② 单击"确定"按钮，进入"凭证审核列表"窗口，选中需要审核的凭证，单击"审核"按钮，系统弹出"本次共选择[55]张凭证进行审核"信息提示，单击"确定"按钮，系统弹出"是否重新刷新凭证列表数据"信息提示，单击"是"按钮，审核所有凭证。

3. 记账

① 执行"财务会计"|"总账"|"凭证"|"记账"命令，打开"记账"对话框。

记账

② 单击"全选"按钮，选择对所有已审核凭证进行记账。

③ 单击"记账"按钮，系统自动进行记账后，弹出"记账完毕！"信息提示，单击"确定"按钮，完成记账。

11.2.2 支票登记簿

【任务下达】

(1) 1月31日，采购部高亚萍借转账支票一张用于采购机箱，票号为20241101，预计金额为50 000元，由出纳杜雪进行支票登记。

(2) 杜雪在支票登记簿中登记1月份的其他支票，支票信息如表11-1所示。

表11-1　1月份需登记的支票信息

序号	日期	结算方式	部门	领用人	票号	金额	用途
1	2024-01-06	转账支票	采购部	高亚萍	20240601	10 848.00	采购键盘-安捷
2	2024-01-06	转账支票	采购部	高亚萍	20240602	4 520.00	采购鼠标-天和
3	2024-01-10	转账支票	采购部	高亚萍	20240603	6 000.00	采购键盘-天和
4	2024-01-10	转账支票	采购部	高亚萍	20240604	150 000.00	采购硬盘-天和
5	2024-01-22	转账支票	采购部	高亚萍	20240901	10 000.00	采购轿车配件
6	2024-01-22	转账支票	采购部	高亚萍	20240902	28 500.00	购买投影仪

【任务指引】

① 2024年1月31日，以"杜雪"的身份进入企业应用平台，在业务工作中执行"财务会计"｜"总账"｜"出纳"｜"支票登记簿"命令，打开"银行科目选择"对话框。

支票登记

② 选择科目"人民币户10020101"，单击"确定"按钮，进入"支票登记簿"窗口。

③ 单击"增行"按钮，设置领用日期为"2024.01.31"、领用部门为"采购部"、领用人为"高亚萍"、支票号为"20241101"、预计金额为"50 000"、用途为"采购机箱"，如图11-1所示。

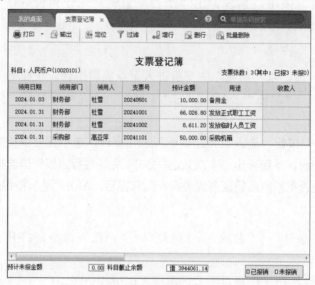

图11-1　支票登记簿

④ 同理，登记1月份其他支票，完成后退出。

11.2.3　银行对账

【任务下达】

(1) 1月初企业日记账余额为3 420 900.86元，银行对账单期初余额为3 816 400.86元，未达账项一笔，系银行已收企业未收款395 500元(2023年12月29日)。由杜雪进行银行对账期初数据录入。

(2) 录入银行对账单。2024年1月的银行对账单如表11-2所示。

表11-2　1月份银行对账单

序号	日期	结算方式	票据号	借方金额	贷方金额
1	2024.01.03	现金支票	20240501	0.00	10 000.00
2	2024.01.06	转账支票	20240601	0.00	10 848.00
3	2024.01.06	转账支票	20240602	0.00	4 520.00
4	2024.01.10	银行承兑汇票	YHHP20231001	0.00	60 000.00

（续表）

序号	日期	结算方式	票据号	借方金额	贷方金额
5	2024.01.10	转账支票	20240603	0.00	6 000.00
6	2024.01.10	转账支票	20240604	0.00	150 000.00
7	2024.01.12	转账支票	20240701	339 000.00	0.00
8	2024.01.12	转账支票	20240702	203 400.00	0.00
9	2024.01.16	转账支票	20240703	65 088.00	0.00
10	2024.01.17	电汇		100 000.00	0.00
11	2024.01.17	转账支票	20240704	67 800.00	0.00
12	2024.01.18	商业承兑汇票	SYHP20240701	102 378.28	0.00
13	2024.01.22	转账支票	20240901	0.00	10 000.00
14	2024.01.22	转账支票	20240902	0.00	28 500.00
15	2024.01.31	转账支票	20241001	0.00	66 026.80
16	2024.01.31	转账支票	20241002	0.00	8 611.20

【任务指引】

1. 银行对账期初数据录入

① 在企业应用平台的业务工作中，执行"财务会计"｜"总账"｜"出纳"｜"银行对账"｜"银行对账期初录入"命令，打开"银行科目选择"对话框。

银行对账期初
数据录入

② 选择科目"人民币户（10020101）"，单击"确定"按钮，打开"银行对账期初"对话框。

③ 输入单位日记账的"调整前余额"为3 420 900.86；输入银行对账单的"调整前余额"为3 816 400.86，如图11-2所示。

④ 单击"对账单期初未达项"按钮，进入"银行方期初"窗口。

⑤ 单击"增行"按钮，输入日期为"2023-12-29"、结算方式为"202"、借方金额为"395 500"。

⑥ 输入完成后，单击"退出"按钮退出。

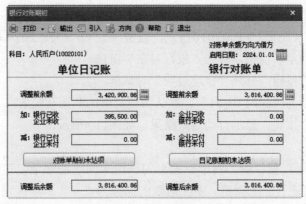

图11-2 银行对账期初数据录入

2. 录入银行对账单

① 执行"财务会计"|"总账"|"出纳"|"银行对账"|"银行对账单"命令，打开"银行科目选择"对话框。

② 选择科目"人民币户(10020101)"，单击"确定"按钮，进入"银行对账单"窗口。

录入银行对账单

③ 单击"增行"按钮，输入银行对账单数据，如图11-3所示。

④ 输入完成后，关闭当前窗口退出。

日期	结算方式	票号	借方金额	贷方金额	余额
2023.12.29	202		395,500.00		3,816,400.86
2024.01.03	201	20240501		10,000.00	3,806,400.86
2024.01.06	202	20240601		10,848.00	3,795,552.86
2024.01.06	202	20240602		4,520.00	3,791,032.86
2024.01.10	402	YHHP20231001		60,000.00	3,731,032.86
2024.01.10	202	20240603		6,000.00	3,725,032.86
2024.01.10	202	20240604		150,000.00	3,575,032.86
2024.01.12	202	20240701	339,000.00		3,914,032.86
2024.01.12	202	20240702	203,400.00		4,117,432.86
2024.01.16	202	20240703	65,088.00		4,182,520.86
2024.01.17	202	20240704	67,800.00		4,250,320.86
2024.01.17	3		100,000.00		4,350,320.86
2024.01.18	401	STHP20240701	102,378.28		4,452,699.14
2024.01.22	202	20240901		10,000.00	4,442,699.14
2024.01.22	202	20240902		28,500.00	4,414,199.14
2024.01.31	202	20241001		66,026.80	4,348,172.34
2024.01.31	202	20241002		8,611.20	4,339,561.14

图11-3　银行对账单

3. 银行对账

(1) 自动对账。

① 执行"总账"|"出纳"|"银行对账"|"银行对账"命令，打开"银行科目选择"对话框。

② 选择科目"人民币户(10020101)"，设置"月份"为"2024.01—2024.01"，单击"确定"按钮，进入"银行对账"窗口。

自动对账

③ 单击"对账"按钮，打开"自动对账"对话框。

④ 设置截止日期为"2024-01-31"，默认系统提供的其他对账条件。

⑤ 单击"确定"按钮，显示自动对账结果，如图11-4所示。

(2) 手工对账。

① 在"银行对账"窗口中，对于一些应勾选而未勾选的账项，可双击其"两清"栏，直接进行手工调整。手工对账的标志为"√"，以区别于自动对账标志。

手工对账

② 对账完毕，单击"检查"按钮，检查结果平衡；单击"确定"按钮，再单击"保存"按钮。

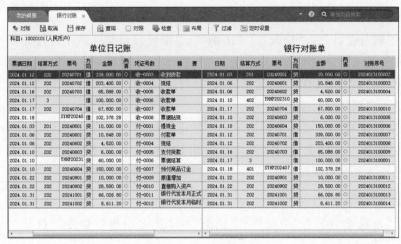

图11-4　自动对账结果

【任务解析】

第一次使用银行对账功能前，系统要求录入日记账及对账单未达账项，在开始使用银行对账之后不再使用。

在录入完单位日记账、银行对账单期初未达账项后，不要随意调整启用日期，尤其是向前调，这样可能会造成启用日期后的期初数不能再参与对账。

在进行对账时，对账条件中的"方向相同，金额相同"是必选条件，对账截止日期可以不输入。

对于已达账项，系统自动在银行存款日记账和银行对账单双方的"两清"栏打上圆圈标志。

在自动对账不能完全对上的情况下，可采用手工对账。

11.2.4　账表查询

【任务下达】

(1) 查询现金日记账。

(2) 查询银行日记账。

(3) 查询2024年1月10日资金日报。

(4) 查询余额调节表。

【任务指引】

1. 查询现金日记账

① 2024年1月31日，以"杜雪"的身份进入企业应用平台，在业务工作中执行"财务会计"｜"总账"｜"出纳"｜"现金日记账"命令，打开"现金日记账"对话框。

② 月份默认为"2024-01"，选择科目"库存现金(1001)"，单击"确定"按钮，进入"现金日记账"窗口。

③ 双击某行或将光标置于某行再单击"凭证"按钮，可查看相应的凭证。

查询现金日记账

2. 查询银行日记账

① 执行"财务会计"|"总账"|"出纳"|"银行日记账"命令，打开"银行日记账"对话框。

② 月份默认为"2024-01"，选择科目"银行存款(1002)"，单击"确定"按钮，进入"银行日记账"窗口。

查询银行日记账

③ 双击某行或将光标置于某行再单击"凭证"按钮，可查看相应的凭证。银行日记账查询与现金日记账查询操作基本相同，区别在于银行存款日记账设置了"结算号"栏，主要在对账时使用。

3. 查询资金日报

① 执行"财务会计"|"总账"|"出纳"|"资金日报"命令，打开"资金日报表"对话框。

② 选择日期"2024-01-10"，勾选"有余额无发生也显示"复选框，单击"确定"按钮，进入"资金日报表"窗口。

查询资金日报

③ 查看后关闭当前窗口。

4. 查询余额调节表

① 执行"财务会计"|"总账"|"出纳"|"银行对账"|"余额调节表查询"命令，进入"银行存款余额调节表"窗口。

查询余额调节表

② 双击"人民币户"记录行，打开"银行存款余额调节表"对话框。

③ 单击"详细"按钮，进入"余额调节表(详细)"窗口。

④ 查看后关闭当前窗口。

【任务解析】

如果在选项中设置了"明细账查询权限控制到科目"，那么账套主管应赋予出纳"现金"和"银行存款"科目的查询权限。

如果允许出纳查询凭证和总账，则需要在系统管理中赋予出纳"查询凭证"和"查询总账"的权限。

只有在"会计科目"功能中使用"指定科目"功能指定"现金科目"及"银行科目"，才能查询"现金日记账"及"银行存款日记账"。

银行存款余额调节表应显示账面余额平衡，如果不平衡，应分别查看银行对账期初、银行对账单及银行对账是否正确。

在银行对账之后可以查询对账勾对情况，如果确认银行对账结果是正确的，可以使用"核销银行账"功能核销已达账。

11.2.5 账套备份

【任务下达】

将012账套输出至"D:\012账套备份\出纳管理"文件夹中。

【任务指引】

略。

项目 12

期末结转业务

任务12.1 期末结转认知

每月日常业务处理完成后，月末结账前，要进行期末结转，主要内容包括：计算采用全月平均法核算的存货的单价，以正确核算出库成本；计提存货减值准备、应收账款减值；结转制造费用、完工产品成品、销售成本；结转期间损益、核算本月利润；按照财务制度计提与利润相关的各项税费；等等。

期末结转是结账前的最后一个环节，系统结账要满足一定的条件，因此需要按照规定对各系统进行结账前的业务检查。

任务12.2 期末结转实务

12.2.1 计提利息

【任务下达】

2024年1月31日，由账套主管"宋淼"计提1月份短期借款利息，假定年利率为5%，设置自定义转账并生成转账凭证。

【任务指引】

1. 设置自定义转账

① 2024年1月31日，以"宋淼"的身份进入企业应用平台，在业务工作中执行"财务会计"|"总账"|"期末"|"转账定义"|"自定义转账"命令，进入"自定义转账设置"窗口。

② 单击"增加"按钮，打开"转账目录"对话框。

设置自定义转账

③ 输入转账序号为"0001"、转账说明为"计提短期借款利息"，选择凭证类别为"转 转账凭证"，如图12-1所示。

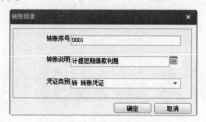

图12-1　自定义转账目录

④ 单击"确定"按钮，继续定义转账凭证分录信息。

⑤ 单击"增行"按钮，选择科目编码为"660301"、方向为"借"；双击"金额公式"栏，单击栏后"参照"按钮，打开"公式向导"对话框。

⑥ 选择"期初余额"函数，单击"下一步"按钮，打开"公式向导"对话框，继续定义公式。

⑦ 选择科目"2001"，其他默认，单击"完成"按钮，将金额公式带回"自定义转账设置"窗口。将光标移至公式末尾，输入"*0.05/12"，按Enter键确认。

⑧ 单击"增行"按钮，确定分录的贷方信息。选择科目编码"2231"方向为"贷"，选择或输入"金额公式"为"JG()"。

⑨ 单击"保存"按钮，如图12-2所示。

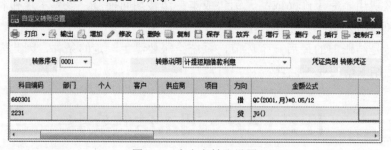

图12-2　自定义转账设置

❖ **提示：**

◇ JG()含义为"取对方科目计算结果"，其中的"()"必须为英文符号，否则系统提示"金额公式不合法：未知函数名"。

2. 生成转账凭证

① 执行"财务会计"|"总账"|"期末"|"转账生成"命令，打开"转账生成"对话框。

② 结转月份为"2024.01"，选中"自定义转账"单选按钮。

③ 单击"全选"按钮，再单击"确定"按钮，生成转账凭证。

④ 单击"保存"按钮，凭证左上角显示"已生成"字样，系统自动将当前凭证追加到未记账凭证中，如图12-3所示。

生成转账凭证

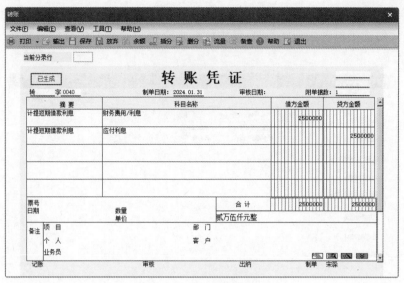

图12-3 自定义转账凭证

12.2.2 分配本月制造费用

【任务下达】

2024年1月31日,由账套主管"宋淼"分配本月制造费用,设置自定义转账并生成记账凭证。

【任务指引】

① 执行"财务会计"|"总账"|"期末"|"转账定义"|"自定义转账"命令,进入"自定义转账设置"窗口。

② 单击"增加"按钮,打开"转账目录"对话框。输入转账序号为"0002"、转账说明为"结转制造费用",选择凭证类别为"转 转账凭证",单击"确定"按钮,继续自定义转账凭证分录信息。

分配本月
制造费用

③ 单击"增行"按钮,进行公式设置,如图12-4所示。

摘要	科目编码	部门	个人	客户	供应商	项目	方向	金额公式
结转制造费用	500103						借	JG()
结转制造费用	510101						贷	QM(510101,月)
结转制造费用	510102						贷	QM(510102,月)
结转制造费用	510103						贷	QM(510103,月)
结转制造费用	510104						贷	QM(510104,月)
结转制造费用	510105						贷	QM(510105,月)

转账序号 0002　　转账说明 结转制造费用　　凭证类别 转账凭证

图12-4 公式设置

④ 执行"财务会计"|"总账"|"期末"|"转账生成"命令,打开"转账生成"对话框。

⑤ 结转月份为"2024.01",选中"自定义转账"单选按钮,双击编号"0002"的"是否结转"栏,勾选"包含未记账凭证(仅支持期末金额函数与发生金额函数)"复选框,如图12-5所示。

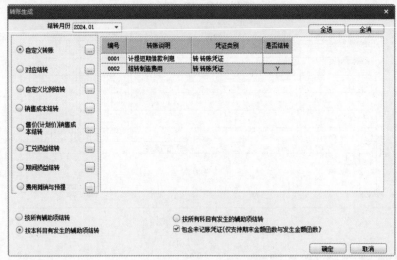

图12-5 选项设置

⑥ 单击"确定"按钮,系统弹出"2024.01月或之前月有未记账凭证,是否继续结转?"信息提示,单击"是"按钮,生成转账凭证,如图12-6所示。

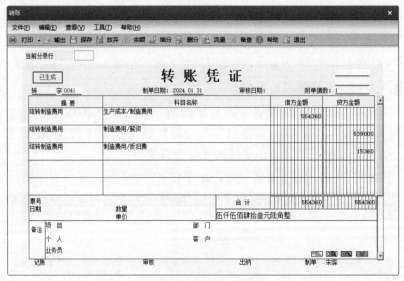

图12-6 制造费用分配凭证

【任务解析】

系统弹出"2024.01月或之前月有未记账凭证,是否继续结转?"信息提示时,需要判断未记账凭证是否与当前生成的凭证存在数据关联关系。本笔业务与未记账的计提利息凭证不存在数据关联,因此可以忽略提示,直接生成。

12.2.3 存货减值业务

【任务下达】

2024年1月31日，经财务部减值测试，鼠标的可变现净值为18元/个，由"宋淼"计提减值准备。

【任务指引】

① 2024年1月31日，以"宋淼"的身份进入企业应用平台，在业务工作中执行"供应链"|"存货核算"|"跌价准备"|"计提跌价准备"命令，进入"计提跌价处理单"窗口。

存货减值业务

② 单击"增加"按钮，在表头部分选择"财务部"，在下方表体中选择存货编码"1006"，输入可变现价格"18"，输入完成后保存并审核，如图12-7所示。

图12-7 计提跌价处理单

③ 执行"供应链"|"存货核算"|"跌价准备"|"跌价准备制单"命令，进入"生成凭证"窗口，单击"选单"按钮，进入"选择单据"窗口。选择要记账的单据，单击"确定"按钮，将信息带回。

④ 修改凭证类别为"转账凭证"，输入借方科目为"6701 资产减值损失"、贷方科目为"1471 存货跌价准备"，单击"制单"按钮，生成凭证并保存。

【任务解析】

存货的初始计量以成本入账，但存货进入企业后可能发生毁损、价格下跌等情况，基于谨慎性原则，期末时应按成本与可变现净值孰低计量。当存货成本高于其可变现净值时，存货发生减值，应当计提存货跌价准备。

12.2.4 应收账款减值处理

【任务下达】

2024年1月31日，由账套主管"宋淼"计提坏账准备。

【任务指引】

① 2024年1月31日，以"宋淼"的身份进入企业应用平台，在业务工作中执行"财务会计"|"应收款管理"|"坏账处理"|"计提坏账准备"命令，进入"计提坏账准备"窗口。

② 系统已经根据应收账款总额、计提比率、坏账准备初始设置情况自动算出本次计提金额，如图12-8所示。

应收账款减值处理

图12-8 计提坏账准备

③ 单击"确认"按钮，系统弹出"是否立即制单"信息提示，单击"是"按钮，生成凭证。

12.2.5 结转存货成本并对仓库进行期末处理

【任务下达】

(1) 2024年1月31日，结转本月已出库存货成本。

(2) 对原料库及配套用品库进行期末处理。

【任务指引】

1. 结转存货成本

① 2024年1月31日，以"宋淼"的身份进入企业应用平台，在业务工作中执行"供应链"|"存货核算"|"记账"|"期末处理"命令，打开"期末处理-1月"对话框。

② 选择"成品库"，单击"处理"按钮，进入"月平均单价计算表"窗口，如图12-9所示。

结转存货成本

③ 单击"确定"按钮，系统弹出"期末处理完毕！"信息提示，单击"确定"按钮，完成成品库的期末处理。关闭当前窗口。

④ 执行"供应链"|"存货核算"|"凭证处理"|"生成凭证"命令，进入"生成凭证"窗口。单击"选单"按钮，打开"查询条件-生成凭证查询条件"对话框。

⑤ 选择仓库"成品库"，单击"确定"按钮，进入"选择单据"窗口。单击"全选"按钮，再单击"确定"按钮，将信息带回"生成凭证"窗口。修改凭证类别为"转账凭证"，单击"合并制单"按钮，生成凭证并保存。

图12-9   仓库平均单价计算表

2. 对原料库及配套用品库进行期末处理

操作步骤参见结转存货成本。

【任务解析】

对于采用全月平均法核算的存货，期末处理时计算全月平均单价及本月出库成本；对于按计划价/售价核算的存货，期末处理时计算差异率并分摊差异；对于按照移动平均、先进先出、个别计价核算的存货，期末处理仅作为本月业务完结的标志。

12.2.6   税费处理

【任务下达】

(1) 结转本月未交增值税，设置自定义转账并生成凭证。

(2) 由"郝爽"对所有凭证进行审核记账。

【任务指引】

1. 设置自定义转账

① 2024年1月31日，以"宋淼"的身份进入企业应用平台，在业务工作中执行"财务会计"|"总账"|"期末"|"转账定义"|"自定义转账"命令，进入"自定义转账设置"窗口。

② 单击"增加"按钮，打开"转账目录"对话框。

③ 输入转账序号为"0003"、转账说明为"结转应交未交增值税"，选择凭证类别为"转 转账凭证"。

④ 单击"确定"按钮，继续定义转账凭证分录信息。

⑤ 单击"增行"按钮，选择科目编码为"22210105"、方向为"借"，设置金额公式为"QM(222101,月)"。

⑥ 单击"增行"按钮，选择科目编码为"222102"、方向为"贷"，设置金额公式为"JG()"，单击"保存"按钮，如图12-10所示。

设置自定义
转账

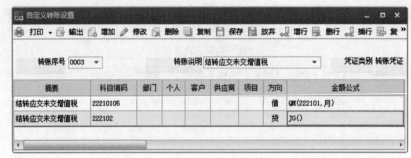

图12-10　自定义转账设置

2. 生成转账凭证

① 执行"财务会计"｜"总账"｜"期末"｜"转账生成"命令，打开"转账生成"对话框。

② 结转月份为"2024.01"，选中"自定义转账"单选按钮。双击编号"0003"的"是否结转"栏，勾选"包含未记账凭证(仅持付期末金额函数与发生金额函数)"复选框。

生成转账凭证

③ 单击"确定"按钮，系统弹出"2024.01月或之前月有未记账凭证，是否继续结转？"信息提示，单击"是"按钮，生成转账凭证。

④ 单击"保存"按钮，凭证左上角显示"已生成"字样，系统自动将当前凭证追加到未记账凭证中。

3. 审核未记账凭证并记账

由"郝爽"重新登录系统进行未记账凭证的审核与记账。

12.2.7　结转期间损益

【任务下达】

(1) 2024年1月31日，由账套主管"宋淼"进行期间损益结转处理，将本月"期间损益"转入"本年利润"。

(2) 由"郝爽"对期间损益凭证进行审核记账。

【任务指引】

1. 期间损益结转设置

① 2024年1月31日，以"宋淼"的身份进入企业应用平台，在业务工作中执行"财务会计"｜"总账"｜"期末"｜"转账定义"｜"期间损益"命令，打开"期间损益结转设置"对话框。

期间损益
结转设置

② 修改凭证类别为"转 转账凭证"，在"本年利润科目"栏录入"4103"或单击参照按钮选择"4103 本年利润"，如图12-11所示。

③ 单击"确定"按钮。

图12-11　期间损益结转设置

2. 生成期间损益转账凭证

① 执行"财务会计"|"总账"|"期末"|"转账生成"命令，打开
"转账生成"对话框。

② 结转月份为"2024.01"，选中"期间损益结转"单选按钮，单击
"全选"按钮，如图12-12所示。

生成期间损益
转账凭证

图12-12　选项设置

③ 单击"确定"按钮，生成期间损益结转凭证，单击"保存"按钮，如图12-13所示。

④ 由"郝爽"重新登录系统，对生成的期间损益结转凭证进行审核、记账。

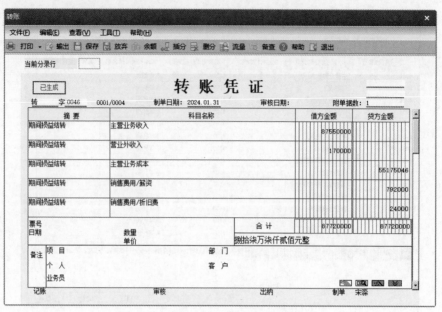

图12-13　生成期间损益结转凭证

【任务解析】

生成转账凭证的工作应在月末进行。如果有多种转账凭证形式，特别是涉及多项转账业务的，一定要注意转账的先后次序。例如，所有涉及损益类科目的凭证均应在期间损益凭证生成之前完成记账，否则期间损益结转不完整。

12.2.8　账套备份

【任务下达】

将012账套输出至"D:\012账套备份\期末结转"文件夹中。

【任务指引】

略。

月 末 结 账

任务13.1　月末结账认知

结账表示本期业务处理终结。结账之后不能再处理本月业务，因此结账前需要保证对账审查业务处理的正确性。

在财务业务一体化各系统集成应用时，期末结账要遵从一定的顺序。按照子系统之间的数据传递关系，各子系统结账的先后顺序如图13-1所示。

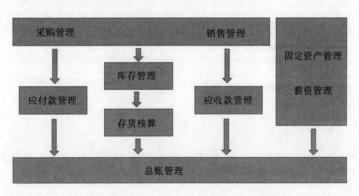

图13-1　财务业务一体化应用结账顺序

任务13.2　月末结账实务

13.2.1　采购管理系统月末结账处理

【任务下达】

2024年1月31日，由账套主管"宋淼"进行采购管理系统的月末结账处理。

【任务指引】

1. 结账

① 2024年1月31日，以"宋淼"的身份进入企业应用平台，在业务工作中执行"供应链"｜"采购管理"｜"月末结账"｜"月末结账"命令，打开"结账"对话框。

采购管理系统月末结账处理

② 在会计月份"1"所在行，选中"是否结账"。

③ 单击"结账"按钮，系统弹出"是否关闭订单？"信息提示，单击"否"按钮，系统自动进行结账，并在"是否结账"一栏显示"是"字样，如图13-2所示。

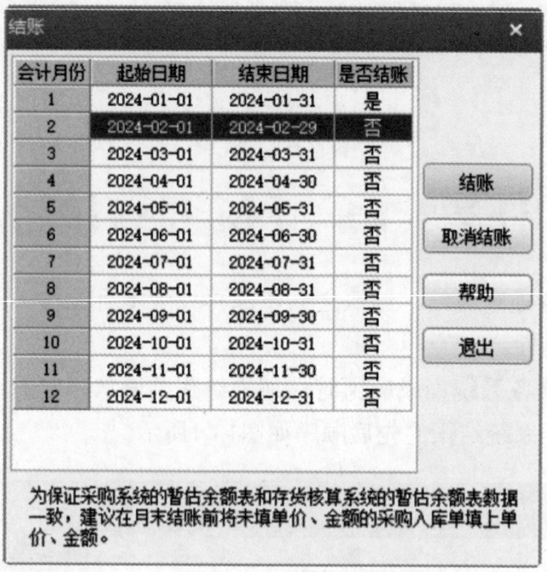

会计月份	起始日期	结束日期	是否结账
1	2024-01-01	2024-01-31	是
2	2024-02-01	2024-02-29	否
3	2024-03-01	2024-03-31	否
4	2024-04-01	2024-04-30	否
5	2024-05-01	2024-05-31	否
6	2024-06-01	2024-06-30	否
7	2024-07-01	2024-07-31	否
8	2024-08-01	2024-08-31	否
9	2024-09-01	2024-09-30	否
10	2024-10-01	2024-10-31	否
11	2024-11-01	2024-11-30	否
12	2024-12-01	2024-12-31	否

结账　取消结账　帮助　退出

为保证采购系统的暂估余额表和存货核算系统的暂估余额表数据一致，建议在月末结账前将未填单价、金额的采购入库单填上单价、金额。

图13-2　采购管理系统月末结账

④ 单击"退出"按钮退出。

❖ 提示：

◇ 采购管理系统月末结账后，才能进行库存管理、应付款管理系统的月末结账。

2. 取消结账

① 在业务工作中，执行"供应链"｜"采购管理"｜"月末结账"｜"月末结账"命令，打开"结账"对话框。

② 单击"取消结账"按钮，"是否结账"一栏显示"否"字样。

③ 单击"退出"按钮退出。

13.2.2　销售管理系统月末结账处理

【任务下达】

2024年1月31日，由账套主管"宋淼"进行销售管理系统的月末结账处理。

【任务指引】

① 执行"供应链"｜"销售管理"｜"月末结账"｜"月末结账"命令，打开"结账"对话框。

② 在会计月份"1"所在行，选中"是否结账"。

③ 单击"结账"按钮，系统弹出"是否关闭订单？"信息提示，单击"否"按钮，系统自动进行结账，并在"是否结账"一栏显示"是"字样，如图13-3所示。

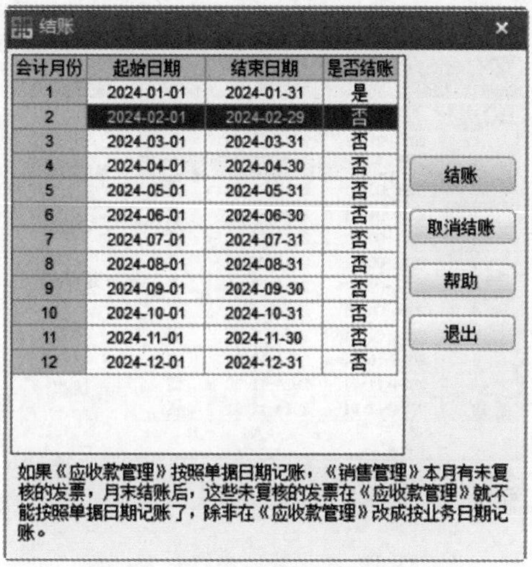

销售管理系统月末结账处理

图13-3　销售管理系统月末结账

④ 单击"退出"按钮退出。

❖ 提示：

◇ 销售管理系统月末结账后，才能进行库存管理、应收款管理系统的月末结账。

13.2.3　库存管理系统月末结账处理

【任务下达】

2024年1月31日，由账套主管"宋淼"进行库存管理系统的月末结账处理。

【任务指引】

1. 对账

① 执行"供应链"｜"库存管理"｜"月末处理"｜"库存账与货位账对账"命令，系统自动进行对账，并提示对账结果。单击"确定"按钮。

② 执行"供应链"｜"库存管理"｜"月末处理"｜"库存与存货对账"命令，打开"库存存货对账"对话框。

③ 选择对账月份为"1"，其他选项默认，单击"确定"按钮，系统弹出"本次对账数据完全正确！"信息提示，单击"确定"按钮，完成对账。

库存管理系统-对账

2. 月末结账

① 执行"供应链"|"库存管理"|"月末处理"|"月末结账"命令，打开"结账"对话框。

② 在会计月份"1"所在行，选中"是否结账"。

③ 单击"结账"按钮，系统弹出"库存启用月份结账后将不能修改期初数据，是否继续结账？"信息提示，单击"是"按钮，系统自动进行结账，并在"是否结账"一栏显示"是"字样，如图13-4所示。

④ 单击"退出"按钮退出。

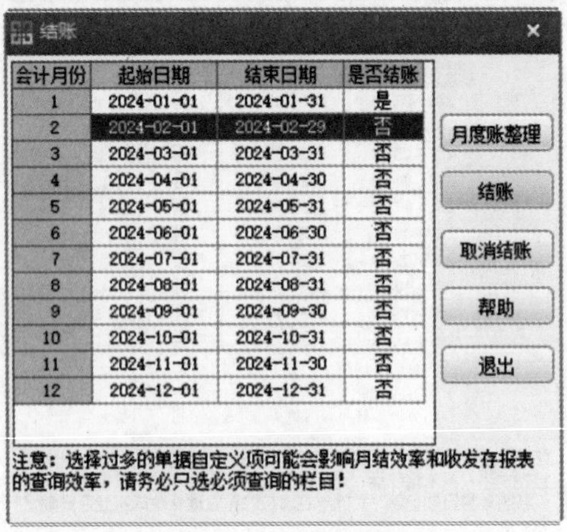

库存管理系统-
月末结账

会计月份	起始日期	结束日期	是否结账	
1	2024-01-01	2024-01-31	是	月度账整理
2	2024-02-01	2024-02-29	否	
3	2024-03-01	2024-03-31	否	结账
4	2024-04-01	2024-04-30	否	
5	2024-05-01	2024-05-31	否	取消结账
6	2024-06-01	2024-06-30	否	
7	2024-07-01	2024-07-31	否	帮助
8	2024-08-01	2024-08-31	否	
9	2024-09-01	2024-09-30	否	退出
10	2024-10-01	2024-10-31	否	
11	2024-11-01	2024-11-30	否	
12	2024-12-01	2024-12-31	否	

注意：选择过多的单据自定义项可能会影响月结效率和收发存报表的查询效率，请务必只选必须查询的栏目！

图13-4　库存管理系统月末结账

> ❖ **提示：**
>
> ◇　月末结账后，已结账月份的出入库单据不能修改或删除。
>
> ◇　库存管理系统结账后，存货核算系统才能结账。

13.2.4　存货核算系统月末结账处理

【任务下达】

2024年1月31日，由账套主管"宋淼"进行存货核算系统的对账、月末结账处理。

【任务指引】

1. 对账

① 执行"供应链"|"存货核算"|"对账"|"存货与总账对账"命令，打开"查询条件"对话框。年月为"2024.01"，其他默认，单击"确定"按钮，系统自动进行对账。若对账不平，则显示不平记录；若对账无误，则无记录显示，如图13-5所示。

存货核算系统-
对账

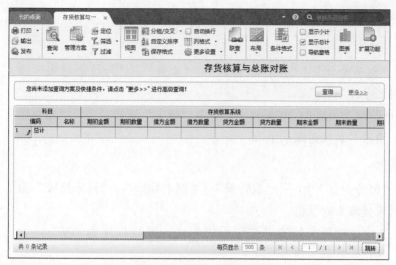

图13-5　存货与总账对账

② 执行"供应链"｜"存货核算"｜"对账"｜"发出商品与总账对账"命令，打开"查询条件"对话框。设置年月为"2024.01"，其他默认，单击"确定"按钮，系统自动进行对账，并提示对账结果。

③ 执行"供应链"｜"存货核算"｜"对账"｜"暂估科目与总账对账"命令，打开"查询条件"对话框。设置年月为"2024.01"，输入科目"220202 暂估应付款"，其他默认，单击"确定"按钮，系统自动进行对账，并提示对账结果。

2. 月末结账

① 执行"供应链"｜"存货核算"｜"记账"｜"月末结账"命令，打开"结账"对话框。

② 在会计月份"1"所在行，选中"是否结账"。

③ 单击"月结检查"按钮，打开"检查结果"对话框，显示尚有单据未生成凭证，双击"解决方案"栏，下方窗口显示明细记录。

存货核算系统-
月末结账

④ 经查，该单据不涉及数量金额，仅为鼠标仓库调拨暂存业务，可不生成凭证。

⑤ 单击"退出"按钮，返回"结账"对话框。

⑥ 单击"结账"按钮，系统弹出"尚有单据未生成凭证，确认进行月结账吗？"信息提示，单击"确定"按钮，系统弹出"月末结账完成！"信息提示，单击"确定"按钮，完成结账。

❖ 提示：

◇ 采购管理、销售管理、库存管理系统结账完成后，存货核算系统才能进行月末结账。

◇ 存货核算系统在月结检查时，若无误，则系统会弹出"检测成功！"信息提示。

◇ 存货核算系统在月结时，若无误，则系统会弹出"月末结账完成！"信息提示。

13.2.5　应付款管理系统月末结账处理

【任务下达】

2024年1月31日，由账套主管"宋淼"进行应付款管理系统的对账、月末结账处理。

【任务指引】

1. 对账

① 执行"财务会计"|"应付款管理"|"对账"|"与总账对账"命令，打开"对账条件"对话框。

② 设置月份为"2024.01-2024.01"，单击"确定"按钮，进入"与总账对账"窗口，查看与总账对账结果。

应付款管理系统-对账

2. 月末结账

① 执行"财务会计"|"应付款管理"|"期末处理"|"月末结账"命令，打开"月末处理"对话框。

② 双击"一月"所在行的"结账标志"栏，系统标注为"Y"，如图13-6所示。

应付款管理系统-月末结账

图13-6 选择结账月份

③ 单击"下一步"按钮，在处理情况均为"是"的情况下，单击"完成"按钮，系统弹出"1月份结账成功"信息提示，单击"确定"按钮，完成结账，如图13-7所示。

图13-7 结账完成

13.2.6 应收款管理系统月末结账处理

【任务下达】

2024年1月31日，由账套主管"宋淼"进行应收款管理系统的对账、月末结账处理。

【任务指引】

1. 对账

① 执行"财务会计"｜"应收款管理"｜"对账"｜"与总账对账"命令，打开"对账条件"对话框。

② 设置月份为"2024.01-2024.01"，单击"确定"按钮，进入"与总账对账"窗口，查看与总账对账结果。

应收款管理系统-对账

2. 月末结账

① 执行"财务会计"｜"应收款管理"｜"期末处理"｜"月末结账"命令，打开"月末处理"对话框。

② 双击"一月"所在行的"结账标志"栏，系统标注为"Y"，单击"下一步"按钮，查看各业务的"处理情况"，如图13-8所示。

应收款管理系统-月末结账

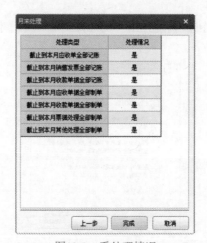

图13-8 看处理情况

③ 在处理情况均为"是"的情况下，单击"完成"按钮，系统弹出"1月份结账成功"信息提示，单击"确定"按钮，完成结账。

13.2.7 固定资产系统月末结账处理

【任务下达】

2024年1月31日，由账套主管"宋淼"进行固定资产系统的对账、月末结账处理。

【任务指引】

1. 对账

① 执行"财务会计"|"固定资产"|"资产对账"|"对账"命令，打开"对账条件"对话框。

固定资产系统-
对账

② 选择需要对账的科目"1601 固定资产"和"1602 累计折旧"，单击"确定"按钮，进入"对账"窗口。

③ 查看与总账对账结果，如图13-9所示。

科目		固定资产				总账				对账差异			
编码	名称	期初余额	借方金额	贷方金额	期末余额	期初余额	借方金额	贷方金额	期末余额	期初余额	借方金额	贷方金额	期末余额
1601	固定资产	375600.00	38500.00	0.00	414100.00	375600.00	38500.00	0.00	414100.00	0.00	0.00	0.00	0.00
1602	累计折旧	240206.40	0.00	5113.60	245320.00	240206.40	0.00	5113.60	245320.00	0.00	0.00	0.00	0.00

图13-9 固定资产与总账对账

2. 月末结账

① 执行"财务会计"|"固定资产"|"期末处理"|"月末结账"命令，打开"月末结账"对话框。

② 单击"开始结账"按钮，系统弹出"与总账对账结果"信息提示框，如图13-10所示。

固定资产系统-
月末结转

图13-10 固定资产与总账对账结果

③ 单击"确定"按钮，系统弹出"月末结账成功完成！"信息提示，单击"确定"按钮。

④ 系统再次弹出提示信息，单击"确定"按钮，完成月结。

【任务解析】

只有设置账套参数时选择了"与账务系统进行对账"，此功能才能操作。

如果对账不平，则需要根据初始化是否选中"在对账不平情况下允许固定资产月末结账"来判断是否可以进行结账处理。

如果在固定资产系统中已经计提折旧，但生成的计提折旧凭证尚未在总账系统中记账，就会导致对账不平。

在固定资产系统中完成了本月全部制单业务后,可以进行月末结账。月末结账每月进行一次,结账后当期数据不能修改。

如果结账后发现有未处理的业务或需要修改的事项,则可以通过系统提供的"恢复月末结账前状态"功能进行反结账。但是,不能跨年度恢复数据,即本系统年末结转后,不能利用本功能恢复年末结转。

13.2.8 薪资管理系统月末结账处理

【任务下达】

2024年1月31日,由账套主管"宋淼"进行薪资管理系统月末结账处理。

【任务指引】

① 执行"人力资源"|"薪资管理"|"工资类别"|"打开工资类别"命令,打开"正式职工"的工资类别。

② 执行"人力资源"|"薪资管理"|"业务处理"|"月末处理"命令,打开"月末处理"对话框,如图13-11所示。

薪资管理系统
月末结账

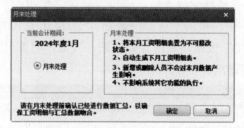

图13-11 薪资管理系统月末处理

③ 单击"确定"按钮,系统弹出"月末处理之后,本月工资将不许变动,继续月末处理吗?"信息提示,单击"是"按钮。系统弹出"是否选择清零项?"信息提示,单击"是"按钮,打开"选择清零项目"对话框。

④ 在"请选择清零项目"列表中,选择"请假天数",单击 > 按钮,将所选项目移动到右侧的列表框中,如图13-12所示。

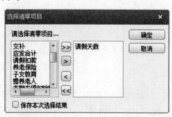

图13-12 选择清零项目

⑤ 单击"确定"按钮,系统弹出"月末处理完毕!"信息提示,单击"确定"按钮返回。关闭"正式职员"工资类别。

⑥ 用同样的方法完成"临时人员"工资类别的月末处理。

【任务解析】

若存在多个工资类别,则需要分别进行月末处理。

若本月工资数据未汇总,则不允许进行月末结转。

月末处理后,当月数据不再允许变动。

13.2.9 总账系统期末结账处理

【任务下达】

2024年1月31日,由账套主管"宋淼"进行总账系统期末结账处理。

【任务指引】

1. 对账

① 执行"财务会计"|"总账"|"期末"|"对账"命令,打开"对账"对话框。

② 选中要对账的月份"2024.01",单击"试算"按钮,打开"2024.01试算平衡表"对话框,查看试算平衡表后,单击"确定"按钮。

③ 在"对账"对话框中,单击"选择"按钮,"2024.01是否对账"栏出现"Y"标志;单击"对账"按钮,系统开始对账,并显示对账结果,如图13-13所示。

④ 单击"退出"按钮退出。

总账期末处理-对账

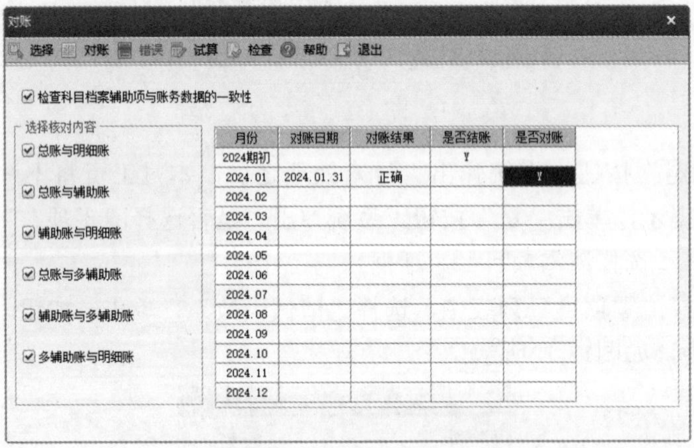

总账期末处理-结账

图13-13 对账结果

2. 期末结账

① 执行"财务会计"|"总账"|"期末"|"结账"命令,打开"结账"对话框。

② 单击"下一步"按钮,核对账簿。

③ 单击"对账"按钮,系统进行对账。对账完毕后,单击"下一步"按钮,显示月度工作报告,如图13-14所示。

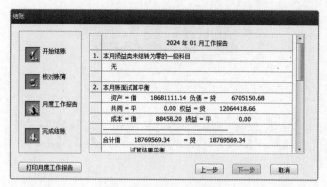

图13-14 月度工作报告

④ 单击"下一步"按钮，再单击"结账"按钮，完成结账操作。

【任务解析】

结账后只能对业务进行查询，不能对本月业务进行任何操作。

若因某些原因需要取消本月结账，则可由账套主管在"结账"对话框按Ctrl+Shift+F6键取消结账标记。

13.2.10 账套备份

【任务下达】

将012账套输出至"D:\012账套备份\月末结账"文件夹中。

【任务指引】

略。

报表编制及分析

任务14.1　报表编制认知

UFO报表系统是处理报表的工具。利用UFO报表系统既可以编制对外财务报表，又可以编制各种内部管理报表。报表编制主要分为报表格式设计和报表数据处理两部分。

1. 报表格式设计

我们把一张报表拆分为相对固定的内容和相对变动的内容。相对固定的内容包括报表的标题、表格部分、表中的项目、表中数据的来源等；相对变动的内容主要是报表中的数据。报表格式设计是指在计算机系统中建立报表中相对固定的部分，相当于在计算机中建立一个报表模板，供以后编制此类报表时调用。UFO报表系统提供了丰富的格式设计功能，包括设置报表行列数、定义组合单元、画表格线、定义报表关键字、设置公式等。

UFO报表系统中按照会计制度提供了不同行业的标准财务报表模板，简化了用户的报表格式设计工作。如果标准行业报表仍不能满足需要，系统还提供了自定义模板的功能。

2. 报表数据处理

报表数据处理是根据预先设置的报表格式和报表公式进行数据采集、计算、汇总等，生成会计报表。除此以外，UFO报表系统还提供了排序、审核、舍位平衡、汇总等功能。

图表具有比数据报表更直观的优势。UFO报表系统的图表处理功能能够方便用户对报表数据进行图形组织，制作直方图、立体图、圆饼图、折线图等多种分析图表，并能编辑图表的位置、大小、标题、字体、颜色等，打印输出各种图表。

3. 编制报表的工作流程

在UFO报表系统中，编制报表主要有两种方法。对于各企业标准的对外财务报告，一般调用系统预置的报表模板，微调后快速生成；对于企业内部使用的各种管理报表，需要自行完成报表定义。结合以上两种情况，编制报表的工作流程如图14-1所示。

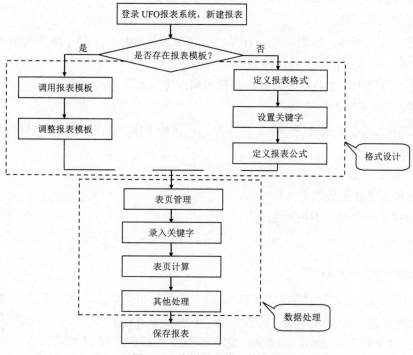

图14-1   编制报表的工作流程

任务14.2   自定义报表实务

14.2.1   格式设计

【任务下达】

2024年1月31日，由账套主管"宋淼"自定义部门费用明细表。

制表要求如下。

(1) 在A1:F11区域制作表格，样表如图14-2所示。

图14-2   部门费用明细表(样表)

(2) 调整标题行高为12mm，各列列宽可按需要调整。

(3) 设置单元格风格。

① 标题字体：黑体；标题字号：16号；表体与表头字体：宋体；表体与表头字号：12号；表尾字体：宋体；表尾字号：10号。

② 表体与表尾中的文字对齐方式：垂直方向居中、水平方向居中。

③ 设置B11单元格为字符。

(4) 在C2单元格设置关键字"年"和"月"，调整关键字位置，"月"关键字偏移50。

(5) 报表公式定义。

① 引导输入公式。

② 引导输入统计函数。

(6) 保存报表为"部门费用明细表"。

【任务指引】

1. 启动UFO报表系统

① 2024年1月31日，以"宋淼"的身份进入企业应用平台，在业务工作中执行"财务会计"｜"UFO报表"命令，进入UFO报表系统。

② 执行"文件"｜"新建"命令，建立一张空白报表，报表名默认为"report1"。

启动UFO
报表系统

2. 报表格式定义

查看空白报表左下角的"格式/数据"按钮，使当前状态为"格式"。

(1) 设置报表尺寸。

① 执行"格式"｜"表尺寸"命令，打开"表尺寸"对话框。

② 输入行数"11"、列数"6"，如图14-3所示。单击"确认"按钮。

设置报表尺寸

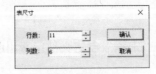

图14-3　设置表尺寸

(2) 定义组合单元。

① 选中需要合并的区域"A1:F1"。

② 执行"格式"｜"组合单元"命令，打开"组合单元"对话框，如图14-4所示。

③ 选择组合方式"整体组合"或"按行组合"，该区域即可合并成一个单元格。

定义组合单元

图14-4　组合单元

(3) 画表格线。

① 选中报表中需要画线的区域"A3:F10"。

② 执行"格式"│"区域画线"命令，打开"区域画线"对话框，如图14-5所示。

③ 设置画线类型为"网线"，单击"确认"按钮，将所选区域画上表格线。

画表格线

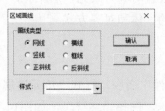

图14-5 区域画线

(4) 输入报表文字项目。

① 选中需要输入内容的单元或组合单元。

② 在该单元或组合单元中输入相关文字内容。例如，在A1组合单元中输入"部门费用明细表"、在F2单元中输入"金额单位：元"等。全部内容输入完成后，如图14-6所示。

输入报表文字项目

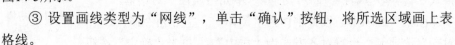

图14-6 输入报表文字项目

3. 定义报表行高和列宽

① 选中需要调整的单元所在行"A1"。

② 执行"格式"│"行高"命令，打开"行高"对话框。

③ 输入行高"12"，如图14-7所示。单击"确认"按钮。

④ 同理，选中需要调整的单元所在列，执行"格式"│"列宽"命令，可设置该列的宽度。

定义报表行高和列宽

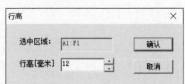

图14-7 设置行高

4. 设置单元格风格

(1) 设置标题字体及对齐方式。

① 选中标题所在组合单元"A1"。

② 执行"格式"│"单元属性"命令，打开"单元格属性"对话框。

③ 打开"字体图案"选项卡，设置字体为"黑体"、字号为"16"。

设置标题字体及对齐方式

④ 打开"对齐"选项卡，设置对齐方式为"居中"，单击"确定"按钮。

⑤ 同理，设置其他单元格的字体和对齐方式。

(2) 定义单元格属性。

① 选中单元"B11"。

② 执行"格式"│"单元属性"命令，打开"单元格属性"对话框。

定义单元格属性

③ 打开"单元类型"选项卡，选择"字符"，如图14-8所示。单击"确定"按钮。

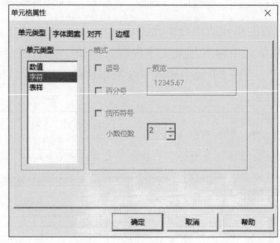

图14-8　定义单元格属性

5. 设置关键字

(1) 设置关键字"年"和"月"。

① 选中需要输入关键字的单元"C2"。

② 执行"数据"│"关键字"│"设置"命令，打开"设置关键字"对话框。

设置年月关键字

③ 选中"年"单选按钮，如图14-9所示。单击"确定"按钮。

④ 同理，在C2单元中设置"月"关键字。此时"年"关键字和"月"关键字重叠在一起。

图14-9 设置关键字

(2) 调整关键字位置。

① 选中C2单元格，执行"数据"｜"关键字"｜"偏移"命令，打开"定义关键字偏移"对话框。

② 在需要调整位置的关键字后面输入偏移量，"月"关键字偏移50，如图14-10所示。

③ 单击"确定"按钮。

调整关键字位置

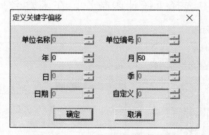

图14-10 调整关键字偏移量

6. 报表公式定义

(1) 引导输入公式。

① 选中需要定义公式的单元"B4"，即企管部的"薪资"。

② 单击 *fx* 按钮或执行"数据"｜"编辑公式"｜"单元公式"命令，打开"定义公式"对话框。

引导输入公式

③ 单击"函数向导"按钮，打开"函数向导"对话框。

④ 在函数分类列表框中选择"用友账务函数"，在函数名列表框中选择"发生(FS)"，单击"下一步"按钮，打开"用友账务函数"对话框。

⑤ 单击"参照"按钮，打开"账务函数"对话框。

⑥ 选择科目"660201"、部门编码"企管部"，其余各项均采用系统默认值，如图14-11所示。单击"确定"按钮，返回"用友账务函数"对话框。

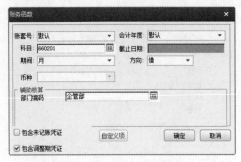

图14-11　引导输入公式

⑦ 单击"确定"按钮，返回"定义公式"对话框，单击"确认"按钮。

⑧ 定义其他单元格公式(除合计单元格)。

(2) 引导输入统计函数。

① 选中需要定义公式的单元"F4"。单击 f_x 按钮，打开"定义公式"对话框。

② 单击"函数向导"按钮，打开"函数向导"对话框。

③ 在函数分类列表框中选择"统计函数"，在函数名列表框中选择"PTOTAL"，如图14-12所示。

引导输入
统计函数

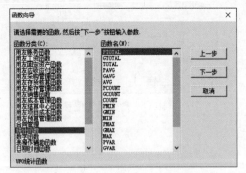

图14-12　引导输入统计函数

④ 单击"下一步"按钮，打开"固定区统计函数"对话框。

⑤ 在"固定区区域"文本框中输入"B4:E4"，单击"确认"按钮返回，再单击"确认"按钮，完成定义。

⑥ 同理，输入其他统计公式，完成后如图14-13所示。

	A	B	C	D	E	F
1			部门费用明细表			
2			xxxx 年	xx 月		金额单位：元
3	部门	薪资	折旧费	办公费	差旅费	合计
4	企管部	公式单元	公式单元	公式单元	公式单元	公式单元
5	财务部	公式单元	公式单元	公式单元	公式单元	公式单元
6	采购部	公式单元	公式单元	公式单元	公式单元	公式单元
7	销售部	公式单元	公式单元	公式单元	公式单元	公式单元
8	仓储部	公式单元	公式单元	公式单元	公式单元	公式单元
9	生产部	公式单元	公式单元	公式单元	公式单元	公式单元
10	合计	公式单元	公式单元	公式单元	公式单元	公式单元
11	制表人：				审核人：	

图14-13　公式设置完成

7. 保存报表格式

① 执行"文件"｜"保存"命令。如果是第一次保存，则打开"另存为"对话框。

② 选择保存文件的目录，输入报表文件名"部门费用明细表"；选择文件类型"报表文件*.rep"，如图14-14所示。单击"另存为"按钮。

保存报表格式

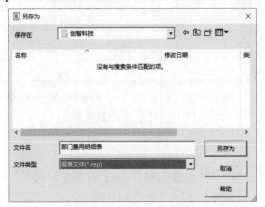

图14-14　保存报表格式

【任务解析】

UFO报表系统中的公式分为三类：单元公式、审核公式和舍位公式。

计算公式定义了报表数据之间的运算关系，可以实现UFO报表系统从其他子系统取数。在报表单元中输入"="就可直接定义计算公式，因此称为单元公式。

审核公式用于审核报表内或报表之间的勾稽关系是否正确。

舍位平衡公式用于在对报表数据进行进位或小数取整时调整数据，避免破坏原数据平衡。

14.2.2　数据处理

【任务下达】

2024年1月31日，由账套主管"宋淼"生成部门费用明细表。

(1) 打开"部门费用明细表"，切换至"数据"状态。

(2) 追加两张表页。

(3) 输入关键字。

(4) 生成报表。

【任务指引】

1. 打开报表

① 启动UFO报表系统，执行"文件"｜"打开"命令。

② 选择文件"部门费用明细表.rep"，单击"打开"按钮。

③ 在空白报表的左下角单击"格式/数据"按钮，使当前状态为"数据"，如图14-15所示。

打开报表

图14-15　打开报表(数据状态)

2. 增加表页

① 执行"编辑"|"追加"|"表页"命令，打开"追加表页"对话框。

② 输入需要增加的表页数量"2"，如图14-16所示。

③ 单击"确认"按钮，系统自动增加两张表页。

增加表页

图14-16　追加表页

3. 录入关键字

① 执行"数据"|"关键字"|"录入"命令，打开"录入关键字"对话框。

② 输入年"2024"、月"1"，如图14-17所示。

录入关键字

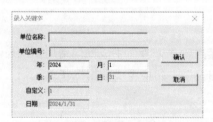

图14-17　录入关键字

③ 单击"确认"按钮，系统弹出"是否重算第1页？"信息提示。单击"是"按钮，系统会自动根据单元公式计算1月份数据；单击"否"按钮，系统不计算1月份数据，以后可利用"表页重算"功能生成1月份数据。

4. 生成报表

① 执行"数据"|"表页重算"命令，系统弹出"是否重算第1页？"信息提示。

生成报表

② 单击"是"按钮，系统会自动在初始的账套和会计年度范围内，根据单元公式计算并生成数据。

【任务解析】

在"数据"状态下，可以在字符型单元和数值型单元中录入数据；可以对表页进行管理，如在当前表中追加表页；如果定义了审核公式和舍位平衡公式，则可以进行报表审核和舍位平衡处理。

任务14.3　利用模板生成报表

14.3.1　资产负债表

【任务下达】

2024年1月31日，由账套主管"宋淼"利用报表模板编制2024年1月的资产负债表，并将报表保存至D盘根目录下，将文件命名为"1月资产负债表.rep"。

调用资产负债表模板

【任务指引】

1. 调用资产负债表模板

① 打开UFO报表系统，新建报表，在"格式"状态下，执行"格式"|"报表模板"命令，打开"报表模板"对话框。

② 设置您所在的行业为"2007年新会计制度科目"、财务报表为"资产负债表"，如图14-18所示。

图14-18　调用资产负债表模板

③ 单击"确认"按钮，系统弹出"模板格式将覆盖本表格式！是否继续？"信息提示。

④ 单击"确定"按钮，即可调用资产负债表模板。

2. 调整报表项目及公式

① 单击"数据/格式"按钮，使"资产负债表"处于"格式"状态下。

② 根据本单位的实际情况及最新会计准则调整报表项目。将A12"应收利息"改为"合同资产"；将A13"应收股利"改为"持有待售资产"；将A20"可供出售金融资产"改为"债权投资"；将A21"持有至到期投资"改为"其他债权投资"；将E14"应付利息"改为"合同负债"；将E15"应付股利"改为"持有待售负债"。

调整报表项目及公式

③ 调整公式，将"生产成本(5001)"加入存货公式。

④ 保存调整后的报表模板。

3. 生成资产负债表数据

① 在"数据"状态下，执行"数据"｜"关键字"｜"录入"命令，打开"录入关键字"对话框。

② 输入关键字年为"2024"、月为"1"、日为"31"。

③ 单击"确认"按钮，系统弹出"是否重算第1页？"信息提示。

④ 单击"是"按钮，系统会自动根据单元公式计算1月份数据，如图14-19所示。

生成资产负债表数据

资产负债表

编制单位：　　　　　　　　2024 年　　　1 月　　　31 日

会企01表
单位:元

资　　产	行次	期末余额	年初余额	负债和所有者权益 （或股东权益）	行次	期末余额	年初余额
流动资产：				流动负债：			
货币资金	1	4,584,288.46	3,432,408.18	短期借款	32	6,000,000.00	6,000,000.00
交易性金融资产	2			交易性金融负债	33		
应收票据	3			应付票据	34		60,000.00
应收账款	4	614,447.84	387,000.00	应付账款	35	472,430.00	365,760.00
预付款项	5	15,452.30		预收款项	36	110,548.00	
合同资产	6			应付职工薪酬	37	43,058.00	28,200.00
持有待售资产	7			应交税费	38	54,114.68	-29,415.62
其他应收款	8	2,800.00	6,800.00	合同负债	39	25,000.00	
存货	9	13,385,800.74	13,688,000.60	持有待售负债	40		
一年内到期的非流动资产	10			其他应付款	41		
其他流动资产	11			一年内到期的非流动负债	42		
流动资产合计	12	18,602,789.34	17,514,208.78	其他流动负债	43		
非流动资产：				流动负债合计	44	6,705,150.68	6,424,544.38
债权投资	13			非流动负债：			
其他债权投资	14			长期借款	45		
长期应收款	15			应付债券	46		
长期股权投资	16			长期应付款	47		
投资性房地产	17			专项应付款	48		
固定资产	18	166,780.00	135,393.60	预计负债	49		
在建工程	19			递延所得税负债	50		
工程物资	20			其他非流动负债	51		
固定资产清理	21			非流动负债合计	52		
生产性生物资产	22			负债合计	53	6,705,150.68	6,424,544.38
油气资产	23			所有者权益（或股东权益）：			
无形资产	24			实收资本（或股本）	54	9,603,980.00	8,980,980.00
开发支出	25			资本公积	55		
商誉	26			减：库存股	56		
长期待摊费用	27			盈余公积	57		
递延所得税资产	28			未分配利润	58	2,460,438.66	2,244,078.00
其他非流动资产	29			所有者权益（或股东权益）合计	59	12,064,418.66	11,225,058.00
非流动资产合计	30	166,780.00	135,393.60				
资产总计	31	18,769,569.34	17,649,602.38	负债和所有者权益（或股东权益）总计	60	18,769,569.34	17,649,602.38

图14-19　资产负债表

⑤ 若单击"否"按钮，系统则不计算1月份数据，以后可利用"表页重算"功能生成1月份数据。

⑥ 执行"文件"｜"另存为"命令，将生成的报表数据保存为"D:\1月资产负债表.rep"。

【任务解析】

资产负债表中的数据取自一级科目余额。如果资产负债表不平衡，则可以从以下两个方面着手检查。

(1) 查看总账中的余额表，检查是否所有损益类科目已经全部结转为空。

(2) 检查一级科目是否包含在资产负债表的相关项目中。

14.3.2　利润表

【任务下达】

2024年1月31日，由账套主管"宋淼"利用报表模板编制2024年1月的利润表，并将报表保存至D盘根目录下，将文件命名为"1月利润表.rep"。

【任务指引】

1. 调用利润表模板

① 打开UFO报表系统，新建报表，在"格式"状态下，执行"格式"｜"报表模板"命令，打开"报表模板"对话框。

② 设置您所在的行业为"2007年新会计制度科目"、财务报表为"利润表"，如图14-20所示。

调用利润表
模板

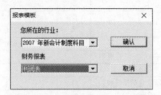

图14-20　调用利润表模板

③ 单击"确认"按钮，系统弹出"模板格式将覆盖本表格式！是否继续？"信息提示。

④ 单击"确定"按钮，即可调用利润表模板。

2. 调整报表项目及公式

调整报表项目及
公式

① 单击"数据/格式"按钮，使"利润表"处于"格式"状态下。

② 选择A12单元格，执行"编辑"｜"插入"｜"行"命令，插入一个空行。选择A19单元格，执行"编辑"｜"删除"｜"行"命令，删除"其中：非流动资产处置损失"一行。

③ 根据本单位的实际情况及最新会计准则调整报表项目。将A7"营业税金及附加"修改为"税金及附加"；在A12单元格输入项目名称"信用减值损失"，并与上一行文字对齐。

④ 调整公式，设置"信用减值损失"本期金额的计算公式为"fs(6702,月,"借",,年)"，上期金额的计算公式为"select(?C12,年@=年+1 and 月@=月)"。修改"营业利润"本期金额的计算公式为"?C5-?C6-?C7-?C8-?C9-?C10-?C11-?C12+?C13+?C14"。

⑤ 保存调整后的报表模板。

3. 生成利润表数据

① 在"数据"状态下，执行"数据"｜"关键字"｜"录入"命令，打开"录入关键字"对话框。

② 输入关键字年为"2024"、月为"1"。

③ 单击"确认"按钮，系统弹出"是否重算第1页？"信息提示。

生成利润表
数据

④ 单击"是"按钮，系统会自动根据单元公式计算1月份数据，如图14-21所示。

⑤ 若单击"否"按钮，系统则不计算1月份数据，以后可利用"表页重算"功能生成1月份数据。

⑥ 执行"文件"｜"另存为"命令，将生成的报表数据保存为"D:\1月利润表.rep"。

项 目	行数	本期金额	上期金额
一、营业收入	1	875,500.00	
减：营业成本	2	551,750.46	
税金及附加	3		
销售费用	4	8,160.00	
管理费用	5	72,780.00	
财务费用	6	26,016.72	
资产减值损失	7	7,000.00	
信用减值损失	8	-6,067.84	
加：公允价值变动收益（损失以"-"号填列）	9		
投资收益（损失以"-"号填列）	10		
其中：对联营企业和合营企业的投资收益	11		
二、营业利润（亏损以"-"号填列）	12	215860.66	
加：营业外收入	13	1,700.00	
减：营业外支出	14	1,200.00	
三、利润总额（亏损总额以"-"号填列）	15	216360.66	
减：所得税费用	16		
四、净利润（净亏损以"-"号填列）	17	216360.66	
五、每股收益：	18		
（一）基本每股收益	19		
（二）稀释每股收益	20		

利润表标题：利润表　演示数据　会企02表　编制单位：　2024 年　1 月　单位:元

图14-21　利润表

【任务解析】

如果利润表取数不正确，则可检查所有费用类科目有无贷方发生的情况、所有收入类科目有无借方发生的情况。利润表中本期金额默认按照科目的余额方向取各科目的本期发生额，如主营业务收入公式为"fs(6001,月,"贷",,年)+fs(6051,月,"贷",,年)"，如果发生退货业务记入主营业务收入借方，就会造成数据遗漏。因此，在日常发生退货业务时，建议在主营业务收入科目贷方记负数。

14.3.3　现金流量表

【任务下达】

利用总账项目核算和报表模板编制现金流量表，并将报表保存至D盘根目录下，将文件命名为"1月现金流量表.rep"。

【任务指引】

1. 指定现金流量科目

① 在企业应用平台的基础设置中，执行"基础档案"|"财务"|"会计科目"命令，进入"会计科目"窗口。

② 单击"指定科目"按钮，打开"指定科目"对话框。

指定现金
流量科目

③ 将"1001 库存现金""10020101 人民币户""10020102 美元户""100202 光大银行"及"1012 其他货币资金"指定为现金流量科目，如图14-22示。

④ 单击"确定"按钮完成设置。

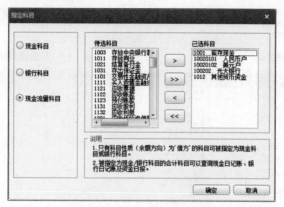

图14-22　指定现金流量科目

2. 查看现金流量项目目录

① 在企业应用平台的基础设置中，执行"基础档案"|"财务"|"项目目录"命令，打开"查询条件-项目目录"对话框。

② 系统已预置现金流量项目，选择"现金流量项目"项目大类，单击"确定"按钮，查看其项目目录，如图14-23所示。

查看现金流量项目目录

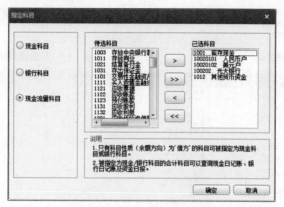

图14-23　现金流量项目大类及项目目录

3. 确认每一笔涉及现金流量的业务对应的现金流量项目

① 在企业应用平台的业务工作中，执行"财务会计"|"总账"|"现金流量表"|"现金流量凭证查询"命令，打开"现金流量凭证查询"对话

补充录入现金流量项目

框，单击"确定"按钮，进入"现金流量查询及修改"窗口。

② 窗口左侧显示全部与现金流量有关的凭证。针对每一张现金流量凭证，单击"修改"按钮，补充录入现金流量项目，如图14-24所示。

图14-24　现金流量凭证查询及修改

4. 调用现金流量表模板

① 启动UFO报表系统，新建一张空白报表，在"格式"状态下，执行"格式"｜"报表模板"命令，打开"报表模板"对话框。

② 设置您所在的行业为"2007年新会计制度科目"、财务报表为"现金流量表"。

调用现金流量表
模板

③ 单击"确认"按钮，系统弹出"模板格式将覆盖本表格式！是否继续？"信息提示。

④ 单击"确定"按钮，即可调用现金流量表模板。

5. 定义现金流量表项目公式

① 单击"格式/数据"按钮，使"现金流量表"处于"格式"状态下。

② 选择C6单元格，单击 f_x 按钮，打开"定义公式"对话框。单击"函数向导"按钮，打开"函数向导"对话框。

定义现金流量表
项目公式

③ 在函数分类列表框中选择"用友账务函数"，在函数名列表框中选中"现金流量项目金额(XJLL)"，如图14-25所示。单击"下一步"按钮，打开"用友账务函数"对话框。

④ 单击"参照"按钮，打开"账务函数"对话框。

⑤ 单击"现金流量项目编码"右边的参照按钮，打开"参照"对话框。

⑥ 双击选择与C6单元格相对应的项目，如图14-26所示。单击"确定"按钮，返回"账务函数"对话框。

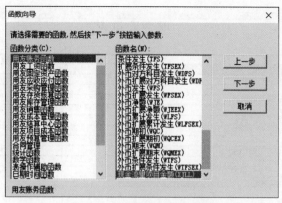

图14-25 选择现金流量函数

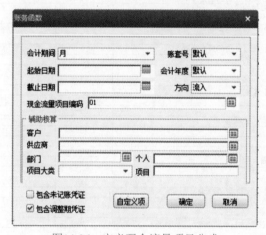

图14-26 定义现金流量项目公式

⑦ 单击"确定"按钮，返回"定义公式"对话框，单击"确认"按钮。

⑧ 重复步骤②～⑦，在C7、C8、C10～C13、C17～C21、C23～C26、C30～C32、C34～C36单元格中输入公式。注意选择流入流出方向，否则取不到数据。

⑨ 单击工具栏中的"保存"按钮，保存调整后的报表模板。

6. 生成现金流量表数据

① 单击"格式/数据"按钮，使"现金流量表"处于"数据"状态下。

② 在"数据"状态下，执行"数据"|"关键字"|"录入"命令。

③ 录入关键字"2024"年、"1"月，单击"确认"按钮，系统弹出"是否重算第1页？"信息提示。

生成现金流量表
数据

④ 单击"是"按钮，系统会自动根据单元公式计算1月份数据，如图14-27所示。

⑤ 执行"文件"|"另存为"命令，将生成的报表数据保存为"D:\1月现金流量表.rep"。

	A	B	C	D
1	现金流量表			
2				会企03表
3	编制单位：	2024 年	1 月	单位：元
4	项　　目	行次	本期金额	上期金额
5	一、经营活动产生的现金流量：			
6	销售商品、提供劳务收到的现金	1	877666.28	
7	收到的税费返还	2		
8	收到其他与经营活动有关的现金	3		
9	经营活动现金流入小计	4	877,666.28	
10	购买商品、接受劳务支付的现金	5	236088.00	
11	支付给职工以及为职工支付的现金	6	74638.00	
12	支付的各项税费	7		
13	支付其他与经营活动有关的现金	8		
14	经营活动现金流出小计	9	310,726.00	
15	经营活动产生的现金流量净额	10	566,940.28	
16	二、投资活动产生的现金流量：			
17	收回投资收到的现金	11		
18	取得投资收益收到的现金	12		
19	处置固定资产、无形资产和其他长期资产收回的现金净额	13		
20	处置子公司及其他营业单位收到的现金净额	14		
21	收到其他与投资活动有关的现金	15		
22	投资活动现金流入小计	16		
23	购建固定资产、无形资产和其他长期资产支付的现金	17	38500.00	
24	投资支付的现金	18		
25	取得子公司及其他营业单位支付的现金净额	19		
26	支付其他与投资活动有关的现金	20		
27	投资活动现金流出小计	21	38,500.00	
28	投资活动产生的现金流量净额	22	-38,500.00	
29	三、筹资活动产生的现金流量：			
30	吸收投资收到的现金	23	623000.00	
31	取得借款收到的现金	24		
32	收到其他与筹资活动有关的现金	25		
33	筹资活动现金流入小计	26	623,000.00	
34	偿还债务支付的现金	27		
35	分配股利、利润或偿付利息支付的现金	28		
36	支付其他与筹资活动有关的现金	29		
37	筹资活动现金流出小计	30		
38	筹资活动产生的现金流量净额	31	623,000.00	
39	四、汇率变动对现金及现金等价物的影响	32		
40	五、现金及现金等价物净增加额	33	1,151,440.28	
41	加：期初现金及现金等价物余额	34		
42	六、期末现金及现金等价物余额	35	1,151,440.28	

图14-27　现金流量表

【任务解析】

如果现金流量表取数不全或没有取到数，那么按照现金流量表编制的流程逆序检查以下几个关键点。

(1) 是否正确地设置了现金流量表的单元公式。注意：现金流出项目单元公式中有"流出"字样。

(2) 现金流量表中是否设置了关键字。

(3) 在总账中查询现金流量凭证是否确认了对应的现金流量项目。

(4) 在会计科目中是否指定了现金流量科目。

任务14.4　财务分析

14.4.1　财务分析表设计

【任务下达】

(1) 由账套主管"宋淼"设计财务指标分析表，如图14-28所示。

财务指标分析表

XXXX年XX月XX日

分析指标	计算结果	指标计算方法
流动比率		流动资产/流动负债
销售净利率		净利润/销售收入
总资产净利率		净利润/总资产

图14-28　财务指标分析表(样表)

基本要求如下。

① 设置标题行高为14mm，其余行高为8mm。第1列列宽为36mm，第2列列宽为41mm，第3列列宽为50mm。

② 表头字体为黑体，字号为16。

③ 前两行和表内单元格文字部分居中显示。

④ 设置B4、B5和B6单元格的类型为数值，以百分数表示，小数位数为4位。

(2) 设置关键字并调整至合适位置，"年"偏移-60，"月"偏移-30。

(3) 定义公式并保存报表。

【任务指引】

1. 设计财务指标分析表

① 2024年1月31日，以"宋淼"的身份进入企业应用平台，在业务工作中，执行"财务会计"|"UFO报表"命令，进入UFO报表系统。

② 设计报表的操作步骤参见14.2.1小节中部门费用明细表的操作步骤，设计完成后如图14-29所示。

设计财务指标
分析表

设置关键字

	财务指标分析表	
分析指标	计算结果	指标计算方法
流动比率		流动资产/流动负债
销售净利率		净利润/销售收入
总资产净利率		净利润/总资产

图14-29　财务指标分析表

2. 设置关键字

① 设置关键字"年""月"和"日"，参见14.2.1小节中部门费用明细表的操作步骤。

② 调整关键字位置，选中B2单元格，执行"数据"|"关键字"|"偏移"命令，打开"定义关键字偏移"对话框。

③ 在需要调整位置的关键字后面输入偏移量，"年"偏移-60，"月"偏移-30，如图14-30所示。单击"确定"按钮。

图14-30　调整关键字偏移量

3. 定义公式并保存报表

① 选择B4单元格,单击 f_x 按钮,打开"定义公式"对话框。在"定义公式"对话框中手工输入"D:\1月资产负债表"->C18@1/"D:\1月资产负债表"->G19@1,如图14-31所示,单击"确认"按钮。

定义公式并保存报表

图14-31　设置"流动比率"计算公式

② 选择B5单元格,单击 f_x 按钮,打开"定义公式"对话框。在"定义公式"对话框中手工输入"D:\1月利润表"->C21@1/"D:\1月利润表"->C5@1,如图14-32所示,单击"确认"按钮。

图14-32　设置"销售净利率"计算公式

③ 选择B6单元格,单击 f_x 按钮,打开"定义公式"对话框。在"定义公式"对话框中手工输入"D:\1月利润表"->C21@1 /"D:\1月资产负债表"->C38@1,如图14-33所示,单击"确认"按钮。

图14-33　设置"总资产净利率"计算公式

④ 设计完成后如图14-34所示。

A	B	C
1	财务指标分析表	
2	xxxx 年 xx 月 xx 日	
3 分析指标	计算结果	指标计算方法
4 流动比率	公式单元	流动资产/流动负债
5 销售净利率	公式单元	净利润/销售收入
6 总资产净利率	公式单元	净利润/总资产

图14-34　财务指标分析表设计完成

⑤ 单击"保存"按钮,保存财务指标分析表。

【任务解析】

本例公式的设置通过从其他报表取数来完成,简称他表取数。他表取数有两种处理方法:取他表确定页号表页的数据;按一定关键字取数。

(1) 取他表确定页号表页的数据。

当所取数据所在的表页页号已知时,用以下格式可以方便地取得他表的数据。

<目标区域> = "<他表表名>"-><数据源区域>[@ <页号>]

如B2="LRB"->C5@1的含义为当前表B2单元取LRB第1页C5单元的值。

(2) 按一定关键字取数。

当我们从他表取数时,已知条件并不是页号,而是希望按照年、月、日等关键字的对应关系来取他表数据时,就必须用到关联条件。

RELATION <单元|关键字|变量|常量> WITH "<他表表名>"-><单元|关键字|变量|常量>

如A1="FYB"->A1 FOR ALL RELATION 月WITH "FYB"->月的含义为取FYB表中与当前表页月关键字相同月的A1单元的值。

14.4.2 财务分析表生成

【任务下达】

2024年1月31日,由账套主管"宋淼"将财务指标分析表数据重算后,保存至D盘根目录下,将文件命名为"1月财务指标分析表.rep"。

【任务指引】

① 将报表切换至"数据"状态,执行"数据"|"关键字"|"录入"命令,打开"录入关键字"对话框。

② 输入关键字年为"2024"、月为"1"、日为"31"。

③ 单击"确认"按钮,系统弹出"是否重算第1页?"信息提示。

④ 单击"是"按钮,系统会自动根据单元公式计算1月份数据,如图14-35所示。

财务分析表
生成

⑤ 执行"文件"|"另存为"命令,将生成的报表数据保存为"D:\1月财务指标分析表.rep"。

分析指标	计算结果	指标计算方法
流动比率	277.44%	流动资产/流动负债
销售净利率	24.71%	净利润/销售收入
总资产净利率	1.15%	净利润/总资产

财务指标分析表
2024 年 1 月31 日

图14-35 财务指标分析表生成数据

任务14.5　账套备份

【任务下达】

将012账套输出至"D:\012账套备份\报表编制及分析"文件夹中。

【任务指引】

略。

附 录

综合实训

一、公司基本信息

北京亿达科技有限公司(简称亿达科技)成立于2011年，位于北京市海淀区中关村路20号，法定代表人为李军，联系电话及传真为010-81992277，企业电子邮箱为YDKJ@163.com，企业营业执照号码为110108532473643528，企业开户银行为农业银行北京分行海淀支行，银行账号为110157010277。

亿达科技属于高新技术企业，从事手机研发、生产及销售。使用"2007年新会计准则"核算体系，记账本位币为人民币。

企业领导层决定于2024年1月开始使用企业信息化软件进行财务业务一体化管理，全面提升企业工作效率，加强企业管理能力。

亿达科技高度重视企业业财一体化管理，成立了以总经理为负责人的业财一体化小组，制定了业财一体化实施的详细流程。业财一体化小组经过多方考察，决定购买用友U8+V15作为企业业财一体化管理平台。亿达科技购买了U8+V15的总账、出纳管理、固定资产、采购管理、应付款管理、销售管理、应收款管理、存货核算、薪资管理、UFO报表等模块，进行财务业务一体化应用。

企业的软硬件环境已经搭建完毕，开始进行财务业务一体化运行。

二、系统管理

1. 建立账套

(1) 账套信息。

账套号：001；账套名称：亿达科技；启用会计期：2024年1月。

(2) 单位信息。

单位名称：北京亿达科技有限公司；单位简称：亿达科技；税号：110108532473643528。

(3) 核算类型。

记账本位币：人民币；企业类型：工业；行业性质：2007年新会计准则科目(限于软件

原因，实际应用时为2007年新会计制度科目)；账套主管：郑兵。

(4) 基础信息。

对客户、供应商、存货进行分类，有外币核算。

(5) 编码方案。

会计科目编码级次：4-2-2-2；客户分类、供应商分类、存货分类、部门编码级次均为2-2；结算方式、收发类别编码级次为1-2。

(6) 数据精度。

数据精度均为两位。

(7) 系统启用。

不启用系统。

2. 设置操作员

设置操作员，操作员资料如附表1所示。

附表1　操作员资料

编号	姓名	用户类型	认证方式	所属部门	所属角色
101	郑兵	普通用户	用户+口令	企管部	账套主管
201	贺静	普通用户	用户+口令	财务部	普通员工
202	王彦	普通用户	用户+口令	财务部	普通员工
203	孙娟	普通用户	用户+口令	财务部	普通员工
301	魏志远	普通用户	用户+口令	采购部	普通员工
401	田晓波	普通用户	用户+口令	销售部	普通员工
501	张茜	普通用户	用户+口令	仓储部	普通员工

3. 分配权限

按附表2所示内容为用户设置功能权限。

附表2　用户权限

编号	姓名	工作岗位	功能权限
101	郑兵	总经理	所有模块操作权限
201	贺静	财务经理	所有模块操作权限
202	王彦	会计	财务会计—总账：除出纳外的所有权限；应收款管理；应付款管理；固定资产 人力资源—薪资管理、计件工资管理 供应链—存货核算
203	孙娟	出纳	财务会计—总账：凭证—出纳签字、查询凭证；出纳 财务会计—应收款管理—收款处理：选择收款、收款单录入 财务会计—应付款管理—付款处理：选择付款、付款单录入
301	魏志远	采购员	基本信息—公共单据、公用目录 供应链—采购管理
401	田晓波	销售员	基本信息—公共单据、公用目录 供应链—销售管理
501	张茜	库管员	基本信息—公共单据、公用目录 供应链—库存管理

4. 账套备份

将001账套输出至"D:\001账套备份\企业建账"文件夹中。

5. 账套引入

将"D:\001账套备份\企业建账"文件夹中的001账套引入U8+系统。

三、基础设置

1. 系统启用

以账套主管郑兵的身份启用U8+总账、应收款管理、应付款管理、固定资产、销售管理、采购管理、库存管理、存货核算、薪资管理和计件工资管理系统,启用日期为2024-01-01。

2. 设置机构档案

(1) 设置部门档案(见附表3)。

附表3 部门档案

部门编码	部门名称
01	企管部
02	财务部
03	采购部
04	销售部
05	仓储部
06	生产部

(2) 设置人员类别(见附表4)。

附表4 人员类别

人员类别编码	人员类别名称
1011	企业管理人员
1012	销售人员
1013	车间管理人员
1014	生产工人

(3) 设置人员档案(见附表5)。

附表5 人员档案

人员编号	人员姓名	性别	雇佣状态	人员类别	行政部门	是否业务员	是否操作员
101	郑兵	男	在职	企业管理人员	企管部	是	否
201	贺静	男	在职	企业管理人员	财务部	是	否
202	王彦	女	在职	企业管理人员	财务部	是	否
203	孙娟	女	在职	企业管理人员	财务部	是	否
301	魏志远	女	在职	企业管理人员	采购部	是	否
401	田晓波	男	在职	销售人员	销售部	是	否
501	张茜	女	在职	企业管理人员	仓储部	是	否
601	赵池	男	在职	车间管理人员	生产部	是	否
602	李明	女	在职	生产工人	生产部	是	否

3. 设置客商信息

(1) 设置客户分类(见附表6)。

附表6 客户分类

客户分类编码	客户分类名称
01	批发商
02	零售商

(2) 设置客户档案(见附表7)。

附表7 客户档案

客户编号	客户名称	客户简称	所属分类码	税号	开户银行	银行账号	分管部门	专管业务员
0101	天津华茂商贸有限公司	华茂商贸	01	1212002238808766032	工行天津分行	12015882209	销售部	田晓波
0102	上海智宏商贸有限公司	智宏商贸	01	310101378985842253	工行上海分行	31482888566	销售部	田晓波
0201	河北东迈科技有限公司	东迈科技	02	120324324234211388	工行石家庄分行	33010499856	销售部	田晓波
0202	山东中山科技有限公司	中山科技	02	370102321601141296	工行山东分行	22100032047	销售部	田晓波

(3) 设置供应商分类(见附表8)。

附表8 供应商分类

供应商分类编码	供应商分类名称
01	主材供应商
02	辅材供应商
03	劳务供应商

(4) 设置供应商档案(见附表9)。

附表9 供应商档案

供应商编号	供应商名称	供应商简称	所属分类码	税号	开户银行	银行账号	分管部门	分管业务员
0101	河北展宏电子科技有限公司	展宏电子	01	120108664877344123	工行河北分行	12003182299	采购部	魏志远
0102	天津捷迅科技发展有限公司	捷迅科技	01	120843543722553222	工行天津分行	12028993234	采购部	魏志远

(续表)

供应商编号	供应商名称	供应商简称	所属分类码	税号	开户银行	银行账号	分管部门	分管业务员
0201	山西明辉商贸有限公司	明辉商贸	02	71444498889784321F	工行山西分行	71232897987	采购部	魏志远
0301	北京如风物流有限公司	如风物流	03	10012722333554757R	工行北京分行	11019829566	采购部	魏志远

4. 设置存货信息

(1) 设置存货分类(见附表10)。

附表10　存货分类

存货类别编码	存货类别名称
01	原材料
02	产成品
03	配套用品
04	固定资产
09	应税劳务

(2) 设置计量单位组和计量单位(见附表11)。

附表11　计量单位组和计量单位

计量单位组编号	计量单位组名称	计量单位组类别	计量单位编号	计量单位名称
01	基本计量单位	无换算率	01	个
			02	台
			03	千米

(3) 设置存货档案(见附表12)。

附表12　存货档案

存货编码	存货名称	计量单位	所属分类	税率/%	存货属性
1001	主板I型	个	01	13	采购、生产耗用
1002	主板II型	个	01	13	采购、生产耗用
1003	摄像头	个	01	13	采购、生产耗用
1004	中框	个	01	13	采购、生产耗用
1005	显示屏	个	01	13	采购、生产耗用
1006	指纹模组	个	01	13	采购、生产耗用
1007	充电器	个	01	13	采购、生产耗用
1008	耳机	个	01	13	采购、生产耗用
2001	大米I型手机	部	02	13	内销、自制
2002	大米II型手机	部	02	13	内销、自制
2003	大米III型手机	部	02	13	内销、外销、自制

(续表)

存货编码	存货名称	计量单位	所属分类	税率/%	存货属性
3001	手机袋	个	03	13	采购、生产耗用
3002	包装盒	个	03	13	采购、生产耗用
4001	激光打印机	台	04	13	内销、采购、资产
9001	运费	千米	09	9	内销、采购、应税劳务

5. 设置财务信息

(1) 设置外币及汇率。

外币核算方式：固定汇率；币符：USD；币名：美元；汇率小数位：5；2024年1月汇率：7.23。

(2) 设置凭证类别(见附表13)。

附表13　凭证类别

类别名称	限制类型	限制科目
收款凭证	借方必有	1001,1002
付款凭证	贷方必有	1001,1002
转账凭证	凭证必无	1001,1002

(3) 增加会计科目(见附表14)。

附表14　新增会计科目

科目编码	科目名称	币种	辅助核算
100201	农业银行		日记账、银行账
10020101	人民币户		日记账、银行账
10020102	美元户	美元	日记账、银行账
100202	光大银行		日记账、银行账
122101	职工往来		个人往来
140301	主板I型		数量核算(个)
140302	主板II型		数量核算(个)
140303	摄像头		数量核算(个)
140304	中框		数量核算(个)
140305	显示屏		数量核算(台)
140306	指纹模组		数量核算(个)
140307	充电器		数量核算(个)
140308	耳机		数量核算(个)
140501	大米I型手机		数量核算(台)
140502	大米II型手机		数量核算(台)
140503	大米III型手机		数量核算(台)
141101	手机袋		数量核算(个)
141102	包装盒		数量核算(个)
190101	待处理流动资产损溢		
190102	待处理固定资产损溢		
220201	一般应付款		供应商往来

(续表)

科目编码	科目名称	币种	辅助核算
220202	暂估应付款		
221101	薪资		
221102	职工福利		
221103	社会保险		
221104	住房公积金		
221105	工会经费		
221106	职工教育经费		
222101	应交增值税		
22210101	进项税额		
22210105	销项税额		
222102	未交增值税		
410101	法定盈余公积		
410401	提取法定盈余公积		
410415	未分配利润		
500101	直接材料		
500102	直接人工		
500103	制造费用		
510101	薪资		
510102	折旧费		
510103	水电费		
510104	差旅费		
510105	办公费		
660101	薪资		
660102	折旧费		
660103	水电费		
660104	差旅费		
660105	办公费		
660106	招待费		
660107	其他		
660201	薪资		部门核算
660202	折旧费		部门核算
660203	水电费		部门核算
660204	差旅费		部门核算
660205	办公费		部门核算
660206	招待费		部门核算
660207	其他		部门核算
660301	利息收入		
660302	利息支出		
660303	手续费		
660304	现金折扣		
660305	汇兑损益		
6702	信用减值损失		

(4) 修改会计科目(见附表15)。

附表15　修改会计科目

科目编码	科目名称	辅助核算
1001	库存现金	日记账
1002	银行存款	日记账、银行账
1121	应收票据	客户往来
1122	应收账款	客户往来
1123	预付账款	供应商往来
1605	工程物资	项目核算
2201	应付票据	供应商往来
2203	预收账款	客户往来

(5) 指定会计科目。

将"1001库存现金"指定为"现金科目";将"1002银行存款"指定为"银行科目"。

(6) 设置项目相关内容(见附表16)。

附表16　项目相关内容

项目大类	核算科目	项目分类	项目目录
工程(普通项目)	1605工程物资	1—自建 2—外包	101—园区绿化 201—职工活动中心

6. 设置结算档案

(1) 设置结算方式(见附表17)。

附表17　结算方式

结算方式编码	结算方式名称	是否票据管理	对应票据类型
1	现金		
2	支票		
201	现金支票	是	现金支票
202	转账支票	是	转账支票
3	电汇		
4	商业汇票		
401	商业承兑汇票		
402	银行承兑汇票		
5	委托收款		
6	网银		

(2) 设置开户银行信息(见附表18)。

附表18　开户银行信息

编码	银行账号	开户银行	币种	所属银行编码
01	110157010277	农业银行海淀支行	人民币	04
02	110175010622	农业银行海淀支行	美元	04
03	11010108833228166	招商银行海淀支行	人民币	00001

(3) 设置付款条件(见附表19)。

附表19 付款条件

付款条件编码	付款条件名称	信用天数	优惠天数1	优惠率1	优惠天数2	优惠率2	优惠天数3	优惠率3
01	2/10,1/20,n/30	30	10	2	20	1		
02	5/10,2/30,1/45.n/60	60	10	5	30	2	45	1

7. 设置业务档案

(1) 设置仓库档案(见附表20)。

附表20 仓库档案

仓库编码	仓库名称	计价方式
1	原料库	移动平均法
2	成品库	全月平均法
3	配套用品库	先进先出法

(2) 设置收发类别(见附表21)。

附表21 收发类别

收发类别编码	收发类别名称	收发标志	收发类别编码	收发类别名称	收发标志
1	入库	收	2	出库	发
101	采购入库	收	201	销售出库	发
102	产成品入库	收	202	领料出库	发
103	调拨入库	收	203	调拨出库	发
104	盘盈入库	收	204	盘亏出库	发
105	其他入库	收	205	其他出库	发

(3) 设置采购类型(见附表22)。

附表22 采购类型

采购类型编码	采购类型名称	入 库 类 别	是否默认值
1	普通采购	采购入库	是
2	其他采购	采购入库	否

(4) 设置销售类型(见附表23)。

附表23 销售类型

销售类型编码	销售类型名称	出 库 类 别	是否默认值
1	普通销售	销售出库	是
2	其他销售	销售出库	否

(5) 定义产品结构。

母件：2001 大米I型手机。

子件：1001主板I型、1003摄像头、1004中框、1005显示屏、1006 指纹模组、1007充电器、1008耳机各1。

(6) 设置非合理损耗类型(见附表24)。

附表24　非合理损耗类型

非合理损耗类型编码	非合理损耗类型名称
01	运输责任
02	个人责任

8. 设置单据

(1) 单据格式设置。

为收款单增加"应收款余额"表头项目。

(2) 单据编号设置。

设置"采购普通发票""采购专用发票""采购运费发票""销售普通发票""销售专用发票"的编号方式为"手工改动，重号时自动重取"。

9. 设置数据权限控制

取消对"工资权限"的记录级数据控制。

四、系统初始化

1. 采购管理系统初始设置

(1) 选项设置。

设置单据默认增值税税率为13%。

(2) 期初数据。

2023年12月24日，采购部收到河北展宏电子科技有限公司提供的摄像头150个，暂估价为360元，商品已验收入材料库，至今尚未收到发票。

2. 销售管理系统初始设置

(1) 选项设置。

销售业务类型包括零售日报、委托代销、分期收款和直运销售；销售报价不含税；销售生成出库单。

(2) 期初数据。

2023年12月28日，销售部向山东中山科技有限公司出售大米I型手机20部，报价为5 600元，由成品库发货。该发货单尚未开票。

3. 库存管理系统初始设置

(1) 选项设置。

有组装拆卸业务；有借入借出业务。

(2) 期初数据。

2023年12月31日，对各个仓库进行了盘点，如附表25所示。

附表25　仓库盘点

仓库名称	存货编码	存货名称	数量	结存单价	结存金额
原料库 合计3 926 000	1001	主板I型	600	1 200	720 000
	1002	主板II型	950	1 600	1 520 000
	1003	摄像头	800	360	288 000
	1004	中框	1 000	32	32 000
	1005	显示屏	1 200	350	420 000
	1006	指纹模组	2 600	320	832 000
	1007	充电器	1 700	30	51 000
	1008	耳机	2 600	50	130 000
成品库 合计9 630 000	2001	大米I型手机	1 700	3 800	6 460 000
	2002	大米II型手机	650	4 500	2 925 000
	2003	大米III型手机	500	3 500	1 750 000
配套用品库 合计115 000	3001	手机袋	4 000	22.5	90 000
	3002	包装盒	5 900	10	59 000

4. 存货核算系统初始设置

(1) 选项设置。

存货暂估核算方式：单到回冲；销售成本核算方式：按销售发票核算；委托代销成本核算方式：按发出商品核算。

(2) 科目设置。

① 存货科目(见附表26)。

附表26　存货科目

仓库编码及 名称	存货编码及名称	存货科目编码及名称	分期收款发出商 品科目编辑及 名称	委托代销发出 商品科目编码 及名称	直运科目编码 及名称
1原料库	1001 主板I型	140301 主板I型			1402 在途物资
	1002 主板II型	140302 主板II型			1402 在途物资
	1003 摄像头	140303 摄像头			1402 在途物资
	1004 中框	140304 中框			1402 在途物资
	1005 显示屏	140305 显示屏			1402 在途物资
	1006 指纹模组	140306 指纹模组			1402 在途物资
	1007 充电器	140307 充电器			1402 在途物资
	1008 耳机	140308 耳机			1402 在途物资
2成品库	2001 大米I型	140501 大米I型手机	1406 发出商品	1406 发出商品	1402 在途物资
	2002 大米II型	140502 大米II型手机	1406 发出商品	1406 发出商品	1402 在途物资
	2003 大米III型	140503 大米III型手机	1406 发出商品	1406 发出商品	1402 在途物资
3 配套用品库	3001 手机袋	141101 手机袋			
	3002 包装盒	141102 包装盒			

② 对方科目(见附表27)。

附表27　对方科目

收发类别编码及名称	存货编码及名称	存货对方科目编码及名称	暂估科目编码及名称
101采购入库		1402 在途物资	220202 暂估应付款
102产成品入库		500101生产成本/直接材料	
103 调拨入库	2001 大米I型	140501 大米I型手机	
	2002 大米II型	140502 大米II型手机	
	2003 大米III型	140503 大米III型手机	
104盘盈入库		190101待处理流动资产损溢	
201销售出库		6401主营业务成本	
202材料领用出库		500101生产成本/直接材料	
203 调拨出库	2001 大米I型	140501 大米I型手机	
	2002 大米II型	140502 大米II型手机	
	2003 大米III型	140503 大米III型手机	
204 盘亏出库		190101待处理流动资产损溢	

(3) 期初数据。

存货期初数据与库存期初数据一致。

(4) 期初暂估科目。

期初暂估入库的暂估科目：220202。

5. 应付款管理系统初始设置

(1) 选项设置。

① 应付单据审核日期：单据日期。

② 自动计算现金折扣。

③ 取消"核销生成凭证"。

(2) 科目设置。

① 设置应付基本科目(见附表28)。

附表28　应付基本科目

基本科目种类	科目选择	币种
应付科目	220201	人民币
预付科目	1123	人民币
采购科目	1402	人民币
税金科目	22210101	人民币
汇兑损益科目	660304	人民币
商业承兑科目	2201	人民币
银行承兑科目	2201	人民币
票据利息科目	660301	人民币
现金折扣科目	660303	人民币

② 设置应付结算科目(见附表29)。

附表29 应付结算科目

结算方式	币种	本单位账号	科目
1 现金	人民币	110157010277	1001
201 现金支票	人民币	110157010277	10020101
202 转账支票	人民币	110157010277	10020101
3 电汇	人民币	110157010277	10020101

(3) 应付期初数据。

① 应付票据。

2023年10月10日，亿达科技向供应商天津捷迅科技有限公司开具了三个月的银行承兑汇票一张(票号YHHP20231001)，承兑银行为中国农业银行，科目为2201，到期日为2024-01-10，票据面值为65 000。

② 应付账款。

应付账款科目的期初余额为360 000元，以采购专用发票输入。期初采购专用发票的信息如附表30所示。

附表30 期初采购专用发票信息

日 期	供应商	业务员	科目	货物代码	数量	无税单价	发票号
2023-10-20	河北展宏电子科技有限公司	魏志远	220201	1001	300	1 200	20231001

6. 应收款管理系统初始设置

(1) 选项设置。

① 应收单据审核日期：单据日期。

② 坏账处理方式：应收余额百分比法。

③ 自动计算现金折扣。

④ 取消"核销生成凭证"。

(2) 科目设置。

① 设置应收基本科目(见附表31)。

附表31 应收基本科目

基本科目种类	科目选择	币种
应收科目	1122	人民币
预收科目	2203	人民币
汇兑损益科目	660304	人民币
商业承兑汇票	1121	人民币
银行承兑汇票	1121	人民币
票据利息科目	660301	人民币
票据费用科目	660301	人民币
现金折扣科目	660303	人民币
税金科目	222101050	人民币
销售收入科目	6001	人民币
销售退回科目	6001	人民币

② 设置应收结算科目(见附表32)。

附表32 应收结算科目

结算方式	币种	本单位账号	科目
1 现金	人民币	113457010479	1001
201 现金支票	人民币	113457010479	10020101
202 转账支票	人民币	113457010479	10020101
3 电汇	人民币	113457010479	10020101

(3) 坏账准备设置(见附表33)。

附表33 坏账准备设置

控制参数	参数设置
提取比率	0.5%
坏账准备期初余额	8800
坏账准备科目	1231
对方科目	6702

(4) 应收期初数据。

① 销售专用发票(见附表34)。

附表34 销售专用发票信息

开票日期	客户	销售部门	货物名称	数量	无税单价	价税合计	发票号
2023-11-10	河北东迈科技有限公司	销售部	大米手机II型	100	6 000	678 000	20231101

② 期初应收单(见附表35)。

附表35 期初应收单信息

开票日期	客户	销售部门	金额	摘要
2023-11-10	河北东迈科技有限公司	销售部	500	代垫运费

7. 薪资管理系统初始设置

(1) 建立工资资产账套。

工资类别个数：多个；核算计件工资；核算币种：人民币RMB；要求代扣个人所得税；不进行扣零处理；启用日期：2024年1月。

(2) 增加银行档案。

银行编码：04001；银行名称：农业银行海淀支行；定长；账号长度为11位；自动带出账号长度为7位。

(3) 建立工资类别。

建立"正式职工"工资类别，正式职工分布于企业所有部门。

建立"临时人员"工资类别，临时人员只存在于生产部。

(4) 工资项目设置(见附表36)。

附表36　工资项目设置

项目名称	类型	长度	小数位数	增减项
基本工资	数字	10	2	增项
奖金	数字	10	2	增项
交补	数字	10	2	增项
应发合计	数字	10	2	增项
请假天数	数字	10	2	其他
请假扣款	数字	10	2	减项
养老保险	数字	10	2	减项
子女教育	数字	10	2	其他
赡养老人	数字	10	2	其他
本期专项附加扣除额	数字	10	2	其他
本期应税所得额	数字	10	2	其他
前期应税所得额	数字	10	2	其他
累计应税所得额	数字	10	2	其他
代扣税	数字	10	2	减项
前期已预扣预缴个税	数字	10	2	其他
本期代扣税	数字	10	2	其他
实发工资	数字	10	2	其他

基本工资、奖金、交补、应发合计、请假天数、请假扣款、养老保险、子女教育、赡养老人、本期专项附加扣除额、本期应税所得额、前期应税所得额、累计应税所得额、代扣税、前期已预扣预缴个税、本期代扣税、实发工资。排列顺序同上。

(5) 正式职工相关资料。

① 人员档案(见附表37)。

附表37　人员档案

人员编号	人员姓名	部门名称	人员类别	银行账号	中方人员	是否计税	核算计件工资
101	郑兵	企管部	企业管理人员	20240010001	是	是	否
201	贺静	财务部	企业管理人员	20240010002	是	是	否
202	王彦	财务部	企业管理人员	20240010003	是	是	否
203	孙娟	财务部	企业管理人员	20240010004	是	是	否
301	魏志远	采购部	企业管理人员	20240010005	是	是	否
401	田晓波	销售部	销售人员	20240010006	是	是	否
501	张茜	仓储部	企业管理人员	20240010007	是	是	否
601	赵沁	生产部	车间管理人员	20240010008	是	是	否
602	李明	生产部	生产工人	20240010009	是	是	否

注：以上所有人员的代发银行均为农业银行海淀支行。

② 本类别工资项目。

基本工资、奖金、交补、应发合计、请假扣款、养老保险、子女教育、赡养老人、本期专项附加扣除额、本期应税所得额、前期应税所得额、累计应税所得额、代扣税、前期已预扣预缴个税、本期代扣税、实发工资、请假天数。排列顺序同上。

③ 工资计算公式(见附表38)。

附表38　工资计算公式

工资项目	定义公式
请假扣款	请假天数×50
养老保险	(基本工资+奖金)×0.08
交补	iff(人员类别="企业管理人员"OR 人员类别="车间管理人员", 400, 200)
应发合计	基本工资+奖金+交补+计件工资
本期专项附加扣除额	子女教育+赡养老人
本期应税所得额	应发合计-养老保险-请假扣款-本期专项扣除额
累计应税所得额	本期应税所得额+前期应税所得额
本期代扣税	iff((代扣税-前期已预扣预缴个税)>=0, 代扣税-前期已预扣预缴个税,0)
实发工资	应发合计-请假扣款-养老保险-本期代扣税

排列顺序同上

④ 个人所得税设置。

个人所得税申报表中"收入额合计"项所对应的工资项目为"累计应税所得额"。计税基数为5 000元，附加费用为0。

2019年1月开始实行的7级超额累进个人所得税税率表如附表39所示。

附表39　7级超额累进个人所得税税率表

级数	累计预扣预缴应纳税所得额	税率/%	速算扣除数/元
1	不超过36 000元	3	0.00
2	超过36 000元至144 000元的部分	10	2 520.00
3	超过144 000元至300 000元的部分	20	16 920.00
4	超过300 000元至420 000元的部分	25	31 920.00
5	超过420 000元至660 000元的部分	30	52 920.00
6	超过660 000元至960 000元的部分	35	85 920.00
7	超过960 000元的部分	45	181 920.00

(6) 临时人员相关资料。

部门选择：生产部

① 人员档案(见附表40)。

附表40　人员档案

人员编号	人员姓名	部门名称	性别	人员类别	银行账号	中方人员	是否计税	核算计件工资
611	冯中华	生产部	男	生产工人	20240010011	是	是	是
612	刘国东	生产部	男	生产工人	20240010012	是	是	是

② 工资项目设置(见附表41)。

附表41　工资项目设置

项 目 名 称	类型	长度	小数位数	增减项
计件工资	数字	10	2	增项
应发合计	数字	10	2	增项
养老保险	数字	10	2	减项
子女教育	数字	10	2	其他
赡养老人	数字	10	2	其他
本期专项附加扣除额	数字	10	2	其他
本期应税所得额	数字	10	2	其他
前期应税所得额	数字	10	2	其他
累计应税所得额	数字	10	2	其他
代扣税	数字	10	2	减项
前期已预扣预缴个税	数字	10	2	其他
本期代扣税	数字	10	2	其他
实发工资	数字	10	2	其他

计件工资、应发合计、养老保险、子女教育、赡养老人、本期专项附加扣除额、本期应税所得额、前期应税所得额、累计应税所得额、代扣税、前期已预扣预缴个税、本期代扣税、实发工资。排列顺序同上。

③ 工资计算公式(见附表42)。

附表42　工资计算公式

工资项目	定义公式
养老保险	计件工资×0.08
应发合计	计件工资
本期专项扣除额	子女教育+赡养老人
本期应税所得额	应发合计－养老保险－本期专项扣除额
累计应税所得额	本期应税所得额+前期应税所得额
本期代扣税	iff((代扣税－前期已预扣预缴个税)>=0,代扣税－前期已预扣预缴个税,0)
实发工资	应发合计－养老保险－本期代扣税

排列顺序同上。

④ 个人所得税设置同正式职工工资类别的个人所得税设置。

⑤ 计件要素。

工序。工序档案包括两项：01 组装；02 检验。

⑥ 计件工价。

组装：30，检验：18。

8. 固定资产系统初始设置

(1) 建立固定资产账套。

控制参数及参数设置如附表43所示。

附表43　控制参数及参数设置

控制参数	参数设置
约定及说明	我同意
启用月份	2024.01
折旧信息	本账套计提折旧； 折旧方法：平均年限法(二)； 折旧汇总分配周期：1个月； 当(月初已计提月份=可使用月份-1)时将剩余折旧全部提足
编码方式	资产类别编码方式：2 1 1 2； 固定资产编码方式：按"类别编码+部门编码+序号"自动编码； 卡片序号长度为3
账务接口	与账务系统进行对账； 固定资产对账科目：1601固定资产； 累计折旧对账科目：1602累计折旧； 在对账不平情况下允许固定资产月末结账

(2) 初始设置。

① 选项设置。

业务发生后立即制单；月末结账前一定要完成制单登账业务。

固定资产缺省入账科目：1601；累计折旧缺省入账科目：1602；固定资产减值准备缺省入账科目：1603；增值税进项税额缺省入账科目：22210101；固定资产清理缺省入账科目：1606。

② 资产类别(见附表44)。

附表44　资产类别

编码	类别名称	净残值率	单位	计提属性	卡片样式
01	交通运输设备	4%		正常计提	通用样式
011	经营用设备	4%		正常计提	通用样式
012	非经营用设备	4%		正常计提	通用样式
02	电子设备及其他通信设备	4%		正常计提	通用样式
021	经营用设备	4%	台	正常计提	通用样式
022	非经营用设备	4%	台	正常计提	通用样式

折旧方法均采用平均年限法(二)。

③ 部门及对应折旧科目(见附表45)。

附表45　部门及对应折旧科目

部门	对应折旧科目
企管部、财务部、采购部、仓储部	660202 管理费用/折旧费
销售部	660102 销售费用/折旧费
生产部	510102 制造费用/折旧费

④ 增减方式的对应入账科目(见附表46)。

附表46　增减方式的对应入账科目

增减方式目录	对应入账科目
增加方式	
直接购入	10020101农业银行/人民币户
投资者投入	4001实收资本
减少方式	
毁损	1606固定资产清理

⑤ 原始卡片(见附表47)。

附表47　原始卡片

固定资产名称	类别编号	所在部门	增加方式	使用年限(月)	开始使用日期	原值	累计折旧	对应折旧科目
中华轿车	012	企管部	直接购入	72	2019-10-1	337 500	225 000	管理费用/折旧费
打印复印一体机	012	企管部	直接购入	72	2021-3-1	22 500	9 900	管理费用/折旧费
笔记本电脑	022	企管部	直接购入	60	2020-12-1	15 000	8 640	管理费用/折旧费
笔记本电脑	021	销售部	直接购入	60	2020-12-1	15 000	8 640	销售费用/折旧费
台式机	021	生产部	直接购入	60	2021-12-1	5 000	1 920	制造费用/折旧费
台式机	021	生产部	直接购入	60	2021-12-1	5 000	1 920	制造费用/折旧费
合计						400 000	256 020	

注：净残值率均为4%，使用状况均为"在用"，折旧方法均采用"平均年限法(二)"。

9. 总账系统初始设置

(1) 总账选项(见附表48)。

附表48　总账选项

选项卡	选项设置
凭证	制单序时控制； 支票控制； 赤字控制：资金及往来科目； 赤字控制方式：提示； 可以使用应收、应付、存货受控科目； 取消勾选"现金流量科目必录现金流量项目"复选框； 凭证编号方式：系统编号
账簿	账簿打印位数按软件的标准设定； 明细账打印按年排页
权限	出纳凭证必须经由出纳签字； 允许修改、作废他人填制的凭证； 可查询他人凭证；

(续表)

选项卡	选项设置
其他	外币核算：固定汇率； 部门、个人、项目按编码方式排序； 数量小数位和单价小数位设置为2

(2) 期初数据。

① 总账期初明细(见附表49)。

附表49　总账期初明细

科目编号及名称	辅助核算	方向	币别计量	期初余额
库存现金(1001)	日记账	借		22 560.28
银行存款(1002)	日记账、银行账	借		2 314 865.22
农业银行(100201)	日记账、银行账	借		3 420 900.86
人民币户(10020101)	日记账、银行账	借		3 420 900.86
美元户(10020102)	日记账、银行账	借	美元	0.00
应收账款(1122)	客户往来	借		402 000.00
其他应收款(1221)	个人往来	借		8 000.00
坏账准备(1231)		贷		8 800.00
原材料(1403)	数量	借	11 450	3 993 000.00
库存商品(1405)	数量	借	2 850	11 135 000.00
周转材料(1411)	数量	借	9 900	149 000.00
固定资产(1601)		借		400 000.00
累计折旧(1602)		贷		256 020.00
短期借款(2001)		贷		5 000 000.00
应付票据(2201)		贷		65 000.00
应付账款(2202)	供应商往来	贷		360 000.00
一般应付款(220201)	供应商往来	贷		360 000.00
暂估应付款(220202)	供应商往来	贷		54 000.00
应付职工薪酬(2211)		贷		28 200.00
薪资(221101)		贷		28 200.00
应交税费(2221)		贷		31 611.90
应交增值税(222101)		贷		31 611.90
进项税额(22210101)		借		332 972.48
销项税额(22210105)		贷		364 584.38
实收资本(4001)		贷		9 760 000.00
本年利润(4103)		贷		1 968 466.00
利润分配(4104)		贷		1 020 328.20
未分配利润(410405)		贷		1 020 328.20
生产成本(5001)		借		516 200.60
直接材料(500101)		借		394 200.00
直接人工(500102)		借		110 000.60
制造费用(500103)		借		12 000.00

(3) 辅助账期初明细(见附表50)。

附表50　辅助账期初明细

原材料：1403　　　　　　　　　　　　　　　　　　　　　　期初余额：借3 993 000元

仓库名称	科目编码	存货名称	数量	结存单价	结存金额
原料库 合计3 926 000	140301	主板I型	600	1 200	720 000
	140302	主板II型	950	1 600	1520 000
	140303	摄像头	800	360	288 000
	140304	中框	1 000	32	32 000
	140305	显示屏	1 200	350	420 000
	140306	指纹模组	2 600	320	832 000
	140307	充电器	1 700	30	51 000
	140308	耳机	2 600	50	130 000

库存商品：1405　　　　　　　　　　　　　　　　　　　　　期初余额：借11 135 000元

仓库名称	科目编码	存货名称	数量	结存单价	结存金额
成品库 合计9 630 000	140501	大米I型手机	1 700	3 800	6 460 000
	140502	大米II型手机	650	4 500	2 925 000
	140503	大米III型手机	500	3 500	1 750 000

周转材料：1411　　　　　　　　　　　　　　　　　　　　　期初余额：借 149 000元

仓库名称	存货编码	存货名称	数量	结存单价	结存金额
配套用品库 合计115 000	141101	手机袋	4 000	22.5	90 000
	141102	包装盒	5 900	10	59 000

应收账款往来明细：1122 应收账款　　　　　　　　　　　　期初余额：借 402 000元

日期	客户	摘要	科目	方向	本币金额
2023-11-10	河北东迈科技有限公司	期初	1122	借	401 500
2023-11-10	河北东迈科技有限公司	期初代垫运费	1122	借	500

其他应收款-职工往来明细：122101　　　　　　　　　　　　期初余额：借6 800元

日期	凭证号	部门	个人	摘要	科目	方向	金额
2023-12-26	付-118	企管部	郑兵	出差借款	1221	借	5 000
2023-12-27	付-123	销售部	田晓波	出差借款	1221	借	3 000

应付票据往来明细：2201　　　　　　　　　　　　　　　　期初余额：贷65 000元

日期	供应商	摘要	科目	方向	本币金额
2023-10-10	天津捷迅科技有限公司	期初	2201	贷	65 000

应付账款(一般应付款)往来明细：220201　　　　　　　　　期初余额：贷360 000元

日期	供应商	摘要	科目	方向	本币金额
2023-10-20	河北展宏电子科技有限公司	期初	220201	贷	360 000

应付账款(暂估应付款)往来明细：220202　　　　　　　　　期初余额：贷54 000元

日期	供应商	摘要	科目	方向	本币金额
2023-12-24	河北展宏电子科技有限公司	期初	220202	贷	54 000

(4) 总账与其他子系统期初对账。

总账与应付款管理系统、应收款管理系统、固定资产系统、存货核算系统进行期初数据对账。

五、总账日常业务

(1) 以王彦的身份填制凭证。

亿达科技2024年1月发生以下经济业务。

① 1日，财务部孙娟从农业银行提取现金5 000元，作为备用金。(现金支票号20240501)

② 2日，销售部田晓波报销业务招待费1 000元，以现金支付。(附单据一张)

③ 4日，收到汇通集团投资资金50 000美元，汇率为1：7.23。(转账支票号20240502)

④ 6日，企管部购买办公用品花费565元，以现金支付。

⑤ 8日，企管部郑兵出差归来，报销差旅费5 000元，交回现金600元。

(2) 2024年1月8日，贺静进行凭证审核，发现以下问题并进行标错。

① 2日，田晓波报销的业务招待费属个人消费行为，不允许报销，现金已追缴，业务上不再反映。

② 6日，企管部购买办公用品的花费应为5 650元，误录为565元。

王彦对有错凭证进行修改，孙娟进行出纳签字，贺静再次进行凭证审核。

(3) 1月8日，王彦冲销1月6日购置办公用品的凭证。当日王彦发现自己误冲销了1月6日购置办公用品的凭证，对红字冲销凭证进行删除并整理凭证号。

六、采购与应付业务

1. 采购业务

(1) 业务一。

① 2024年1月1日，业务员向捷迅科技公司询问中框的价格(33元/个)，觉得价格合适，随后向公司上级主管提出请购要求，请购数量为1 000个。业务员据此填制请购单。

② 1月2日，上级主管同意从捷迅科技公司订购中框1 000个，单价为33元，要求到货日期为2024-01-03。

③ 1月3日，收到所订购的中框1 000个。采购员填制到货单。

④ 1月3日，将所收到的货物验收入原料库。库管员填制采购入库单。

⑤ 1月3日，收到该笔货物的专用发票一张，发票号为ZP20240601。

⑥ 业务部门将采购发票交给财务部门，财务部门确定此业务所涉及的应付账款及采购成本，并记材料明细账。

⑦ 1月6日，财务部门开出转账支票(票号为20240601)一张，付清采购货款并核销应付款。

(2) 业务二。

1月6日，采购部向展宏电子公司购买指纹模组200个，单价为320元，验收入原料库。同时收到专用发票一张，发票号为ZP20240602。财务部门立即以转账支票(票号为20240602)的形式支付货款。

(3) 业务三。

1月6日，从展宏电子公司购买摄像头300个，单价为360元，验收入原料库；同时收到专用发票一张，发票号为ZP20240603。另外，在采购的过程中，发生了一笔1 000元的运输费，税率为9%，收到相应的运费发票一张，发票号为YF0601。确定采购成本及应付账款，记材料明细账。

(4) 业务四。

① 1月6日，业务员从捷迅科技公司采购耳机1 500个，单价为55元，要求1月8日到货。

② 1月8日，收到捷迅科技公司发来的耳机及开具的专业发票，发票号为ZP20240604，载明耳机1 100个，单价为55元，增值税税率为13%。验收入库时发现损坏12个，经查，2个为合理损耗，10个属于非合理损耗，确认为运输责任。

(5) 业务五。

1月8日，收到展宏电子公司提供的上个月已验收入库的150个摄像头的专用发票一张，发票号为ZP20240605，发票单价为360元。进行暂估报销处理，确定采购成本及应付账款。

(6) 业务六。

1月9日，收到展宏电子公司提供的指纹模组400个，入原料库。由于到了月底仍未收到发票，因此确定该批货物的暂估成本为320元，并进行暂估记账处理。

(4) 业务七。

① 1月9日，收到展宏电子公司提供的摄像头，数量300个，单价为360元。库管员验收入原料库。

② 1月9日，仓库反映有20个摄像头有质量问题，要求退回给供应商。

③ 1月9日，收到展宏电子公司开具的专用发票一张，发票号为ZP20240606。采购部门进行采购结算。

(8) 业务八。

1月10日，发现从展宏电子公司购入的摄像头质量有问题，退回10个，单价为360元，同时收到发票号为ZP20240607的红字专用发票一张。对采购入库单和红字专用采购发票进行结算处理。

2. 应付业务

(1) 2024年1月10日，开出转账支票一张，金额为70 000元，票号为20240603，用以支付本月8日展宏电子公司货款61 020元，余款转为预付款。

(2) 2024年1月10日，收到中国农业银行通知，YHHP20231001号银行汇票已到期，并于当日支付票款。

(3) 10日，开出转账支票一张，金额为150 000元，票号为20240604，作为向展宏电子公司预购主板II型的订金。

(4) 11日，用支付给展宏电子公司的150 000元订金冲抵其1月6日的货款及运费123 040元。

(5) 11日，经三方协商一致，将期初应付给展宏电子公司的360 000元货款转为应付给捷迅科技公司的往来款。

七、销售与应收业务

1. 销售业务

(1) 业务一。

① 2024年1月10日，上海智宏商贸有限公司想购买60部大米I型手机，向销售部了解价格。销售部报价为5 800元/台。填制并审核报价单。

② 2024年1月10日，该客户了解情况后，要求订购60部，商定发货日期为2024年1月12日。填制并审核销售订单。

③ 2024年1月12日，销售部从成品库向智宏商贸公司发出其所订货物，并据此开具专用销售发票一张，发票号为ZP20240701。

④ 2024年1月12日，业务部门将销售发票交给财务部门，财务部门结转此业务的收入及成本。

⑤ 2024年1月12日，财务部收到智宏商贸公司转账支票一张，支票号为20240701，金额为393 240元。据此填制收款单并制单。

(2) 业务二。

① 2024年1月12日，销售部向东迈科技公司出售50部大米I型手机，报价(无税单价)为每部6 000元，货物从成品库发出。

② 2024年1月12日，根据上述发货单开具专用发票一张，发票号为ZP20240702，同时收到客户以转账支票所支付的全部货款，票据号为20240702，金额为339 000元。

③ 进行现结制单。

(3) 业务三。

2024年1月12日，销售部在向东迈科技公司销售商品过程中发生了一笔代垫的邮寄费500元。客户尚未支付该笔款项。

(4) 业务四。

2024年1月12日，销售部向天津华茂商贸有限公司出售20部大米II型手机，报价为每部7 000元，货物从成品库发出，并据此开具销售普通发票一张，发票号为PP20240701。财务部门据此结转收入。

(5) 业务五。

① 2024年1月12日，销售部向东迈科技公司出售15部大米I型手机，由成品库发货，报价为每部6 000元。客户要求以分期付款形式购买该商品。经协商，客户分两次付款，并据此开具相应销售专用发票。第一次开具的专用发票数量为10部，发票号为ZP20240703。

② 业务部门将该业务所涉及的出库单及销售发票交给财务部门，财务部门据此结转收入及成本。

(6) 业务六。

① 2024年1月12日，销售部委托上海智宏商贸有限公司代为销售100部大米I型手机，无税售价为每部6 000元，货物从成品仓库发出。

② 2024年1月13日，收到智宏商贸公司的委托代销清单一张，结算60部，售价为每部6 100元，立即开具销售专用发票给智宏商贸公司。

③ 2024年1月13日，业务部门将该业务所涉及的出库单及销售发票交给财务部门，财务部门据此结转收入。

(7) 业务七。

① 2024年1月13日，销售部向天津华茂商贸有限公司出售20部大米Ⅱ型手机，报价为每部7 200元，货物从成品库发出，

② 1月14日，销售部出售给天津华茂商贸有限公司的大米Ⅱ型手机因质量问题被退回2部，售价为7 200元/部，收回成品库。

③ 1月14日，开具相应的专用发票一张，发票号为ZP20240704，数量为18部。财务部门据此结转收入。

(8) 业务八。

① 2024年1月14日，销售部向山东中山科技有限公司出售40部大米Ⅲ型手机，由成品库发货，报价为每部5 000元，同时开具普通发票一张，发票号为PP20240702。

② 2024年1月15日，客户根据发货单从成品库领出15部大米Ⅲ型手机。

③ 2024年1月16日，客户根据发货单再从成品库领出25部神大米Ⅲ型手机。

2. 应收业务

(1) 业务一。

① 1月16日，收到天津华茂商贸有限公司转账支票一张，支票号为20240703，金额为158 200元。完全支付1月12日商品货款。

② 1月17日，收到银行通知，收到天津华茂商贸有限公司以电汇方式到账150 000元，用于支付1月13日购买18部大米Ⅱ型手机的货税款，剩余款项转为预收账款。

③ 1月17日，销售部田晓波收到上海智宏商贸有限公司转来的一张转账支票(转账支票号20240704)，金额为67 800元，提前预付10部大米Ⅰ型手机货款。

(2) 业务二。

① 1月17日，收到智宏商贸公司发来的一张商业承兑汇票(票号为SYHP20240701)，面值413 580元，出票日期为"2024-1-17"，到期日为"2024-3-17"。

② 1月18日，将2022年1月17日收到的智宏商贸公司签发并承兑的商业承兑汇票(票号为SYHP20240701)送到银行贴现，贴现率为6%。

(3) 业务三。

① 1月18日，将2023年11月10日为东迈科技公司代垫的运费500元转给华茂商贸公司。

② 1月18日，用华茂商贸公司1月17日的预付款冲抵应收款项500元。

(4) 业务四。

2024年1月19日，确认本月12日为东迈科技公司代垫的邮寄费500元为坏账，进行坏账处理。

八、库存管理

(1) 业务一。

① 2024年1月19日，生产部从原料库领用材料用于生产，领用材料如附表51所示。

附表51　领用材料

存货编号	存货名称	单位	领用数量
1001	主板I型	个	500
1003	摄像头	个	500
1004	中框	个	500
1005	显示屏	个	500
1006	指纹模组	个	500
1007	充电器	个	500
1008	耳机	个	500

② 记材料明细账，生成领料凭证。

(2) 业务二。

① 2024年1月19日，成品库收到生产部生产的300部大米I型手机，进行产成品入库。

② 2024年1月22日，成品库收到生产部生产的100部大米I型手机，进行产成品入库。

③ 2024年1月22日，财务部门收到产品部提供的完工产品成本，其中大米I型手机的总成本为1 520 000元，立即进行成本分配，记账并生成凭证。

(3) 业务三。

2014年1月22日，对原料库中的"摄像头"及"显示屏"存货进行盘点。盘点后，发现摄像头缺少2个，经确定每个成本为360元；显示屏多出3个，经确定每个成本为350元。

(4) 业务四。

2014年1月22日，将原料库中的200个"指纹模组"调拨到配套用品库中。

九、固定资产日常业务

(1) 1月22日，企管部为中华轿车添置新配件花费12 600元，使用转账支票结算，票号为20240901。

(2) 1月22日，企管部购买打印复印一体机一台，价值32 500元，净残值率为4%，预计使用年限为5年。使用转账支票支付，票号为20240902。

(3) 1月23日，企管部的打印复印一体机被转移到财务部。

(4) 1月31日，经核查对2010年购入的两台笔记本电脑各计提1 000元的减值准备。资产减值损失科目代码为6701。

(5) 2024年1月31日，计提本月折旧费用。

(6) 2024年1月31日，生产部编号为00005的台式机无法开机，做报废处理。

(7) 2024年1月31日，已做报废处理的台式机经修理后恢复使用。撤销减少业务并重新计提折旧。

十、薪资管理日常业务

(1) 业务一。

① 正式职工1月工资数据如附表52所示。

附表52　正式职工1月工资数据

人员编号	人员姓名	部门名称	基本工资	奖金	子女教育	赡养老人
101	郑兵	企管部	12 000	3 000	2 000	3 000
201	贺静	财务部	10 000	2 000	2 000	3 000
202	王彦	财务部	7 000	1 000		3 000
203	孙娟	财务部	5 000	500	1 000	
301	魏志远	采购部	6 000	600		1 500
401	田晓波	销售部	5 000	1 000	1 000	1 500
501	张茜	销售部	4 500	1 000		3 000
601	赵池	生产部	4 000	500		
602	李明	生产部	4 200	500	2 000	

② 正式职工1月工资变动情况如下。

考勤情况：王彦请假2天，田晓波请假3天，赵池请假1天。

奖金发放情况：因去年销售部业绩较好，公司决定本月销售部每人奖金增加2 000元。

(2) 业务二。

① 应付工资总额等于工资项目"应发合计"，按应付工资总额的100%计提。

② 企业为职工缴纳的住房公积金按应付工资(应发合计)总额的10%计提。

正式职工的工资分摊设置如附表53所示。

附表53　正式职工的工资分摊设置

部门		工资分摊			
		应付工资(100%)		住房公积金(10%)	
		借方科目	贷方科目	借方科目	贷方科目
企管部、财务部、采购部、仓储部	企业管理人员	660201	221101	660201	221104
销售部	销售人员	660101	221101	660101	221104
生产部	车间管理人员	510101	221101	510101	221104
	生产工人	500102	221101	500102	221104

(3) 业务三。

① 1月31日，由贺静生成农业银行海淀支行的银行代发工资报表。

② 由财务部孙娟支出一张转账支票，票号为20241001，交到农业银行海淀支行用于代发工资，金额为65 865.64元。贺静填制凭证。

(4) 业务四。

① 1月份临时人员计件数据如附表54所示。

附表54　1月份临时人员计件统计表

姓名	日期	组装工时	检验工时
冯中华	2024-01-31	192	
刘国东	2024-01-31		200

② 冯中华有赡养老人专项附加抵扣1 500元。

(5) 业务五。

① 应付工资总额等于工资项目"应发合计",按应付工资总额的100%计提。

② 企业为职工缴纳的住房公积金按应付工资(应发合计)总额的10%计提。

临时人员的工资分摊设置如附表55所示。

附表55 临时人员的工资分摊设置

部门		工资分摊			
		应付工资(100%)		住房公积金(10%)	
		借方科目	贷方科目	借方科目	贷方科目
生产部	生产工人	500102	221101	500102	221104

(6) 业务六。

① 1月31日,由贺静生成农业银行海淀支行的银行代发工资报表。

② 由财务部孙娟支出一张转账支票,票号为20241002,交到农业银行海淀支行用于代发工资,金额为8 611.2元。贺静填制凭证。

十一、出纳管理业务

(1) 1月31日,出纳孙娟对1月份所有收付凭证进行出纳签字操作。

(2) 1月31日,由会计王彦对1月份所有凭证进行审核、记账。

(3) 1月31日,采购部魏志远借转账支票一张用于采购耳机,票号为20240101,预计金额为50 000元,由出纳孙娟进行支票登记。

(4) 孙娟在支票登记簿中登记1月份的其他支票,支票信息如附表56所示。

附表56 1月份需登记的支票信息

序号	日期	结算方式	部门	领用人	票号	金额	用途
1	2024-01-06	转账支票	采购部	魏志远	20240601	37 290.00	采购中框-捷迅
2	2024-01-06	转账支票	采购部	魏志远	20240602	72 320.00	采购指纹模组-展宏
3	2024-01-10	转账支票	采购部	魏志远	20240603	70 000.00	采购摄像头-展宏
4	2024-01-10	转账支票	采购部	魏志远	20240604	150 000.00	采购主板II型-展宏
5	2024-01-22	转账支票	采购部	魏志远	20240901	12 600.00	采购中华轿车配件
6	2024-01-22	转账支票	采购部	魏志远	20240902	32 500.00	购买打印复印一体机

十二、期末结转业务

(1) 2024年1月31日,贺静计提1月份短期借款利息,假定年利率为5%,设置自定义转账并生成转账凭证。

(2) 2024年1月31日,贺静分配本月制造费用,设置自定义转账并生成记账凭证。

(3) 2024年1月31日,由贺静计提坏账准备。

(4) 2024年1月31日,结转本月已出库存货成本。

(5) 对原料库及配套用品库进行期末处理。

(6) 结转本月未交增值税,设置自定义转账并生成凭证。

(7) 由贺静对所有凭证进行审核记账。

(8) 2024年1月31日，由贺静进行期间损益结转处理，将本月"期间损益"转入"本年利润"。

(9) 由贺静对期间损益凭证进行审核记账。

十三、月末结账

2024年1月31日，由贺静进行采购管理系统和销售管理系统的月末结账处理；进行存货核算系统的对账、月末结账处理；进行应付款管理系统的对账、月末结账处理；进行应收款管理系统的对账、月末结账处理；进行固定资产系统的对账、月末结账处理；进行薪资系统的月末结账处理；进行总账系统的对账、月末结账处理。

十四、报表编制及分析

(1) 2024年1月31日，由贺静自定义"部门费用明细表"。

(2) 2024年1月31日，由贺静生成"部门费用明细表"。

① 打开"部门费用明细表"，并切换至"数据"状态。

② 追加两张表页。

③ 输入关键字，生成报表。

④ 保存报表。

(3) 2024年1月31日，由贺静利用报表模板编制2024年1月的资产负债表、利润表，并将报表保存至D盘根目录下，将文件命名为"1月资产负债表.rep""1月利润表.rep"。

(4) 利用总账项目核算和报表模板编制现金流量表，并将报表保存至D盘根目录下，将文件命名为"1月现金流量表.rep"。

(5) 2024年1月31日，由贺静按要求设计财务指标分析表并对财务指标进行分析。财务指标包括股东权益报酬率、销售净利率、资产负债率。

① 由贺静设计财务指标分析表，如附图1所示。

财务指标分析表

××××年××月××日

分析指标	计算结果	指标计算方法
股东权益报酬率		净利润/所有者权益
销售净利率		净利润/销售收入
资产负债率		负债/总资产

附图1 财务指标分析表(样表)

基本要求如下。

○ 设置标题行高为14mm，其余行高为8mm。第1列列宽为32mm，第3列列宽为52mm。

○ 表头字体为黑体，字号为18。

○ 前两行和表内单元格文字部分居中显示。

○ 设置B4、B5和B6单元格的类型为数值，以百分数表示，小数位数为2位。

② 设置关键字并调整至合适位置,"年"偏移-60,"月"偏移-30。

③ 定义公式并保存报表。

④ 由马静将财务指标分析表数据重算后,保存至D盘根目录下,将文件命名为"1月财务指标分析表.rep"。